新 エッセンシャル

高齢者福祉論

Essential

田中　康雄　編

JN122975

みらい

新 Essential エッセンシャル

高齢者福祉論

●**執筆者紹介**（五十音順）

編者	田中 康雄（たなか やすお）	（西南学院大学）	第1・12章
	富井 友子（とみい ともこ）	（十文字学園女子大学）	第2章
	野村 智宏（のむら ともひろ）	（金城大学）	第3章
	新井 康友（あらい やすとも）	（佛教大学）	第4章
	荒木 実代（あらき みよ）	（神戸医療福祉大学）	第5章
	古市 孝義（ふるいち たかよし）	（北翔大学）	第6章
	真砂 良則（まさご よしのり）	（北陸学院大学）	第7章
	中矢 亜紀子（なかや あきこ）	（昭和女子大学）	第8章
	栗延 孟（くりのぶ たけし）	（浦和大学）	第9章
	楢木 博之（ならき ひろゆき）	（静岡福祉大学）	第10章
	尹 文九（ゆん むんぐ）	（東京福祉大学）	第11章
	武 卓也（たけ たくや）	（大阪人間科学大学）	第13章
	原田 欣宏（はらだ よしひろ）	（高崎健康福祉大学）	第14章
	黒木 真吾（くろき しんご）	（中九州短期大学）	第15章

はじめに

　高齢者福祉を考えることは、高齢期における様々な生活課題の解決に向けた支援のあり方を考えることです。高齢期においては、様々な心身の変化が生じ、それらの変化に伴い生活課題が発生するため、生活の質の向上に貢献する支援が求められています。

　すべての高齢者が質の高い生活を送ることができる社会の実現に向けては、高齢者福祉を他人事ではなく、誰もが自分事として捉え、高齢者福祉のあり方を考える機会を増やしていくことが重要です。本書は、その機会の提供へ向けた一助につながると考えています。

　高齢期に対するイメージにおいては、「年老いる」などのネガティブに捉えられるケースも少なくありません。しかし、われわれ人間は、現代の医学において、不老不死ではなく、この世に生を受け、いつしか死を迎える存在です。そのため、高齢期をネガティブに捉えるのではなく、一人ひとりが自分のかけがえのない人生を、いかにして高齢期に完成させていくかというように、高齢期のポジティブなイメージへの転換に向けて、可能な限り早期の段階から考えを深め、より充実した人生設計を行っていく必要があるのではないでしょうか。

　現在、日本の高齢化は、世界に類を見ないスピードで進行しており、それらに日本がどのように対応しているのか、世界中から注目を集めています。日本の高齢者福祉を学ぶことは、世界の最先端の高齢者福祉を学んでいることとイコールであるといえます。

　本書で学んだ一人でも多くの人が、人生の完成期である高齢期を自分事として考え、自分の言葉で、今後の高齢者福祉のあり方へ向けて、積極的に情報発信していくことを期待しています。

　本書は、2021（令和3）年度より順次施行されている、社会福祉士養成課程の見直しに伴う新カリキュラムを反映させ、社会福祉士養成の学生はもちろんのこと、高齢者福祉に関心のある様々な人たちが、見やすく、わかりやすく学べるように、主に下記の2つの点に配慮し、編集しました。

　①　各章の理解を踏まえ、自分自身の考えを整理し、言語化するために、各章にワーク（「考えてみましょう」）を設置
　②　文字情報だけでなく、図表を積極的に設置

　最後になりましたが、（株）みらいの吉村寿夫様、山下桂様には大変お世話になりました。あらためて、感謝申し上げます。

2022年3月

編者　田中康雄

目　　次

1
少子高齢社会

2
高齢者の理解

3
高齢者の生活

4
取り巻く環境

5
施策の変遷

6
老人福祉法

7
介護保険制度

8
居宅等サービス

9
施設サービス

10
高齢者医療確保法

11
権利擁護

12
環境整備

13
雇用・介護休業

14
連携

15
相談援助

第1章

少子高齢社会

●キーポイント　　　現在、日本においては高齢化が進行し、さらに少子化も進行している。高齢者の数が増加する高齢化と、生まれてくる子どもの数が減少する少子化は、人口構造の変化等をもたらし、解決すべき様々な課題が表出し、大きな社会問題となっている。

　　そこで本章ではまず、高齢者の定義を確認し、高齢者の全体像を把握する。次に、日本のこれまでの高齢化、今後の高齢化の推計を把握し、高齢社会の状況を理解する。加えて、これまでの少子化の状況について、出生率や出生数の推移の視点から把握し、少子高齢化の要因を解説する。最後は、今後の高齢者支援に向けて、高齢者の生きがい感向上をめざす支援の重要性への理解を図ることが本章の目的である。

1．高齢者の定義

高齢者とは

　「高齢者」の定義は、高齢者関連の法律により異なるが、一般的に高齢者とは65歳以上の者を意味している。

　　「高齢者」とは、何歳からを指すのであろうか。全国の60歳以上を調査対象者とした内閣府の「平成26年度高齢者の日常生活に関する意識調査」において、何歳頃から高齢者だと思うか聞いたところ、「70歳以上」（29.1％）、「75歳以上」（27.9％）という回答が多く、次いで「80歳以上」（18.4％）、「65歳以上」（6.4％）の順となっている。みなさんは、高齢者といわれた場合、何歳からをイメージしているだろうか。

　　次に、社会福祉分野に関連する法律面の高齢者の定義について確認する。老人福祉法では、「老人は、多年にわたり社会の進展に寄与してきた者として、かつ、豊富な知識と経験を有する者として敬愛されるとともに、生きがいを持てる健全で安らかな生活を保障されるもの」（第2条）と明記されているが、何歳以上が老人（高齢者）であるかは定義されていない。一方、「高齢者の居住の安定確保に関する法律」では、高齢者を60歳以上の者と明記している。また、「高齢者虐待の防止、高齢者の養護者に対する支援等に関する法律」では、高齢者とは65歳以上の者と明記されている。このように高齢者の用語は、文脈や法律等で異なり、一律の定義がないのが現状である（**表1－1**）。

　　とはいえ、それらの状況下、日本においては「65歳以上の者」のこと

を高齢者とすることが一般的となっている。実際、内閣府が毎年度発行している『高齢社会白書』、その他の厚生労働省の統計データにおいても、65歳以上の者を高齢者としている。また、65〜74歳までを前期高齢者、75歳以上を後期高齢者と、年齢により2種類に分けて称されている。

次に、「高齢化率」とは、総人口に占める65歳以上の高齢者人口の割合を意味し、高齢化率が7％を超えた社会は、「高齢化社会」と呼ばれる。これは、国連の報告書[1]において、65歳以上を高齢者と位置づけ、当時の欧米先進国の水準をもとにしながら、7％以上を「高齢化した（aged）」人口と呼んだことに由来するのではないかとされ、高齢化率は国際的に共通した尺度として使用されている。その高齢化率が14％を超えた社会は「高齢社会」と呼ばれ、さらに21％を超えた社会を「超高齢社会」と表現することがある。

▶1
「The Aging of Populations and Its Economic and Social Implications」, 1956.

表1−1　高齢者の年齢に関する各法律の規定内容

	高齢者の年齢に関する規定内容
老人福祉法	なし
高齢者の居住の安定確保に関する法律	60歳以上
高齢者虐待の防止、高齢者の養護者に対する支援等に関する法律	65歳以上

2．少子高齢化の進展

1　高齢化の状況

総人口に占める65歳以上の高齢者人口の割合（高齢化率）について、過去、現在、未来の観点からその変化を捉える。

日本の総人口は、2020（令和2）年10月1日現在、1億2,571万人、65歳以上の高齢者の人口は3,619万人、高齢化率は28.8％と推計されている。日本の高齢化率は、1950（昭和25）年の状況と比較して、上昇し続けている（図1−1）。

今後、日本においては、さらに進行し続ける高齢化率による様々な高齢者福祉の課題の解決へ向けて、日本がどのように対応していくのか、世界の国々からの注目を集めている。日本において高齢者福祉を学ぶことは、全世界における最新の高齢社会の状況を学ぶことにつながると考えられる。

図１－１　日本における高齢化率の推移と将来推計

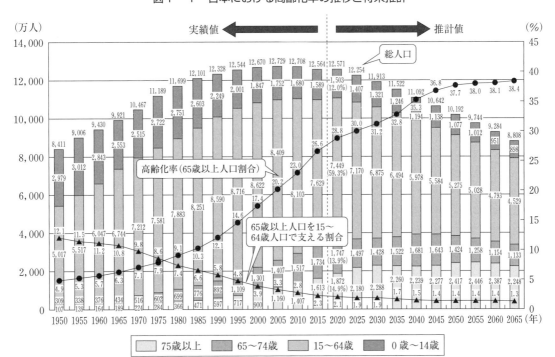

注１：2020年以降の年齢階級別人口は、総務省統計局「平成27年国勢調査　年齢・国籍不詳をあん分した人口（参考表）」による年齢不詳をあん分した人口に基づいて算出されていることから、年齢不詳は存在しない。なお、1950年～2015年の高齢化率の算出には分母から年齢不詳を除いている。ただし、1950年及び1955年において割合を算出する際には、注２における沖縄県の一部の人口を不詳には含めないものとする。

注２：沖縄県の昭和25年70歳以上の外国人136人（男55人、女81人）及び昭和30年70歳以上23,328人（男8,090人、女15,238人）は65～74歳、75歳以上の人口から除いている。

注３：将来人口推計とは、基準時点までに得られた人口学的データに基づき、それまでの傾向、趨勢を将来に向けて投影するものである。基準時点以降の構造的な変化等により、推計以降に得られる実績や新たな将来推計との間には乖離が生じ得るものであり、将来推計人口はこのような実績等を踏まえて定期的に見直すこととしている。

注４：四捨五入の関係で、足し合わせても100％にならない場合がある。

資料：棒グラフと実線の高齢化率については、2015年までは総務省「国勢調査」、2020年は総務省「人口推計」（令和２年10月１日現在（平成27年国勢調査を基準とする推計））、2025年以降は国立社会保障・人口問題研究所「日本の将来推計人口（平成29年推計）」の出生中位・死亡中位仮定による推計結果

出典：内閣府『令和３年版高齢社会白書』2021年　p.4を一部改変

表１－２　高齢化率７％から14％へ要した年数（国際比較）

国	65歳以上人口割合（到達年次）		倍化年数
	7％	14％	7％→14％
日本	1970	1994	24
ドイツ	1932	1972	40
イギリス	1929	1975	46
デンマーク	1925	1978	53
アメリカ	1942	2014	72
オーストラリア	1939	2013	74
スウェーデン	1887	1972	85
フランス	1864	1960	126

注：1950年以前はUN, The Aging of Population and Its Economic and Social Implications (Population Studies, No.26, 1956) およびDemographic Yearbook、1950年以降はUN, World Population Prospects: The 2019 Revision（中位推計）による。ただし、日本は総務省統計局『国勢調査報告』および国立社会保障・人口問題研究所『日本の将来推計人口』（平成29年推計）による（［出生中位（死亡中位）］推計値）。1950年以前は既知年次のデータを基に補間推計したものによる。それぞれの人口割合を超えた最初の年次を示す。倍加年数は、７％から14％へ要した期間。国の配列は、倍加年数７％→14％の短い順。

資料：国立社会保障・人口問題研究所「人口統計資料集2021年版」より抜粋
http://www.ipss.go.jp/syoushika/tohkei/Popular/Popular2021.asp?chap=0

2　少子化の現状

日本においては、生まれてくる子どもの数や出生率が減少し、子どもを生む母親の年齢が変化している。

▶2　合計特殊出生率
15歳から49歳までの女性の年齢別出生率を合計したもの。

少子化を考察する上で、合計特殊出生率[2]という指標があり、これは一人の女性がその年齢別出生率で一生の間に生むとしたときの子どもの数に相当する。日本における合計特殊出生率は、**表1-3**の通り、2020（令和2）年において1.34であり、1985（昭和60）年は1.76から0.42下がり、少子化が進行している状況がわかる。

次に、1985（昭和60）年から2020（令和2）年にかけて、母の年齢別からみた出生数の推移においては、**表1-4**の通り、15～19歳、20～24歳、25～29歳、30～34歳の母の年齢の出生数は減少傾向にある。一方、35～39歳、40～44歳、45～49歳の母の年齢の出生数は大幅に増加し、子どもを生む母の年齢は変化している。

このように、1985（昭和60）年から2020（令和2）年までの推移において、一人の女性が一生の間に産む子どもの数は減少し、子どもを生む母の年齢は変化している。ところでみなさんは、これらの関連性をどのように捉えているだろうか。各統計データを単体で読み取るだけでなく、

表1-3　合計特殊出生率の推移

	1985	1995	2000	2005	2010	2015	2017	2018	2019	2020
合計特殊出生率	1.76	1.42	1.36	1.26	1.39	1.45	1.43	1.42	1.36	1.34

注：2010、2015、2017年は都道府県からの報告漏れ（2019年3月29日公表）による再集計を行ったことにより、2017年以前の概況とは数値が一致しない箇所がある。

資料：厚生労働省「令和2年（2020）人口動態統計（確定数）の概況」2021年を抜粋

表1-4　母の年齢別に見た出生数の推移

（単位：人）

母の年齢	1985	1995	2000	2005	2010	2015	2018	2019	2020
14歳以下	23	37	43	42	51	39	37	40	37
15～19歳	17,584	16,057	19,729	16,531	13,495	11,891	8,741	7,742	6,911
20～24歳	247,341	193,514	161,361	128,135	110,956	84,465	77,023	72,092	66,751
25～29歳	682,885	492,714	470,833	339,328	306,910	262,266	233,754	220,933	217,804
30～34歳	381,466	371,773	396,901	404,700	384,386	364,887	334,906	312,582	303,436
35～39歳	93,501	100,053	126,409	153,440	220,101	228,302	211,021	201,010	196,321
40～44歳	8,224	12,472	14,848	49,750	34,609	52,561	51,258	49,191	47,899
45～49歳	244	414	396	564	773	1,256	1,591	1,593	1,624
50歳以上	1	–	6	34	19	52	68	56	52

注：2010、2015年は都道府県からの報告漏れ（2019年3月29日公表）による再集計を行ったことにより、2015年以前の概況とは数値が一致しない箇所がある。

資料：厚生労働省「令和2年（2020）人口動態統計（確定数）の概況」2021年を抜粋

比較し、差や関連性があるかを分析し、その結果の背景として何が考えられるか積極的に読み解くなど、統計データを深堀りしていくことで、学びの楽しさを改めて感じてほしい。

3　高齢化の地域格差

高齢化率は、全国一律ではないため、各都道府県によりどの程度の格差が生じているかを把握する必要がある。

日本は、北は北海道から南は沖縄県まで、47都道府県が南北に広がり、各都道府県で、気候、人口、文化などが異なっている。高齢化率においても、各都道府県で格差が生じている。2019（令和元）年現在の都道府県別の高齢化率は、最も高いのが秋田県37.2%、最も低いのが沖縄県22.2%となっており、15.0%の格差が生じている（**表1−5**）。

国立社会保障・人口問題研究所「日本の地域別将来推計人口（平成30年推計）」によると、2045年の各都道府県の高齢化率は、最も高いのが秋田県の50.1%、最も低いのが東京都の30.7%であり、全ての都道府県で高齢化率が上昇し、各市区町村で高齢化の状況に、さらに格差が生じ

表1−5　都道府県別高齢化率の推移

	2019年	2045年		2019年	2045年
北海道	31.9	42.8	京都府	29.1	37.8
青森県	33.3	46.8	大阪府	27.6	36.2
岩手県	33.1	43.2	兵庫県	29.1	38.9
宮城県	28.3	40.3	奈良県	31.3	41.1
秋田県	37.2	50.1	和歌山県	33.1	39.8
山形県	33.4	43.0	鳥取県	32.1	38.7
福島県	31.5	44.2	島根県	34.3	39.5
茨木健	29.5	40.0	岡山県	30.3	36.0
栃木県	28.6	37.3	広島県	29.3	35.2
群馬県	29.8	39.4	山口県	34.3	39.7
埼玉県	26.7	35.8	徳島県	33.6	41.5
千葉県	27.9	36.4	香川県	31.8	38.3
東京都	23.1	30.7	愛媛県	33.0	41.5
神奈川県	25.3	35.2	高知県	35.2	42.7
新潟県	32.4	40.9	福岡県	27.9	35.2
富山県	32.3	40.3	佐賀県	30.3	37.0
石川県	29.6	37.2	長崎県	32.7	40.6
福井県	30.6	38.5	熊本県	31.1	37.1
山梨県	30.8	43.0	大分県	32.9	39.3
長野県	31.9	41.7	宮崎県	32.3	40.0
岐阜県	30.1	38.7	鹿児島県	32.0	40.8
静岡県	29.9	38.9	沖縄県	22.0	31.4
愛知県	25.1	33.1			
三重県	29.7	38.3			
滋賀県	26.0	34.3			

資料：2019年は総務省「人口推計」、2045年は国立社会保障・人口問題研究所「日本の地域別将来推計人口（平成30年推計）」2018年

出典：内閣府『令和3年版高齢社会白書』2021年　p.11を抜粋

1 少子高齢社会
2 高齢者の理解
3 高齢者の生活
4 取り巻く環境
5 施策の変遷
6 老人福祉法
7 介護保険制度
8 居宅等サービス
9 施設サービス
10 高齢者医療確保法
11 権利擁護
12 環境整備
13 雇用・介護休業
14 連携
15 相談援助

ると見込まれている。みなさんの居住する都道府県の高齢化率は今後どのような推移が見込まれ、どのような高齢化対策が必要になるだろうか。

　日本の高齢者福祉においては、現在の高齢化の現状を踏まえた対策だけでなく、今後さらなる高齢化の進行に対応できるよう、現段階から可能な限りの事前準備と今後を見据えた対策の両面の整備が、国、都道府県、市区町村の各単位で求められている。そのため、高齢者福祉に関する国レベルの法律や政策等の動き、そしてそれらに関係する各地方公共団体の動きを常に意識し、情報収集した上で、各地域の対策計画等の内容を理解していくことが重要である。

4　少子高齢化の要因

なぜ少子高齢化が進行しているのか、この問いに答えるためにはその要因を把握しておく必要がある。

❶　死亡率低下による65歳以上人口の増加

　日本においては、第二次世界大戦後、伝染病予防や公害対策等の公衆衛生の向上、下水道等の普及による生活環境の改善、生命の維持に不可欠な食生活・栄養状態の改善、先進医療機器による病気の早期発見などの医療技術の進歩等がみられた。その結果は、死亡率の低下につながっている。死亡率を示す指標として、年齢調整死亡率[3]がある。日本における年齢調整死亡率（人口10万対）は、1947（昭和22）年の男性23.6、女性18.3から、2019（令和元）年には男性4.6、女性2.4になり、大幅に低下している（図1-2）。

　また、日本においては、死亡率の低下により、平均寿命が延び続けている。2016（平成28）年における平均寿命は、男性が80.98年、女性が87.14年となり、健康寿命[4]も男性72.14年、女性74.49年と延び続けている（図1-3）。

❷　少子化の進行による若年人口の減少

　日本の出生数は、第1次ベビーブームといわれる1947（昭和22）～1949（同24）年の間の出生数805万7,054人、第2次ベビーブームといわれる1971（同46）～1974（同49）年の間の出生数816万1,627人の2つのピークの後は減少傾向にある。2020（令和2）年の出生数は84万835人であり、前年の86万5,239人より2万4,404人減少している。

　また、前述の合計特殊出生率は、第1次ベビーブーム以降急速に低下し、1956（昭和31）年に2.22、1975（同50）年に1.91と2.00を下回ると、1993（平成5）年に1.46と1.50を割り込み、2005（同17）年には1.26[5]となり、その後も低い状態が続いている。その結果、次代の高齢社会の対策の一翼を担うことが期待される若年人口[6]も依然として減少傾向にある。

▶3　年齢調整死亡率
都道府県別に死亡数を人口で除した（割った）通常の死亡率を比較すると、各都道府県の年齢構成に差があり、高齢者の多い都道府県では高くなり若年者の多い都道府県では低くなる傾向がある。そのため、年齢構成の異なる地域間で死亡状況の比較ができるように年齢構成を調整した死亡率を年齢調整死亡率という。

▶4　健康寿命
健康上の問題で日常生活に制限のない期間を意味する。

▶5
過去最低の数値を記録している。

▶6　若年人口
14歳以下人口。

1 少子高齢社会
2 高齢者の理解
3 高齢者の生活
4 取り巻く環境
5 施策の変遷
6 老人福祉法
7 介護保険制度
8 居宅等サービス
9 施設サービス
10 高齢者医療確保法
11 権利擁護
12 環境整備
13 雇用・介護休業
14 連携
15 相談援助

図１－２　死亡数および年齢調整死亡率の推移

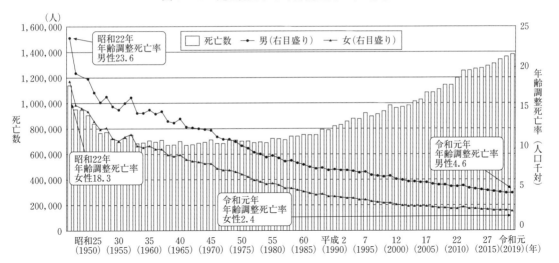

注：年齢調整死亡率は、「昭和60年モデル人口」を基準人口としている。
資料：厚生労働省「人口動態統計」
出典：内閣府『令和３年版高齢社会白書』2021年　p.13

図１－３　健康寿命と平均寿命の推移

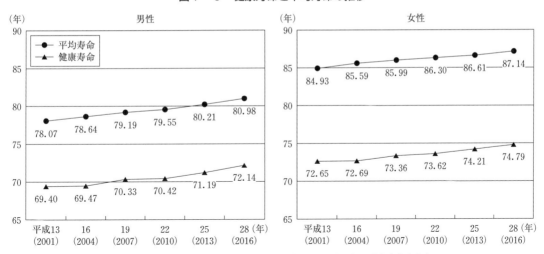

資料：平均寿命：平成13・16・19・25・28年は、厚生労働省「簡易生命表」、平成22年は「完全生命表」
　　　健康寿命：厚生労働省「第11回健康日本21（第二次）推進専門委員会資料」2018年
出典：内閣府『令和３年版高齢社会白書』2021年　p.28

　　このように、日本における少子化の進行においては、人口規模を維持するどころか減少に至る出生率が継続しており、その結果、人口全体の高齢化につながっているのである。現在、日本の高齢社会の対策を考えることは、少子化の対策、人口減社会の対策もあわせて総合的に考察していく必要性を意味している。

3．今後の高齢社会へ向けて

1　老いるということ

年老いていき、高齢期に到達した際、日々の生活、人生をどのように捉えていくのかが高齢者福祉に問われている。

▶7
アメリカではサクセスフル・エイジングとも呼ばれ、生きがいなどにつながっている。

年を重ね、高齢者になるにあたり、単に老いるのではなく、幸福に老いる▶7ということは何を意味するのだろうか。高齢者や老人という表現を見て、一般的にはネガティブなマイナスのイメージが想起されるケースが少なくない。みなさんは、高齢者に対してどのようなイメージをもっているだろうか。例えば、年齢が20歳の人であれば、45年後に高齢者と呼ばれる65歳となるわけであり、誰もがいきなり高齢者になるわけではない。高齢者は、この世に生を受け、その後、様々な経験を何年も重ね、現在に至る。それらの長年の経験は、高齢者一人ひとりによって大きく異なる。高齢者の人生は、それぞれが自分らしくかけがえのない人生である。

我々人間は、たとえ長生きしたとしても不老不死ではなく、いつかは死を迎える存在である。つまり我々は、この世に生を受けた後、死に向かって生きている存在といえる。命に限りがあるからこそ生を意識し、自分らしい日々の生活を死ぬまで模索し続けることにつながるのではないか。高齢期は、いずれは死を迎える人間の宿命を受け入れ、自分らしい日々の生活とは何かを突き詰め、自分らしい人生の最終章として捉えることにより、人生の完成期を迎えることができると考えられる。

2　高齢者における生きがいの向上への支援

高齢者が日々の暮らしにおいて生活の質を高めていくためには、生きがいが必要となる。

日本においては、今後のさらなる少子高齢化の進行により、深刻化している介護人材不足の解決、年金などの社会保障の持続可能性の確保等、様々な課題への対策に焦点化されることが多い。高齢者福祉においては、高齢者を対象とし、生活という視点から必要な支援を行い、日々の生活の質の向上をめざし、幸福へ導く必要がある。そのためには、高齢者福祉に関する制度等の様々な知識の習得だけでなく、高齢者の視点に立ち、人生の完成期における日々の生活の中での生きがいとは何かを考えていく必要がある。その際には、自分自身が高齢者になった際の生活をイメージしておくことも高齢者福祉について理解を深めるきっかけの一つにつながると考えられる。

鶴若麻理らの研究（2003年）によると、高齢者の生きがいは、①連帯

1
少子高齢社会

2
高齢者の理解

3
高齢者の生活

4
取り巻く環境

5
施策の変遷

6
老人福祉法

7
介護保険制度

8
居宅等サービス

9
施設サービス

10
高齢者医療確保法

11
権利擁護

12
環境整備

13
雇用・介護休業

14
連携

15
相談援助

感（家族、友人、社会、地域等との連帯）、②充実感・満足感・幸福感（現在の生活、今までの人生の満足など生活全般から得られる安定や充実）、③達成感・追求感（自己の向上を促すような学習、奉仕活動、創造的活動、仕事等における達成または追求）、④有用感（自分の能力を発揮して役に立っていると思える感情・感覚）、⑤価値（個人の生き方、信念、生活、信条に関係する領域）という５つから構成されることを示している。また、それらの５つの内容は、互いに独立した実在ではなく、相互に関わりをもち、自己や人生への肯定にも関わりをもつことが示されている。高齢者福祉の支援においては、高齢者一人ひとりがこれまでの人生経験をもとに、それぞれの生きがいをどのように感じ、人生の完成期をどのように生活したいかについて、的確に把握することが求められる。

　一方、高齢期は、身近な人の死、社会的役割の喪失など、様々な喪失体験に直面し、うつ状態になり、自己肯定感が低下しているケースが散見される。それらの状況下、高齢者一人ひとりが、日々の生活において生きがいを高められるように、これまでの様々な経験を活用した社会参加の活動支援、さらなる人生の充実に向けて多様な学習機会を提供する生涯教育の支援等を行っていくことが高齢者福祉において重要である。高齢者福祉への学びを深めていくことは、みなさんにとって、人生の先輩である高齢者からの学びにもつながり、自分自身の人生を今後どのように過ごしていくべきかを考える機会にもなると考えられる。高齢社会においては、少子高齢化による様々な課題解決に向けた支援、加えて、高齢者がより多くの生きがいを感じられる質の高い生活の実現に向けた支援、この両面から今後の支援のあり方を模索していく必要がある。

考えてみましょう

○今後、高齢化がさらに進行し、あなたの住む地域で３人に１人が高齢者という状況になった場合、どのような高齢化対策や地域住民の取組みが求められるでしょうか？

【参考文献】
厚生労働省編『令和３年版厚生労働白書』2021年
厚生労働統計協会編『国民の福祉と介護の動向2020／2021』厚生労働統計協会　2020年
厚生労働省「都道府県別にみた死亡の状況　―平成12年都道府県別年齢調整死亡率」　2002年

国立社会保障・人口問題研究所「日本の地域別将来推計人口（平成30（2018）年推計）」2018年

鶴若麻理・岡安大仁「語り（ナラティヴ）からみる高齢期の生きがいの諸相」『生命倫理』第13巻第1号　日本生命倫理学会　2003年　pp.155-156

内閣府『平成21年版高齢社会白書』2009年

内閣府『平成25年版高齢社会白書』2013年　pp.2-3　p.11

内閣府『令和2年版高齢社会白書』2020年

内閣府「平成26年度高齢者の日常生活に関する意識調査結果」2014年　p.164

1 少子高齢社会

2 高齢者の理解

3 高齢者の生活

4 取り巻く環境

5 施策の変遷

6 老人福祉法

7 介護保険制度

8 居宅等サービス

9 施設サービス

10 高齢者医療確保法

11 権利擁護

12 環境整備

13 雇用・介護休業

14 連携

15 相談援助

第2章

高齢者の特性理解

●キーポイント

　平均寿命が男女ともに80歳代となった日本。高齢期といってもその時間的な幅は広く、各々の心身機能や生活様式も多様である。本章では、そのような多様な中でも、高齢期に起こる心身の変化や暮らしの特性を理解することを目的としている。

　本章で学ぶ内容は、ソーシャルワーク実践における個別支援のアセスメントにて、"個人因子"となり得る。そのため、本書で学んでいく支援の背景として理解しておく必要がある。また、高齢者を"支援が必要な人"として一面的に捉えるのではなく、生活の主体者と捉え、その暮らしを支えるためにどうすればよいのか考える。

1．高齢期の身体的変化

1　発達と老化

　加齢によって心身機能が低下していくことを老化という。老化には、誰にでも起こりうる生理的老化と、寿命の短縮にも影響を与える病的老化がある。老化や寿命は、遺伝的要因や生活習慣、環境等による違いからその個人差も大きい。

▶1　健康寿命
第1章参照。次期国民健康づくり運動プランでは、2040年までに健康寿命を男女ともに75歳以上にすることを目指している。
▶2　生理的老化
例として、白髪、老眼、聴力の低下（高周波音域から低下する）、味覚の鈍化（味蕾の減少）、臓器や器官の萎縮や機能低下、筋肉量の低下（筋繊維数の減少、筋繊維の萎縮）、免疫機能の低下等が挙げられる。
▶3　流動性知能
状況に応じてものごとを判断する能力。
▶4　結晶性知能
知識や経験によって対応する能力。

　日本は、公衆衛生水準の向上や栄養改善、医療技術の進歩等により、年々平均寿命が延伸している。高齢者を65歳以上の人と定義した場合、日本の平均寿命だけでいえば、男性は約16年間、女性は約22年間、高齢期を生きる。また、老人福祉法が制定された1963（昭和38）年には、100歳以上の高齢者は全国で153人だったが、1981（同56）年に1,000人を超え、人生100年時代といわれる昨今、8万人を超えている（2020（令和2）年現在）。日本は、諸外国と比べて平均寿命、健康寿命ともに高く（表2－1参照）、健康増進法に基づき策定される国民の健康増進と総合的な推進を図るための具体的な計画である「健康日本21（第二次）」でも、健康寿命▶1の延伸が掲げられている[1]。

　一方、人間は生命体のひとつであり、加齢とともに生理的機能は低下する（生理的老化▶2）。老化は、不可逆的に低下し誰にでも起こりうる生理的老化と、さまざまな疾患や環境因子がストレスとして加わることによって寿命を短縮する病的老化に分けられる。後者の進行過程や度合いは、遺伝的要因や生活習慣による違いから個人差も大きい。

　また、知能には、流動性知能▶3と結晶性知能▶4があり、流動性知能は30～50歳代では高い能力を保持し、70歳前後で低下するが、結晶性知能

表2−1　諸外国の平均寿命と健康寿命（2019年）

国名	平均寿命（年）	健康寿命（年）	国名	平均寿命（年）	健康寿命（年）
日本	84	74	イギリス	81	70
シンガポール	83	74	アメリカ	79	66
イタリア	83	72	タイ	78	68
韓国	83	73	中国	77	69
フランス	83	72	インドネシア	71	63
スウェーデン	82	72	インド	71	60
ドイツ	82	71	フィリピン	70	62

資料：WHO World Health Statistics2021

図2−1　流動性知能と結晶性知能

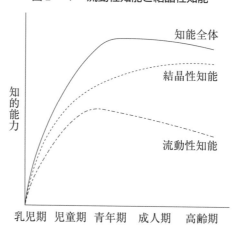

資料：J.L.Horn, Organisation of data on life-span development of human abilities, *Life-span developmental psychology: Research and theory*, Academic Press, 1970.

は高齢期も維持される。これら知的能力は、お互いを補うように働くため、高齢期になっても大きく落ちることはない（**図2−1**）。

2　高齢者に多い疾病と起こりやすい症状

　高齢者は、様々な疾病にかかりやすく、疾病のもつ典型的な症状が出にくい。そのため早期発見が難しく、重症化や急変するリスクも高い。日常生活等を支援する上で、高齢期に多い疾病や症状、それらの危険因子や促進要因について理解しておく必要がある。

　　高齢期は、病気などのストレスに耐える力（予備力）が弱まり、様々な疾病にかかりやすく、一人で複数の疾病にかかっていることも多い。慢性疾患が多く、合併症、重症化、急変も起こりやすい。また、疾病の典型的な症状が出にくいため、早期発見が困難になることがある。下記に高齢期に多い疾病や症状をいくつか挙げる。

1 少子高齢社会

2 高齢者の理解

3 高齢者の生活

4 取り巻く環境

5 施策の変遷

6 老人福祉法

7 介護保険制度

8 居宅等サービス

9 施設サービス

10 高齢者医療確保法

11 権利擁護

12 環境整備

13 雇用・介護休業

14 連携

15 相談援助

❶　脱水

　脱水とは、何らかの理由で体液を喪失し、必要な水分と電解質が不足していることをいう。ヒトは成人で体重の60％、高齢者で50％を液体が占めている。体重の１～２％の体液喪失であっても軽度の脱水症状が現れ、10～25％を失うと身体症状だけでなく意識障害を起こしたり生命に危険が及ぶ。発汗や発熱、水分摂取不足の他、疾病による食事摂取量の不足や下痢、嘔吐等が原因となるが、高齢者は、水分保持能力のある筋肉量が減少するため、成人よりも体液量が少なく、加齢に伴う腎機能の低下により、体液量やナトリウム濃度の恒常性維持能力も低下する。さらに、頻尿やむくみへの危惧により水分摂取を控える傾向もあり、慢性型脱水症やかくれ脱水を起こしやすい[2]。

❷　低栄養

　低栄養とは、健康的に生きるために必要な量の栄養素が摂れていない状態を指す。低栄養の定義は単一ではないが、スクリーニング方法としてBMI値[5]（20kg／㎡以下）や血清アルブミン値[6]（3.5g/dL以下）が活用されている。厚生労働省「令和元年国民健康・栄養調査報告」（2020年）によると、65歳以上の低栄養傾向の者（BMI≦20kg／㎡）は、男性12.4％、女性20.7％であった。低栄養は、筋力や免疫力を低下させ、肺炎などの感染症や褥瘡、転倒や骨折リスク、ひいては死亡リスクを高めるといわれている。低栄養を引き起こす要因には、認知機能の低下や嚥下障害だけでなく、ひとり暮らしであることや要支援・要介護状態（買い物や家事ができない、食事介助が必要）であることも関連している。

❸　骨折

　厚生労働省「2019年国民生活基礎調査の概況」（2020年）によると、介護が必要となった主な要因として、要支援・要介護ともに「骨折・転倒」が３位に挙がっている。加齢により骨粗鬆症の発症率は上がり、脊椎圧迫骨折や大腿骨頸部骨折に代表される脆弱性骨折[7]を引き起こす。高齢者は、骨折以外にも様々な既往歴があり、手術を要する場合、入院から術後の間に合併症を併発することも少なくない。

❹　肺炎

　肺炎は、高齢者の罹患率、死亡率ともに高く、誤嚥性肺炎を含めるとその死亡者の96％以上を65歳以上の高齢者が占めている。肺炎の原因菌には、肺炎球菌、黄色ブドウ球菌などの腸内細菌、緑膿菌が挙げられるが、発熱や咳といった肺炎の典型的な症状が出にくい[3]。また、誤嚥性肺炎は、嚥下機能障害により唾液や食物などと一緒に細菌を誤って気道に吸引することで発症する。誤嚥性肺炎も発熱や咳といった典型的な症状が出ず、本人からほとんど訴えがないため、異変に気づかれにくい。

▶５　BMI値
［体重(kg)］÷［身長(m)²］で算出される値。肥満や低体重（やせ）の判定に用いる。肥満度を表す指標として国際的に用いられている体格指数である。

▶６　血清アルブミン値
血清アルブミンは、血液中のたんぱく質の一種で、総たんぱくの約６割を占める。血液中に含まれるアルブミンの値は、低栄養に陥っていないかどうかを調べる指標となる。

▶７　脆弱性骨折
低骨量が原因で転倒などの軽い衝撃で起こる骨折のこと。

近年では、口腔ケアによる嚥下機能改善や口腔内清浄が誤嚥性肺炎の予防となることが知られている[4)][5)]。

❺ 高血圧

高血圧とは、血圧140/90mmHg以上をいう。日本の高血圧者数は約4,300万人と推定され、加齢に伴い上昇する傾向があり、前述の「令和元年度国民健康・栄養調査報告」によれば、65～74歳の高齢者の62%、75歳以上の高齢者の73%が高血圧症に罹患している。また、120/80mmHgを超えて血圧が高くなるほど、脳心血管病や慢性腎臓病などの合併症リスクや死亡リスクは高くなる。

❻ 糖尿病

糖尿病は、膵臓から分泌されるインスリン（血糖を下げるホルモン）の作用不足によって慢性の高血糖（血液中のブドウ糖濃度が高い状態）をきたす代謝性疾患である。糖尿病は、網膜症、腎症、神経障害、動脈硬化等の合併症を引き起こしたり、糖尿病の症状である脱水や低血糖により意識障害を起こす場合もある。

日本では、40歳以降に発症することが多く、糖尿病患者の約3人に1人が高齢者である[8)]。糖尿病の症状は個人差が大きいが、高齢期では、無自覚性低血糖や慢性低血糖を来たしやすく、75歳以上になると、認知症やフレイル、ADL低下、重症低血糖が起こりやすくなる。

❼ 悪性新生物（腫瘍・がん）

人体において、何らかの原因により正常な遺伝子に傷がつき異常な細胞ができ、異常細胞の塊をつくることがある。このうち、異常細胞が周囲の組織や器官に広がったり（浸潤）、別の器官へ移って広がったり（転移）し、器官や生命に重大な影響を与えるものを悪性新生物（腫瘍）という。

厚生労働省の人口動態統計によると、「悪性新生物（腫瘍）」は、日本の65歳以上の死因別死亡数で最も多い。肺がん・胃がん・大腸がんは男女ともに多く、男性は前立腺がん・肝臓がん、女性は膵臓がん・乳がんも多い。高齢者の場合、症状が不明瞭であるために発見が遅れたり、認知症の合併により服薬管理や患者の意思決定に支援が必要なケースも少なくない[9)]。

❽ 虚血性心疾患

心臓は、心臓の周囲に張り巡らされた冠動脈を通じて、常に新鮮な酸素や栄養素を受け取ることで正常に動いている。動脈硬化や血栓など何らかの要因によって、この冠動脈が必要な血液量を供給できない状態を虚血性心疾患と呼ぶ。虚血性心疾患には、冠動脈の狭窄により血液が不足して起こる狭心症と、冠動脈の完全閉塞によって心筋が壊死する心筋

梗塞の二つに大きく分けられる。症状として、主に前胸部の痛み、時に激しい胸痛や圧迫感、呼吸困難が生じる。中でも急性心筋梗塞は、突然死のリスクが高いため、発作直後の心停止に対し心肺蘇生やAEDによる迅速な救命処置が重要となる。

❾　脳血管疾患

脳血管疾患とは、脳血管の異常によって脳細胞が障害される病気の総称である。脳血管性疾患の代表的なものに、脳血管の閉塞によって生じる脳梗塞、脳血管が破れる脳出血やくも膜下出血がある。高血圧、糖尿病、脂質異常症、不整脈、喫煙、飲酒が要因として挙がっており、年齢が上がるにつれて罹患率は高まる。

損傷を受けた場所と程度により、意識障害、運動麻痺、構音障害、感覚障害、嚥下障害などの後遺症が生じる。高齢者の場合、後遺症により発症前と違う生活を送ることも多く、慢性期の再発防止だけでなく、ADL低下や閉じこもり等へも注意が必要である。

❿　パーキンソン病

パーキンソン病は、中脳黒質の神経細胞が消失し、脳内の神経伝達物質のひとつであるドパミンが減少することによって、運動障害等を引き起こす進行性変性疾患である。50〜60歳代以降に発病することが多く、高齢になるほど発症率は高まる。重症度や障害度によって特定医療費（指定難病）の対象となる。症状として、安静時の振戦（細かな震え）、筋固縮（筋肉がこわばる）、無動・寡動（麻痺はないが動けない・動作に時間がかかる）、姿勢反射障害（前傾前屈姿勢、すくみ足、小刻み歩行、突進歩行、加速歩行、方向変換困難等）があり、これらによる転倒や外傷の危険に対し環境整備も必要となる[10]。また、パーキンソン病以外にもパーキンソン病のような症状を呈する疾患があり、その総称をパーキンソン症候群という。

3　フレイル

フレイル（虚弱）は、健康な状態と要介護状態との間にあり、健康障害を招きやすい状態にあるが、適切な介入によって身体機能や日常生活活動能力は向上し、再び健常な状態に戻ることができる。フレイルの予防改善には、運動・栄養・社会参加が重要である。

フレイル（虚弱）とは、「身体的脆弱性のみならず精神・心理的脆弱性や社会的脆弱性などの多面的な問題を抱えやすく、自立障害や死亡を含む健康障害を招きやすいハイリスク状態」[6]のことをいう。厚生労働省は、フレイルを要介護状態に至る前段階として位置づけ、フレイル対策による健康寿命の延伸を進めている。フレイルは可逆性を有しており（**図2−2**参照）、適切な介入によって身体機能や日常生活活動能力が

少子高齢社会 1

高齢者の理解 2

高齢者の生活 3

取り巻く環境 4

施策の変遷 5

老人福祉法 6

介護保険制度 7

居宅等サービス 8

施設サービス 9

高齢者医療確保法 10

権利擁護 11

環境整備 12

雇用・介護休業 13

連携 14

相談援助 15

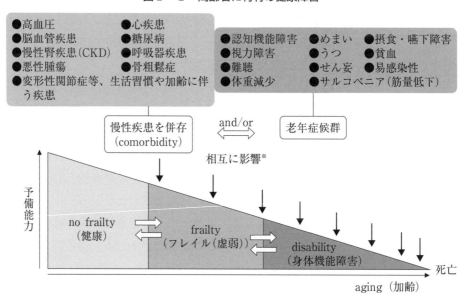

図2－2　高齢者に特有の健康障害

●高血圧　　　　　　　●心疾患
●脳血管疾患　　　　　●糖尿病
●慢性腎疾患(CKD)　●呼吸器疾患
●悪性腫瘍　　　　　　●骨粗鬆症
●変形性関節症等、生活習慣や加齢に伴う疾患

●認知機能障害　●めまい　●摂食・嚥下障害
●視力障害　　　●うつ　　●貧血
●難聴　　　　　●せん妄　●易感染性
●体重減少　　　●サルコペニア(筋量低下)

慢性疾患を併存
(comorbidity)

and/or

老年症候群

相互に影響※

予備能力

no frailty
(健康)

frailty
(フレイル(虚弱))

disability
(身体機能障害)

死亡

aging（加齢）

※：現時点では、慢性疾患とフレイルの関わりについて継続的に検証されている段階にあることに留意が必要。
出典：厚生労働省「高齢者の特性を踏まえた保健事業ガイドライン第2版」2019年　p.6を一部抜粋
https://www.mhlw.go.jp/content/12401000/000557575.pdf

向上することで再び健常な状態に戻ることができる[7]。

フレイルの予防改善には、サルコペニア[8]や慢性的な低栄養の予防改善、口腔機能の維持のほか、社会参加も重要である。

また、ロコモティブシンドロームは、骨、関節、筋肉、神経などから構成される運動器の障害のために自立度が低下し、介護が必要となる危険性の高い状態と定義される[11]。ロコモティブシンドロームは、運動器に焦点を当てた概念であるが、フレイルは、身体面だけでなく、精神・心理面や社会面も含む多面的概念である。フレイル予防は、フレイルの前段階にあたるプレフレイルも含め、健康づくりや社会参加といった地域ぐるみの取り組みや展開も求められる。

▶8　サルコペニア
加齢によって筋肉量、筋力、身体機能が低下した状態のこと。

4　認知症

日本において、2025（令和7）年には認知症をもつ高齢者が675〜730万人に増加すると推測されている。近年では、当事者の声を聴く機会もあり、認知症に対する正しい理解と暮らしやすい環境やまちづくりが求められている。

❶　認知症とは

認知症とは、「一度正常に達した認知機能が後天的な脳の障害によって持続性に低下し、日常生活や社会生活に支障を来すようになった状態を言い、それが意識障害のないときに見られる」症状である[12]。認知症の原因疾患で代表的なものは、神経変性認知症を引き起こすアルツハイ

1 少子高齢社会

2 高齢者の理解

3 高齢者の生活

4 取り巻く環境

5 施策の変遷

6 老人福祉法

7 介護保険制度

8 居宅等サービス

9 施設サービス

10 高齢者医療確保法

11 権利擁護

12 環境整備

13 雇用・介護休業

14 連携

15 相談援助

▶9　アルツハイマー病
脳の神経細胞の変性と異常なたんぱく質の蓄積により神経細胞が脱落し、脳全体が徐々に委縮することで起こる神経変性疾患。認知症の中で最も患者数が多い。短期記憶障害から始まり、見当識障害、言語障害や視空間認知障害へと症状が進行・拡大、比較的ゆっくりと進行する。

▶10　レビー小体型認知症
異常なたんぱく質（レビー小体）が大脳皮質や扁桃核に蓄積し発症。アルツハイマー病に次いで多いといわれる。側頭葉の委縮が目立ち、びまん性の脳委縮をきたす。注意力低下、幻視、レム期睡眠行動異常症、パーキンソン症状（振戦や小刻み歩行等）等の症状がある。

▶11　脳血管性認知症
脳梗塞や脳出血等の脳血管障害に起因した認知症。障害の部位や程度により出現する症状が異なる。記憶障害があっても判断力や理解力は保持されていたり、症状が日や時間ごとに変わり一定しないこともある。新たな脳血管障害が加わらない限り、その後の進行は目立たず、脳血管障害の再発予防が重要となる。

▶12　見当識障害
現在の年月や時刻、自分がどこにいるかなど基本的な状況を把握することが難しくなる状態。

▶13　実行機能障害
順序立てて物事をおこなうことが難しくなること。

マー病▶9やレビー小体型認知症▶10、脳血管性認知症▶11を引き起こす脳梗塞や脳出血などがある。日本では、2025（令和7）年には認知症をもつ高齢者は675〜730万人に増加すると推測されている。

　認知症の症状として、記憶障害や見当識障害▶12、実行機能障害▶13といった認知機能障害と幻覚、妄想、徘徊、攻撃的な言動などの行動・心理症状（BPSD：Behavioral and Psychological Symptoms of Dementia）が挙げられる。BPSDは、その人が置かれている環境や人間関係、もともと持っている性格など様々な要因が絡み合って起こる。認知症の症状として必ず現れるものではなく、現れた場合でも、服薬や環境・ケア方法の改善によって緩和される場合もある。

　現在、認知症の根本治療薬は開発されていないが、進行抑制薬は開発され、日本では4種類の薬が認可されている。また、BPSDに対し、抗うつ薬、抗不安薬、漢方等が使用されているが、抗精神病薬投与に関しては、有害な副作用も生じるため、厚生労働省や日本医師会がガイドラインを示している。

❷　軽度認知障害（MCI：Mild Cognitive Impairment）

　軽度認知障害とは、認知症とはいえない軽度の認知機能低下がみられる状態をいう[13]。記憶障害を主とする健忘型MCIと、それ以外の遂行・注意・言語・視空間認知などに機能障害がみられる非健忘型MCIがある。MCIの有病率は、65歳以上の高齢者で15〜25％といわれている。MCIから認知症に進行する可能性もあれば、正常に回復する可能性もある。進行性の疾患が背景になければ、認知症へと移行する確率は低い。日常的な支援や介護は必要としていないが、心不全や糖尿病など自己管理を必要とする疾病の予後に影響を与えることがある。

❸　パーソンセンタードケアの広まりと当事者の声

　パーソンセンタードケアとは、認知症のある人を「何もわからない人」ではなく、一人ひとりを「人」として、その人らしさ（personhood）を尊重し、ケアを行うという考え方で、1980年代末のイギリスにてキットウッド（T. Kitwood：心理学者）が提唱し、日本でも2000年代に広まり、1990年代後半の小規模ケアの取り組みと合わせて、ケア方法を大きく変えた。

　また、認知症当事者の手記 "Who will I be when I die?"（邦題『私は誰になっていくの？―アルツハイマー病者から見た世界』）の著者ブライデン（C. Bryden）は、2001年の国際アルツハイマー病協会国際会議で認知症当事者として初めて講演し、これを契機に徐々に世界に当事者の声が広まり始めた。

　日本でも、当事者による手記が出版されたり、2014（平成26）年に日

本認知症ワーキンググループ（現：日本認知症本人ワーキンググループ）が発足した。新オレンジプランによって、認知症サポーターは1,328万人（2021（令和3）年6月現在）に上り、多様な形で認知症カフェは全国に広がった。認知症サポーターによる活動や本人ミーティングも各地で行われ、認知症の人の声を基軸とした支援や誰もが住みやすい地域づくり・まちづくりの活動が広がりつつある。

　一方で、いまだ認知症をもつ人に対する偏見は残存しており、認知症に対する正しい理解と普及啓発、そして暮らしやすい環境やまちづくりが求められている。

2．高齢期の精神的変化

1　高齢期の喪失体験とメンタルヘルス

　人は、ライフサイクルの様々な場面で喪失を経験するが、高齢期では、加齢にともなう喪失体験を本人や周囲がどのように受け入れていくかが、高齢者のメンタルヘルスにも大きく関わっている。

　これまで、高齢期の人格変化として、頑固、自己中心的、保守的、心気性が高まるといわれてきたが、近年の横断研究から、こうした性格特徴は、本来的なものではなく、高齢期における身体機能や認知機能の低下、疾病、喪失体験に対する反応や影響であると考えられるようになっている[14]。

　それに対して、高齢者の横断研究や長寿高齢者調査を行っている下仲順子によれば、「頑固さなどの好ましくない特徴が老年期になって目立ってきた場合、それは知的能力や自己抑制力の低下や環境の変化のために適応が困難となり、元来本人がもっていた性格特徴が先鋭化したものであって、もともとよく適応し、柔軟で調和的な性格の持ち主は老人になってもそのような変化は示さない」とし、70歳から85歳の高齢期にかけて人格は発達する可能性があることも示している[15]。

　人は、ライフサイクルのさまざまな場面で喪失を経験する。年齢を重ねる中で、子が独立したり、長く勤務した仕事を離れたり、親やきょうだい、配偶者、子、友人知人との死別を経験したりする。それ以外にも、婚姻関係を解消したり、身体の一部や機能を失ったり、住み慣れた家を離れたりすることもある。喪失とは、近親者との死別だけでなく、心身機能や認知機能、自らの生活や人生にとって大切と思う何かを失うことである[16]。

　喪失による影響は、人によって異なる。重大な喪失によって不眠や食欲不振などをともなう悲嘆は正常反応であるとされるが、周囲の人が想像している以上に本人は大きな苦痛を抱えている場合もあり、なかには、

▶14　グリーフケア
大切な存在を死別によって失った遺族は、その深い悲しみや様々な想いを抱き、これまでの日常生活と違う環境に追い込まれてしまうため、その深い悲しみ（Grief）に寄り添い、回復に向けてサポートすること。

うつ病や身体疾患、自殺、死亡リスクの上昇を引き起こすこともある。大きな悲嘆を抱えている人への援助としてグリーフケア▶14があるが、加齢にともなう喪失体験を本人や周囲がどのように受け入れていくかが、高齢者のメンタルヘルスにも大きく関わっている[17]。

2　高齢期に起こりやすい精神疾患や症状

高齢期には、喪失体験が契機となってうつ病や不安症を発症することがある。また、セルフネグレクトは、疾患名や症候群ではないが、そのリスク要因として、依存症やうつ病、不安症といった精神疾患や認知症などが挙げられる。

❶　老年期うつ（高齢期のうつ病）

高齢期のうつ病は、加齢による認知機能の低下や心理的ストレスに臨機応変に対応することが困難となることを背景に、喪失体験が契機となって発症することが多い。若年期のうつ病にみられる抑うつ気分や意欲の低下といった症状は目立たず、自律神経症状や不眠、食欲低下といった身体症状が多く、希死念慮の訴えも多い特徴がある[18]。また、自殺を企図した場合の既遂率は高く、注意を要する[19]。

有病率は、高齢者人口の約10％と考えられており、うつ病の既往は、アルツハイマー病リスクを2倍にするという。また、うつ病と認知症の合併も多く、アルツハイマー病の20％、血管性認知症の30％にうつ病を合併するとの報告もある。

❷　不安症

不安は正常心理のひとつであるが、不安症は、過度な恐怖や不安を感じ日常生活に支障を来すようになった状態をいう。高齢期の場合、喪失体験によって不安・心配が生じ、不安症を引き起こすことがある。不眠、食欲低下といった身体症状が現れ、うつ病と共存しやすく、症状に共通点が多い[20]。

❸　睡眠障害

睡眠も加齢による変化が起こる。寝つきが悪い、何度も目が覚める、朝早く目が覚めるといった訴えが増え、60歳以上では約30％が不眠であるといわれる。加齢による睡眠の変化が必ずしも治療の対象となるわけではないが、関節痛や夜間頻尿などの身体疾患や身体症状によって、睡眠障害、特に不眠症を引き起こすことがある。不眠症は、高齢期の睡眠障害で最も多く、中途覚醒・早朝覚醒・熟眠障害などが続き、日常生活に支障をきたすようであれば治療を要する[21]。

1 少子高齢社会
2 高齢者の理解
3 高齢者の生活
4 取り巻く環境
5 施策の変遷
6 老人福祉法
7 介護保険制度
8 居宅等サービス
9 施設サービス
10 高齢者医療確保法
11 権利擁護
12 環境整備
13 雇用・介護休業
14 連携
15 相談援助

❹　セルフネグレクト

　セルフネグレクトとは、疾患名や症候群ではないが、「健康、生命および社会生活の維持に必要な、個人衛生、住環境の衛生もしくは整備又は健康行動を放任・放棄している」状態あるいは一部の行為として定義されている[22]。内閣府の調査[23]では、セルフネグレクト状態にあると考えられる高齢者は、全国で9,381〜1万2,190人と推計されている。セルフネグレクトは、対応や初期介入に苦慮する事例も多く、孤立死に至るケースも少なくない[24]。

　セルフネグレクトのリスク要因として、依存症やうつ病、不安症といった精神疾患や認知症などが挙げられる。また、斎藤雅茂らの研究[25]によると、「複合問題型」やサービス拒否に加えて地域から孤立している状況にある「拒否・孤立型」では、精神疾患のある人が相対的に多いものの、不衛生な家屋に居住していたり、衣類や身体の不衛生を放置している人が多い「不衛生型」や「サービス拒否型」では精神疾患がない人や認知症自立度や寝たきり度において自立傾向の人が多いなど状態像によって異なる特性があることも示されている。

3．高齢期の社会的変化

1　高齢期のパーソナルネットワーク

　高齢期に入ると、社会的役割の変容とともにパーソナルネットワークも、縮小しやすく、受動的な関係になりやすい。身近なところで他者とのつながりをつくる・もつことが、社会的孤立やセルフネグレクトを防ぐ。

　パーソナルネットワークとは、一個人を中心とし、その個人が他者ととり結ぶ関係（ネットワーク）を捉えたものである。高齢期のパーソナルネットワークには、いくつかの特徴がある。高齢期になるとネットワークの規模は縮小しやすく、加齢につれて、自ら近隣や子どもに働きかける割合は減少し、もっぱら子どもからのコンタクトに対応するのみという受動的な関係が中心となっていく。

　その他にも男女差や居住地域による差もある。男性は、女性よりネットワーク規模が小さく、ソーシャルネットワークの中に配偶者を含めていることが多いため、配偶者への依存が高く、配偶者を中心としたネットワークを形成している場合が多い。また、高齢期のソーシャルネットワークは、居住地を中心に築かれるため、居住年数が長い程ネットワークの規模は大きくなる。都市部は、ネットワーク規模が小さい傾向にあるため、配偶者の有無の影響も受けやすい。

　また、総務省「平成28年社会生活基本調査」によれば、睡眠を除き生

図2－3　居住地域でお互いに助け合っていると思う人の割合

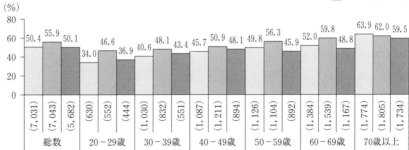

注：「健康日本21（第二次）」の目標：地域のつながりの強化（居住地域でお互いに助け合っていると思う国民の割合の増加）目標値：65%
出典：厚生労働省「令和元年国民健康・栄養調査報告」2020年を一部改変
　　　https://www.mhlw.go.jp/content/000710991.pdf

活時間を一緒にいた人をみてみると、65歳以上の高齢者全体では、家族と一緒にいた時間が平均6.5時間、次いで、一人でいた時間が6.25時間となっているが、単身高齢者では、一人でいた時間が11.3時間と１日の大半を占めていた。また、内閣府「平成30年度　高齢者の住宅と生活環境に関する調査結果」によれば、60歳以上の男性単身世帯においては、近所の人とのつきあいの程度は、「あいさつをする程度」が半数以上であり、「つきあいはほとんどない」と回答する割合も女性単身世帯や高齢夫婦世帯よりも高い。

　パーソナルネットワークのポジティブなネットワークとして、ソーシャルサポートネットワークが挙げられる。ソーシャルサポートネットワークは、個人をとりまく家族、友人、近隣、民生委員、ボランティア等による支援（インフォーマル・サポート）を通じた関係と、公的機関や事業所等の専門職による支援（フォーマル・サポート）を通じた関係がある。また、インフォーマルサポートは、①手段的サポート（生活的サポート、物質的・経済的サポート、介護的サポート、情報提供　等）、②情緒的サポート（話し相手、情緒的一体感 等）に分けられる。高齢期のインフォーマルサポートは、日常生活圏域での比較的個人的な関係を基礎としており（図2－3参照）、近接性・即時性という点で優れているとされる[26]。一方で、ソーシャルネットワークには、ネガティブなものもある。住民同士の関係は、決して良好なものだけでなく、希薄化した関係であったり、対立していたり、攻撃的な場合もある。

　高齢者のいる世帯のうち、半数以上が単身世帯または夫婦のみの世帯となり、増加傾向にあるなか、高齢期のソーシャルネットワークの規模

が縮小することにより、「閉じこもり」が続いたり、周囲からサポートを受けにくくなったり、社会的孤立やセルフネグレクトを引き起こすこともある。そのため、ソーシャルワーカーには、関係している個々への丁寧な関わりのほか、こうした状況がどのような関係性や背景で生じているのか構造的に捉えることも求められる。

2　災害弱者である高齢者

豪雨災害や地震災害での犠牲者や災害関連死では、高齢者の割合が高い。避難時や発災後の支援のほか、互助による防災・減災への取り組みも重要である。

日本は、地形や気象などの自然的条件から、台風、豪雨、豪雪、洪水、土砂災害、地震、津波、火山噴火などによる災害が発生しやすく、広域的な大規模災害も予測されている。年齢に関わらず発災時、正常性バイアスによって避難行動が遅れ、災害の被害に遭う人も少なくない。しかし、近年の豪雨災害や地震災害の犠牲者のうち、6～8割以上は高齢者で、災害関連死[15]も8～9割は高齢者であるといわれており、高齢者に対する災害時の避難行動や発災後の支援の重要性が増している。

内閣府は、「避難勧告等に関するガイドライン」にて、災害のおそれがある警戒レベル3は、「高齢者等は危険な場所からの避難が必要（高齢者等避難）」としている。また、災害対策基本法では、市町村長に「避

▶15　災害関連死
当該災害による負傷の悪化又は避難生活等における身体的負担による疾病により死亡すること。

図2-4　災害について家族や身近な人と話し合った内容（上位5項目）

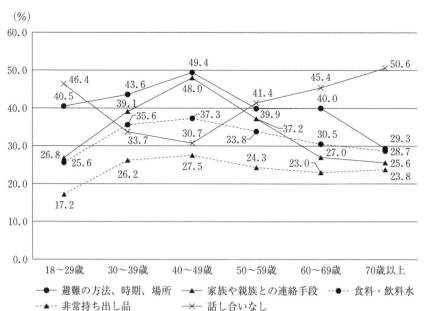

▶16　避難行動要支援者
当該市町村に居住する、高齢者、障害者、乳幼児その他の特に配慮を要する者のうち、災害が発生し、又は災害が発生するおそれがある場合に自ら避難することが困難な者であって、その円滑かつ迅速な避難の確保を図るため特に支援を要する者をいう。

資料：内閣府政府広報室「防災に関する世論調査（平成29年11月調査・有効回答1,839人）」2018年より内閣府作成
出典：内閣府『令和元年版防災白書』2019年　p.56

難行動要支援者▶16名簿」の作成を義務づけており、避難行動要支援者の個別避難計画の作成も努力義務化されている。しかし、災害発生直後は、それまで培われた関係性や、その場に居合わせた人による支援が主となる。平時のうちにどれだけ事前の計画により被害軽減の備えが行きわたっていたかが影響するため（**図2−4参照**）、特に高齢者の避難行動の場合、自助だけでなく、互助による防災・減災▶17への取り組みが求められる。

▶17　減災
災害による被害をできるだけ小さくする取組み。

3　幸福な老いとは何か

幸福な老いや終末期を考えることは、様々な疾病やそれぞれの環境の中で、自分らしくどう生きたいか（その人らしい生き方とは何か）を考えることでもある。高齢期の生活を支える専門職にとっても、その人がどのように考えているのか（考えてきたのか）を教えてもらい、理解することが重要である。

❶　健康と主観的幸福度

高齢期は、様々な喪失を経験するため、Well-being（幸福感）をいかに維持・向上するかは重要な課題である。高齢期には、喪失体験によって幸福感が低下すると考えられてきたが、日本でも、加齢の受容度が高いほど、主観的幸福感は高まるといった研究報告[27]や、主観的幸福感が高いほど、疾患の有無に関わらず生存率が高いことや疾病罹患後の平均余命が延長しているという研究報告もある[28]。また、スウェーデンの社会学者トーンスタム（L. Tornstam）が提唱した概念である老年的超越▶18は[29]、精神的健康を高めたり[30]、幸福感を高めるという[31][32]。

❷　終末期

幸福な老いや自分らしく自律的に生きることを考えるとき、誰もが迎える「死」、そして人生の最期をどのように過ごし安らかな旅立ちを迎えるのか、向き合う必要がある。それは、本人だけでなく、家族や親しい人、高齢期の生活や終末期を支える専門職にとっても大事である。

「死」をタブー視する社会であったが、近年、「終活」やエンディングノートが一般に広まり、最期のときや死後について、自身がどのようにしたいか、近親者に伝えることができるようになってきている。日本財団の調査[33]によれば、葬儀や墓、終末期医療等について話し合った経験があるかとの問いに、親世代（67〜81歳）の5割が家族と「話し合ったことがある」と回答している。また、最期を迎える場所を考えるにあたって重視する点については、「体や心の苦痛なく過ごせること」「自分らしくいられること」「人間としての尊厳を保てること」が上位に挙がったほか、親世代はこれに加えて、「家族等の負担にならないこと」、単身世帯は「一人でも最期を迎えられること」を重視していたとの報告もある。

▶18　老年的超越
「物質主義的で合理的な世界観から、宇宙的、超越的、非合理的な世界観への変化」を指す。高齢期に発達する価値観の変化により、死の恐怖が薄らいだり、他者を重んじる気持が高まったりする状態とされる。日本の85歳以上の高齢者を対象とした研究では、老年的超越の理論の一部に不一致がみられたり、日本独自の特徴があるとの報告もある。

高齢多死社会の進展に伴い、厚生労働省は、終末期医療において、適切な情報提供と説明を前提に医師等の医療従事者とよく話し合った上で、患者本人による決定を基本とする「人生の最終段階における医療・ケアの決定プロセスに関するガイドライン」を示している。しかし、本人の意思は、心身の状態の変化等に応じて変化しうるものであり、医療・ケアの方針や、どのような生き方を望むか等を、日頃から繰り返し話し合うこと（ACP：Advance Care Planningの取組み）の重要性が強調されている[34]。ACPとは、本人の意思を尊重し、その人にとって最善となることが見込まれる医療及びケアを実現するために、重篤な疾患ならびに慢性疾患等によって、意思決定能力が低下する場合に備え、あらかじめ、終末期を含めた今後の医療や介護について話し合うことである。また、意思決定が出来なくなったときに備えて、本人に代わって意思決定をする人を決めておくことも含まれる。

考えてみましょう

①あなたは“高齢者”“高齢期”と聞いてどのようなイメージをもっていますか。

②自身が80歳代になったとき、どんな暮らしをしていると思いますか／していたいですか。

③①の高齢者のイメージと②の暮らしに違いはありましたか。違いがあったとすると、なぜそのような違いが生じるのか考えてみましょう。

【引用文献】

1）厚生労働省「健康日本21（第二次）国民の健康の増進の総合的な推進を図るための基本的な方針」2012年

2）谷口英喜「栄養管理における体液状態の評価」『日本静脈経腸栄養学会雑誌』第32巻第3号　日本静脈経腸栄養学会　2017年　pp.1126－1130

3）平山達朗・迎寛「高齢者に多い疾患とその外来診療　肺炎」『臨牀と研究』第98巻第4号　大道学舘出版部　2021年　pp.427－432

4）米山武義「誤嚥性肺炎予防における口腔ケアの効果」『日本老年医学会雑誌』第38巻第4号　日本老年医学会　2001年　pp.476－477

5）山谷睦雄「誤嚥性肺炎の予防における口腔ケアおよび歯科診療の重要性」『老年歯科医学』第34巻第3号　日本老年歯科医学会　2019年　pp.361－364

6）要介護高齢者、フレイル高齢者、認知症高齢者に対する栄養療法、運動療法、薬物療法に関するガイドライン作成に向けた調査研究班編『フレイル診療ガイド〈2018年版〉』日本老年医学会　2018年

7）公益財団法人長寿科学振興財団『フレイル予防・対策　基礎研究から臨床、そして地域へ』2021年　pp.19－26

8）荒木厚「高齢者糖尿病の現状の課題と展望」『Geriatric Medicine（老年医学）』第59巻第4号　ライフ・サイエンス　2021年　pp.345－350

9）小川朝生「高齢者のがん診療における支援」『ストレス科学』第36巻第1号　日本ストレス学会　2021年　pp.44－53

10）関戸ひとみ「高齢者に多い慢性疾患Bパーキンソン病」『老年看護』メジカルフレンド社　2021年　p.220

11）中村耕三「ロコモティブシンドローム（運動器症候群）」『日本老年医学会雑誌』第49巻第4号　日本老年医学会　2012年　pp.393－401

12）日本神経学会『認知症疾患診療ガイドライン2017』医学書院　2017年

13）中島健二・下濱俊・冨本秀和他編『認知症ハンドブック［第2版］』医学書院　2020年

14）進藤貴子「高齢者福祉と高齢者心理学」『川崎医療福祉学会誌』第20巻　川崎医療福祉学会　2010年　pp29－44

15）下仲順子・中里克治「老年期における人格の縦断研究　人格の安定性と変化及び生存との関係について」『教育心理学研究』第47巻第3号　日本教育心理学会　1999年　pp.293－304

16）樋口輝彦・市川宏伸・神庭重信他編『今日の精神疾患治療指針［第2版］』医学書院　2016年　p.395

17）橋本衛「高齢者の精神疾患のトレンド」『Geriatric Medicine（老年医学）』第57巻第3号　ライフ・サイエンス　2019年　pp.199－202

18）前嶋仁「老年期うつ」新井平伊編『プライマリケアで診る高齢者の認知症・うつ病と関連疾患―31のエッセンス―』医歯薬出版株式会社　pp.183－187

19）馬場元「高齢期の気分障害」樋口輝彦ほか編『今日の精神疾患治療指針［第2版］』医学書院　2016年　pp.395－397

20）稲村圭亮「老年期不安症」新井平伊編『プライマリケアで診る高齢者の認知症・うつ病と関連疾患―31のエッセンス―』医歯薬出版株式会社　pp.202－207

21）吉田祥・清水徹男「高齢期の睡眠障害」樋口輝彦ほか編『今日の精神疾患治療指針［第2版］』医学書院　2016年　pp.404－408

22）野村祥平・岸恵美子他「高齢者のセルフ・ネグレクトの理論的な概念と実証研究の課題に関する考察」『高齢者虐待防止研究』第10巻第1号　日本高齢者虐待防止学会　2014年　pp.175－187

23）内閣府「セルフネグレクト状態にある高齢者に関する調査―幸福度の視点から報告書」（平成22年度内閣府経済社会総合研究所委託事業）2011年

https://www.esri.cao.go.jp/jp/esri/prj/hou/hou060/hou60_03a.pdf

24）ニッセイ基礎研究所「セルフ・ネグレクトと孤立死に関する実態把握と地域支援のあり方に関する調査研究報告書」（平成22年度老人保健健康増進等事業）2011年

https://www.nli‐research.co.jp/files/topics/39199_ext_18_0.pdf

25）斉藤雅茂・岸恵美子・野村祥平「高齢者のセルフ・ネグレクト事例の類型化と孤立死との関連―地域包括支援センターへの全国調査の二次分析―」『厚生の指標』第63巻第3号　厚生労働統計協会　2016年　pp.1－7

26）小林良二「インフォーマル支援とフォーマル支援の『つながりにくさ』と『つなぎ方』」東洋大学福祉社会開発研究センター『つながり、支え合う福祉社会の仕組みづくり』中央法規出版　2018年　pp.33－58

27）江上智章・橋本久美「加齢の心理的受容を促進及び抑制する要因の検討」『北海道心理学研究』第42巻第0号　北海道心理学会　2020年　pp.9－20

28）荒井秀典「4か国において主観的健康観に与える影響因子の分析」内閣府「高齢者の生活と意識に関する国際比較調査結果」2015年　pp.157－160

29）L.トーンスタム（冨澤公子・タカハシマサミ訳）『老年的超越　歳を重ねる幸福感の世界』晃洋書房　2017年

30）増井幸恵・権藤恭之ほか「地域高齢者の精神的健康の縦断変化に及ぼす老年的超越の影響の検討」『老年社会科学』第41巻第3号　日本老年社会科学会　2019年　pp.247－258

31）増井幸恵「超高齢社会における生きがいと老年的超越」長寿社会開発センター『生きがい研究』第27巻　長寿社会開発センター　2021年　pp.42－54

32) 小野聡子「つながりの実感および老年的超越からみた後期高齢者および超高齢者の主観的幸福感」『川崎医療福祉学会誌』第27巻第2号　川崎医療福祉学会　2018年　pp.313－323

33) 日本財団「人生の最期の迎え方に関する全国調査」2021年

https://www.nippon-foundation.or.jp/app/uploads/2021/03/new_pr_20210329.pdf

34) 厚生労働省「人生の最終段階における医療・ケアの決定プロセスに関するガイドライン」2018年

https://www.mhlw.go.jp/file/04-Houdouhappyou-10802000-Iseikyoku-Shidouka/0000197701.pdf

少子高齢社会 1

高齢者の理解 2

高齢者の生活 3

取り巻く環境 4

施策の変遷 5

老人福祉法 6

介護保険制度 7

居宅等サービス 8

施設サービス 9

高齢者医療確保法 10

権利擁護 11

環境整備 12

雇用・介護休業 13

連携 14

相談援助 15

第3章 高齢者の生活

●キーポイント

　　少子高齢化が進み、家族構成も今と昔とでは大きな違いがあることを理解し、介護予防の重要性を理解しなくてはならない。そして、介護需要は少子高齢化の現状を考えると減少することは考え難い状況である。また、要介護者を抱える家族の現状を学び、家族介護が困難であることから、虐待が発生している現状を把握しなくてはならない。

　　高齢者の生活を学ぶ上で経済状況はとても大きなファクターである。健康で余暇を楽しむことや、人生の選択肢に貯蓄が大きく関係してくることを理解する反面、格差社会で貯蓄がない高齢者の生活の現状を理解しなくてはならない。在宅介護のニーズが増すことからも、バリアフリーやユニバーサルデザインが求められ、日々の生活で出来る限り不便がなく生活できなくてはならないのである。

1.　高齢社会における家族の現状

高齢社会における家族の現状

　高齢社会の現状は、少子化の加速と、高齢化の加速による状態である。少子化は、先進国の特徴ともいえる。また、高齢化においても、医療の発展や社会保障、豊富な食料といったことが要因であり、これは否定できるものではない。また、これらの状況を踏まえ考えるべきことは、家族構造の変化や家庭における介護機能の低下が顕著になっていることから、家族介護の現状を理解することを目的とする。

　　現代社会において、65歳以上の者がいる世帯は昔と比べ大幅に増えている（**図3－1**）。さらに三世代世帯が減少し、単独世帯や夫婦のみの世帯が増えたことで、家族の抱える問題にも変化が生じている。年金制度や介護保険制度の設立により、単独世帯や夫婦のみの世帯が生活しやすくなった半面、三世代世帯の減少に拍車をかけたという側面もある。

　　また、高齢者が人口に占める割合は今後ますます増加し、単独世帯も増加することが予測できる。未婚の単独世帯はもとより、夫婦のみの世帯の配偶者が亡くなり、その後をひとりで生活している者も増加するしていることが伺える（**図3－2**）。

　　高齢になり生活環境の変化やひとり暮らしで介護問題が生じれば、それまでの生活は一変するであろう。単独世帯の増加は、介護保険サービスの需要の増加が推測できる。

図3－1　65歳以上の者のいる世帯数及び構成割合（世帯構成別）と全世帯に占める65歳以上の者がいる世帯の割合

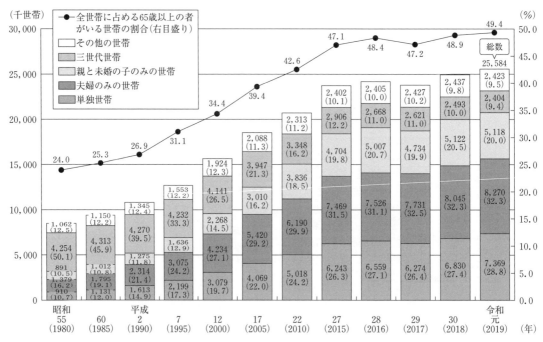

注1：1995（平成7）年の数値は兵庫県を除いたもの、2011（同23）年の数値は岩手県、宮城県及び福島県を除いたもの、2012（同24）年の数値は福島県を除いたもの、2016（同28）年の数値は熊本県を除いたものである。
注2：（　）内の数字は、65歳以上の者のいる世帯総数に占める割合（％）
注3：四捨五入のため合計は必ずしも一致しない。
資料：1985（昭和60）年以前の数値は厚生省「厚生行政基礎調査」、1986（同61）年以降の数値は厚生労働省「国民生活基礎調査」による
出典：厚生労働省『令和3年版高齢社会白書』2021年　p.9一部改変

２．現代社会における要介護高齢者の増加と家族の現状

1　現代社会における要介護高齢者の増加

高齢者の増加に伴い要介護高齢者は今後益々増加する。その理由には健康寿命と平均寿命の差、要介護期間が長期にわたっていることが理由となっていることを理解しなくてはならない。また、介護が必要になる理由として、認知症が最も多い原因であり、今後、認知症高齢者の増加により、要介護者の増加が懸念される。

❶　要介護高齢者の増加

要介護ならびに要支援に該当する人の数は、2007（平成19）年は437.8万人であり、2016（同28）年には618.7万人へ増加している。10年間で180万人以上が増加していることがうかがえる。また、特徴として要介護1、要介護2の認定者が多い状況である。在宅支援を活用し生活していることが推測できる（**図3－3**）。また、65歳～74歳以上の被保険者について、それぞれ要支援、要介護の認定を受けた者の割合を見ると、65歳～74歳で要支援の認定を受けた者は1.4％、要介護の認定を受

1 少子高齢社会
2 高齢者の理解
3 高齢者の生活
4 取り巻く環境
5 施策の変遷
6 老人福祉法
7 介護保険制度
8 居宅等サービス
9 施設サービス
10 高齢者医療確保法
11 権利擁護
12 環境整備
13 雇用・介護休業
14 連携
15 相談援助

図3－2　「ひとり暮らし」高齢者の動向

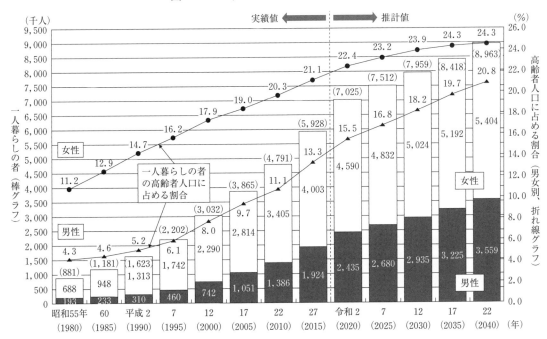

注1：「一人暮らし」とは、上記の調査・推計における「単独世帯」のことを指す。
注2：棒グラフ上の（　）内は65歳以上の一人暮らし高齢者の男女計
注3：四捨五入のため合計を必ずしも一致しない。
資料：2015（平成27）年までは総務省「国勢調査」、2020（令和2）年以降は国立社会保障・人口問題研究所「日本の世帯数の将来推計（全国推計）―2008（平成30）年推計―」2018年
出典：厚生労働省『令和3年版高齢社会白書』2021年　p.10

けた者が2.9％であるのに対して、75歳以上では要支援の認定を受けた者は8.8％、要介護の認定を受けた者は23.1％となっており、75歳以上になると要介護の認定を受ける者の割合が大きく上昇することが分かる（**表3－1**）。

　総人口に占める高齢者の推移からも、後期高齢者となる75歳以上の占める割合が多いことが分かる。75歳以上で要介護者等が増える傾向と併せて考えると、今後要介護者は更に増加することが予想される。今後、多種多様な価値観を持った高齢者の対応が求められる反面、多くの高齢者の対応が求められるといった介護の質と量がますます問われる時代となるであろう。

❷　**介護が必要になった主な原因**

　要介護者等について、介護が必要になった主な原因についてみると、「認知症」が18.7％と最も多く、次いで、「脳血管疾患（脳卒中）」15.1％、「高齢による衰弱」13.8％、「骨折・転倒」12.5％となっている。また、男女別にみると、男性は「脳血管疾患（脳卒中）」が23.0％、女性は「認知症」が20.5％と特に多い（**図3－4**）。

　65歳以上の者の死因別の死亡率（65歳以上人口10万人当たり死亡数）

図3－3　第1号被保険者（65歳以上）の要介護度別認定者数の推移

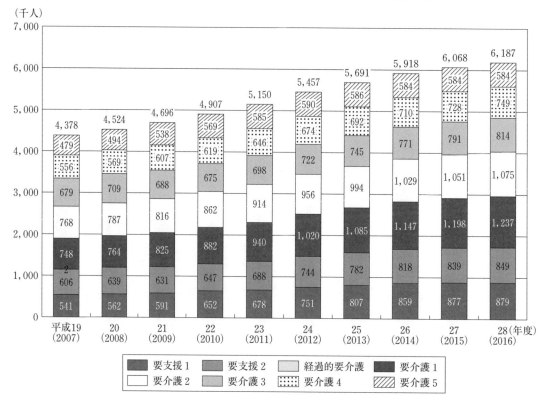

注：2010（平成22）年度は東日本大震災の影響により、報告が困難であった福島県の5町1村（広野町、楢葉町、富岡町、川内村、双葉町、新地町）を除いて集計した値。
資料：厚生労働省「介護保険事業状況報告（年報）」
出典：厚生労働省『令和3年版高齢社会白書』2021年　p.31

表3－1　要介護認定の状況

単位：千人、（　）内は％

65～74歳		75歳以上	
要支援	要介護	要支援	要介護
234 (1.4)	493 (2.9)	1,613 (8.8)	4,219 (23.1)

注：（　）内は、65～74歳、75歳以上それぞれの被保険者に占める割合。
資料：厚生労働省「令和元年度　介護保険事業状況報告（年報）」2020年より算出

　を見ると、2017（平成29）年において、「悪性新生物（がん）」が921.5人と最も高く、次いで「心疾患（高血圧性を除く）」542.2人、「老衰」289.6人の順になっている（図3－5）。これらのことからも、脳血管疾患では多くの人に後遺症が現れ、本人だけでなく家族にもその後の生活に大きな影響を及ぼすことになる。また、療養機関が長期にわたり、介護する側も肉体的、精神的負担が大きいことが懸念される。

図 3 － 4　65歳以上の要介護者等の性別にみた介護が必要となった主な原因

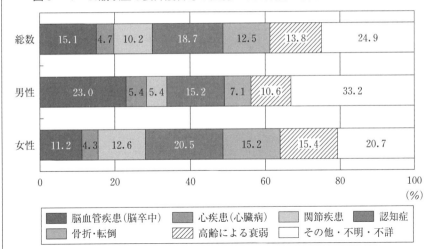

注：四捨五入の関係で、足し合わせても100％にならない場合がある。
資料：厚生労働省「2019年国民生活基礎調査の概況」2020年
出典：厚生労働省『令和 3 年版高齢社会白書』2021年　p.32

図 3 － 5　主な死因別死亡率の推移（65歳以上の者）

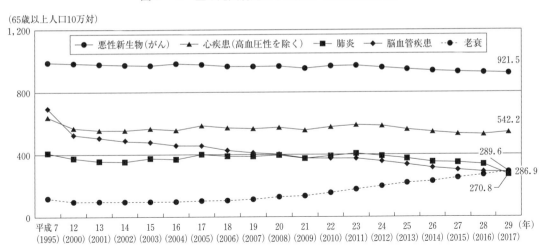

資料：厚生労働省「人口動態統計」
出典：厚生労働省『令和 3 年版高齢社会白書』2021年　p.30

2　家族介護の現状と課題

　　介護の長期化により、介護者の負担が増加していることから、様々な問題が生じている。それは、老々介護の問題や、介護を受ける者と行う双方においての介護疲れは、今までの関係性を悪化させてしまうことにつながりかねない。

❶　家族介護の現状と課題 I

　　内閣府「平成29年高齢者の健康に関する意識調査結果」（2017年）によると、介護を受けたい場所で最も多いのは、「自宅」であり、42.0％と特に男性はその傾向が顕著である（**図 3 － 6**）。また、最後を迎えた

少1子高齢社会

高2齢者の理解

高3齢者の生活

取4り巻く環境

施5策の変遷

老6人福祉法

介7護保険制度

居8宅等サービス

施9設サービス

高10齢者医療確保法

権11利擁護

環12境整備

雇13用・介護休業

連14携

相15談援助

い場所に関して、どの年代に関しても、最後を「自宅」で迎えたい者の割合が高いことが分かる。これは、高齢になるにつれ、生活環境の大きな変化を望まなくなる傾向があり、住み慣れた地域で、家族と過ごしたい思いなども理由として考えられる（図3−7）。

そして、在宅介護を希望する人の「介護を頼みたい相手」の設問では、男性は「配偶者」が56.9％と最も高く、女性は「ヘルパーなど介護サー

図3−6　介護を受けたい場所

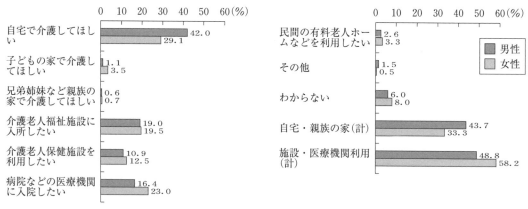

注：調査対象は、全国の55歳以上の男女。
資料：内閣府「高齢者の健康に関する意識調査」2012年

図3−7　最期を迎えたい場所

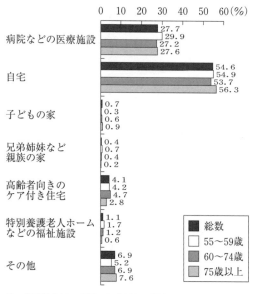

注：調査対象は、全国の55歳以上の男女。
資料：内閣府「高齢者の健康に関する意識調査」2012年

図3−8　介護を依頼したい人

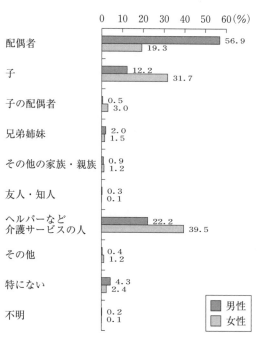

注：調査対象は、全国の55歳以上の男女。
資料：内閣府「平成29年高齢者の健康に関する調査結果」
　　　2018年

ビスの人」が39.5％と最も高く、続いて「子」が31.7％となっている（**図3－8**）。

　これらのことからも、介護における家族への期待や依存が推測できる。また、男性と女性で違いがあるのは、男性は女性より短命であり、配偶者を介護することが困難である。そのため、女性は介護保険サービスを利用する者も必然的に多くなると考えられる。

　一方で、介護や看護を理由に離職や転職者数は、2016（平成28）年10月〜2017（同29）年９月の１年間で９万9,100人となっている。これを男女別にみると、女性の離職や転職者数は７万5,100人で、全体の75.8％を占めている（**図3－9**）。男女・年齢階級別に割合を見ると、男性は60代が最も高く39.6％となっており、次いで50代が27.1％となっている。女性は50代が最も高く40.2％となっている。働きたい者が家族介護により離職を余儀なくされていることが推測される（**図3－10**）。

❷　家族介護の現状と課題Ⅱ

　厚生労働省「2019年国民生活基礎調査の概況」（2020年）によれば、同居の主な介護者について、日常生活での悩みやストレスの有無をみると、「ある」68.9％、「ない」26.8％となっている。性別にみると、「ある」は男性62％、女性72.4％で女性が高くなっている。日常生活での悩

図3－9　介護・看護を理由に離職・転職した者

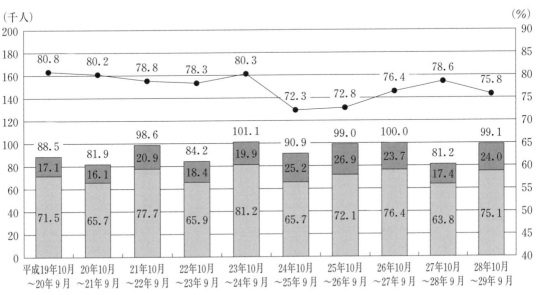

女性　男性　──●── 総数における女性の比率（右目盛り）

注：調査対象は、全国の55歳以上の男女。
資料：内閣府「平成29年　高齢者の健康に関する調査結果」2018年
出典：厚生労働省『令和３年版高齢社会白書』2021年　p.32

図3−10 介護・看護を理由に離職・転職した者の年齢構成割合

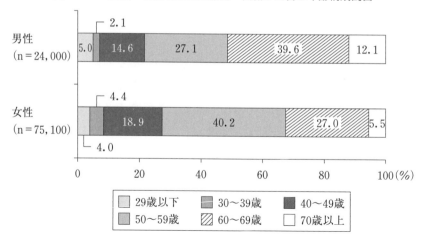

注：2016（平成28）年10月〜2017（同29）年９月に離職・転職した人。
資料：総務省統計局「平成29年就業構造基本調査の結果」
出典：内閣府「仕事と生活の調和（ワーク・ライフ・バランス）レポート2019 ワーク・ライフ・バランスの希望を実現 〜多様な個人の選択が叶う社会へ」2020年

図3−11 性別にみた同居の主な介護者の悩みやストレスの原因の割合（複数回答）

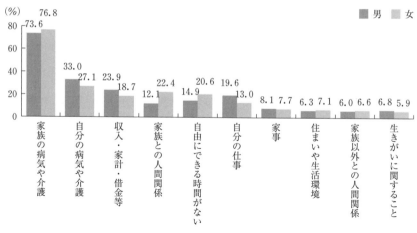

注：熊本県を除いたものである。
出典：厚生労働省「平成28年 国民生活基礎調査の概況」2017年

みやストレスが「ある」と回答した者の原因をみると、男女ともに「家族の病気や介護」が73.6％、76.8％と高く、次いで、「自分の病気や介護」が33％、27.1％となっている。１位と２位に大きな差があることは、介護が家族にとってストレスの最大の要因になりうることが分かる（**図3−11**）。

　2016（平成28）年の同居している主な介護者が１日のうち介護に要している時間をみると、「必要な時に手をかす程度」が44.5％と最も多い一方で、「ほとんど終日」も22.1％となっている。要介護度別にみると、

図3－12　同居している主な介護者の介護時間（要介護者の要介護度別）

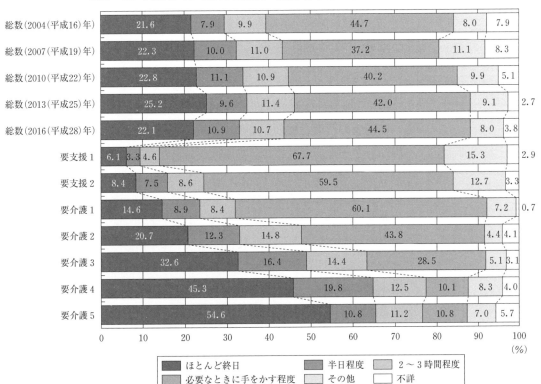

注1：「総数」には要介護度不詳を含む。
注2：2016（平成28）年の数値は、熊本県を除いたものである。
注3：四捨五入の関係で、足し合わせても100％にならない場合がある。
資料：厚生労働省「2019年国民生活基礎調査」2020年
出典：厚生労働省『令和3年版高齢社会白書』2021年　p.35を一部改変

　要支援1～要介護2は「必要な時に手をかす程度」が最も多くなっているが、要介護3以上では「ほとんど終日」が最も多くなり、要介護4では45.3％、要介護5では54.6％が「ほとんど終日」介護しているといった状況である。2013（同25）年と比較すると、2016（同28）年には「ほとんど終日」が3.1ポイント低下し、時間の上では負担の改善がみられる（**図3－12**）。

3．高齢者の生活における課題と展望

1　高齢者の所得と貯蓄・暮らし向き

高齢者は貯蓄や暮らし向きは、一部ではあるが苦しい状況に置かれている現状がある。自助努力のみで改善することは困難である。生活の大部分を公的年金制度に頼り生活している者も少なくない。ただ、貯蓄が多い高齢者や暮らし向きが良いと感じている高齢者の生活の選択肢を広げることも課題である。

❶　高齢者の所得と暮らし向き

内閣府が60歳以上の者を対象に行った調査では、経済的な意味で日々の暮らしについて「困っていない」（「困っていない」と「あまり困っていない」の計）と感じている人の割合は全体で63.6％となっている。また、年齢階級別に見ると、70〜74歳を除き、「困っていない」と回答した割合が6割を超えており、特に80歳以上では67.4％となっている（図3－13）。また、高齢者世帯の所得階層別分布を見てみると、150〜200万円未満が最も多くなっている（図3－14）。さらに、公的年金・恩給を受給している高齢者世帯について、公的年金・恩給の総所得に占める割合別世帯数の構成割合を見ると、公的年金・恩給が家計収入の全て

図3－13　60歳以上の者の暮らし向き

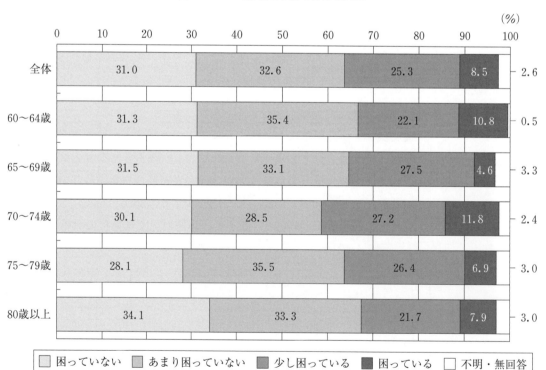

注1：調査対象は、全国の60歳以上の男女。
注2：四捨五入の関係で、足し合わせても100％にならない場合がある。
資料：内閣府「第9回高齢者の生活と意識に関する国際比較調査」2020年
出典：厚生労働省『令和3年版高齢社会白書』2021年　p.16

図 3 － 14　高齢者世帯の所得階層別分布

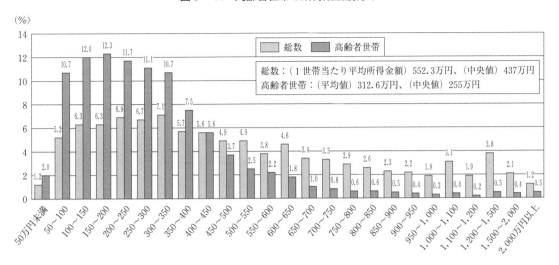

注：高齢者世帯とは、65歳以上の者のみで構成するか、又はこれに18歳未満の未婚の者が加わった世帯をいう。
資料：厚生労働省「2019年国民生活基礎調査」2020年
出典：厚生労働省『令和 3 年版高齢社会白書』2021年　p.17

図 3 － 15　公的年金・恩給を受給している高齢者世帯における公的年金・恩給の総所得に占める割合別世帯数の構成割合

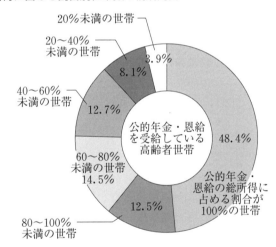

注：四捨五入の関係で、足し合わせても100％にならない場合がある。
資料：厚生労働省「2019年国民生活基礎調査の概況」（2018年 1 年間の所得）　2020年
出典：厚生労働省『令和 3 年版高齢社会白書』2021年　p.17

となっている世帯が約半数となっている（**図 3 － 15**）。

❷　高齢者の貯蓄と負債

　資産を二人以上の世帯について見ると、世帯主の年齢階級別の家計の貯蓄・負債の全般的状況は、世帯主の年齢階級が高くなるにつれて、 1 世帯当たりの純貯蓄はおおむね増加し、世帯主が60〜69歳の世帯及び70歳以上の世帯では、他の年齢階級に比べて大きな純貯蓄を有している。

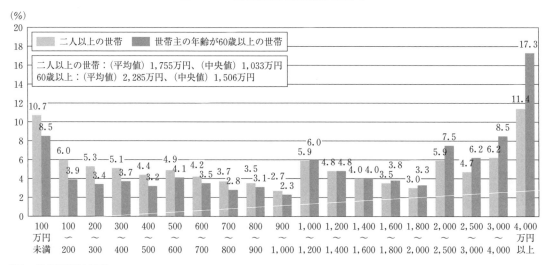

図3－16　貯蓄現在高階級別世帯分布

注1：単身世帯は対象外。
注2：ゆうちょ銀行、郵便貯金簡易生命保険管理・郵便局ネットワーク支援機構、銀行及びその他の金融機関（普通銀行等）への預貯金、生命保険及び積立型損害保険の掛金（加入してからの掛金の払込総額）並びに株式、債券、投資信託、金銭信託などの有価証券（株式及び投資信託については調査時点の時価、債券及び貸付信託・金銭信託については額面）といった金融機関への貯蓄と、社内預金、勤め先の共済組合などの金融機関外への貯蓄の合計。
注3：中央値とは、貯蓄現在高が「0」の世帯を除いた世帯を貯蓄現在高の低い方から順番に並べたときに、ちょうど中央に位置する世帯の貯蓄現在高をいう。
資料：総務省「家計調査年報（家計収支編）2019年（令和元年）」（二人以上の世帯）2020年
出典：厚生労働省『令和3年版高齢社会白書』2021年　p.19

　年齢階級が高くなるほど、貯蓄額と持家率がおおむね増加する一方、世帯主が30～39歳の世帯をピークに負債額は減少していく。

　また、貯蓄現在高について、世帯主の年齢が60歳以上の世帯と全世帯（いずれも二人以上の世帯）の中央値を比較すると、前者は1,506万円と、後者の1,033万円の約1.5倍となっている。貯蓄現在高階級別の世帯分布を見ると、世帯主の年齢が60歳以上の世帯（二人以上の世帯）では、4,000万円以上の貯蓄を有する世帯が17.3％であり、全世帯（11.4％）と比べて高い水準となっている（**図3－16**）。

❸　高齢者に対する社会保障の現状

　高齢者の増加により、社会保障給付費が、年金、医療、福祉その他分野において年々増加している。社会保障給付費に対する国民の所得比も3割程度に達していることが分かる（**図3－17**）。高齢者の増加に伴い社会保障給付費の増加は避けられない課題である。これらのことから、急速な高齢化により、社会の財政面で問題が生じれば、国民の負担も増加することが考えられる。持続可能な制度の見直しや、安定した社会構造の構築が求められる。

図 3 － 17　社会保障給付費の推移

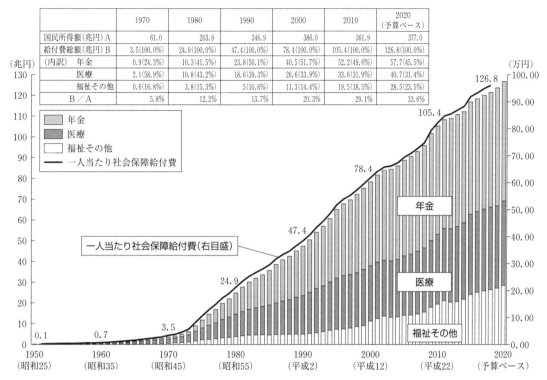

	1970	1980	1990	2000	2010	2020 （予算ベース）
国民所得額（兆円）A	61.0	203.9	346.9	386.0	361.9	377.0
給付費総額（兆円）B	3.5(100.0%)	24.9(100.0%)	47.4(100.0%)	78.4(100.0%)	105.4(100.0%)	126.8(100.0%)
（内訳）　年金	0.9(24.3%)	10.3(41.5%)	23.8(50.1%)	40.5(51.7%)	52.2(49.6%)	57.7(45.5%)
医療	2.1(58.9%)	10.8(43.2%)	18.6(39.3%)	26.6(33.9%)	33.6(31.9%)	40.7(31.4%)
福祉その他	0.6(16.8%)	3.8(15.3%)	5(10.6%)	11.3(14.4%)	19.5(18.5%)	28.5(23.5%)
B／A	5.8%	12.2%	13.7%	20.3%	29.1%	33.6%

注：図中の数値は、1950、1960、1970、1980、1990、2000及び2010並びに2020年度（予算ベース）の社会保障給付費（兆円）である。

資料：国立社会保障・人口問題研究所「平成30年度社会保障費用統計」、2019～2020年度（予算ベース）は厚生労働省推計、2020年度の国民所得額は「令和3年度の経済見通しと経済財政運営の基本的態度（令和3年1月18日閣議決定）」

出典：厚生労働省「社会保障給付費の推移」を一部改変

　　　https://www.mhlw.go.jp/content/000651378.pdf

2　高齢者の就労率と就労意識

　高齢者の就労率は高齢者のどの年齢層を見ても増加傾向にあることが分かる。また、何歳ごろまで収入を伴う仕事がしたいかの質問には、多くの高齢者は就労意欲が非常に高いことが理解できる。

❶　高齢者の年齢による就労率

　年齢階級別に就業率の推移をみると、10年前の2010（平成22）年の就業率と比較して、2020（令和2）年の就業率は60～64歳、65～69歳、70～74歳でそれぞれ、13.9%、13.2%、10.5%と大きく伸長している。

　70～74歳といった一般的に退職している高齢者が、近年大幅に就労率を上げていることを考えると、高齢者にとって働きやすい環境整備が求められる。また、75歳以上になると多少の就労率は増加しているが、それまでの年齢層と比較して大きな変化はない（**図 3 － 18**）。

❷　高齢者の就労意欲と貯蓄の目的

　現在収入のある仕事をしている60歳以上の者の約4割が「働けるうちはいつまでも」働きたいと回答している。70歳くらいまで、もしくはそれ以上との回答と合計すれば、約9割が高齢期にも高い就業意欲を持っ

1 少子高齢社会
2 高齢者の理解
3 高齢者の生活
4 取り巻く環境
5 施策の変遷
6 老人福祉法
7 介護保険制度
8 居宅等サービス
9 施設サービス
10 高齢者医療確保法
11 権利擁護
12 環境整備
13 雇用・介護休業
14 連携
15 相談援助

図3－18　年齢階級別就業率の推移

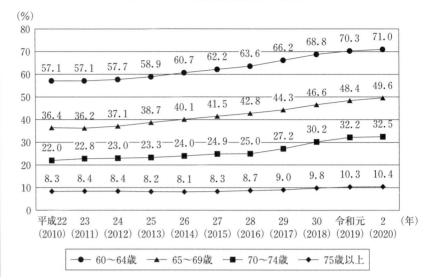

注1：「就業率」とは、15歳以上人口に占める就業者の割合をいう。
注2：2011（平成23）年は岩手県、宮城県及び福島県において調査実施が一時困難となったため、補完的に推計した値を用いている。
資料：総務省「労働力調査」
出典：厚生労働省『令和3年版高齢社会白書』2021年　p.23

図3－19　あなたは、何歳ごろまで収入を伴う仕事をしたいですか

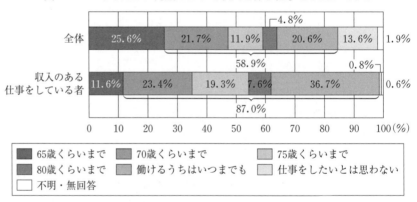

注1：調査対象は、全国の60歳以上の男女。
注2：四捨五入の関係で、足し合わせても100％にならない場合がある。
資料：内閣府「令和元年度高齢者の経済生活に関する調査結果」2020年
出典：厚生労働省『令和3年版高齢社会白書』2021年　p.25

ている様子がうかがえる（**図3－19**）。

　また、収入を伴う仕事を行いたい理由は高齢者の貯蓄の目的を参考に考えることができる。高齢者の貯蓄の5割近くが「万一の備えのため」が理由として挙げている。所得や貯蓄がある高齢者にとって自己選択・自己決定によって、様々な使い道が選択できることが好ましい。「より良い生活にするため」「旅行や大きな買い物をするため」の割合は極めて低い状況である。

3　高齢者の生きがいと社会参加

　現代社会は、一層長寿社会となり、高齢者がどのように生きがいを持ち人生を送れるかは、大きな課題である。生きがいを持って生活するためにも、高齢者にとって生活しやすい社会を構築しなくてはならない。それは、誰もが社会参加できる環境の整備や、日々生活を送る住環境は生活の質を高める大きな要素となることが考えられる。

❶　高齢者の生きがいと若い世代との交流意欲

　高齢者で生きがいを「十分に感じている」者は 4 割であり、「多少感じている」者を足すと 8 割が生きがいを感じていることが分かる。「あまり感じていない」と「全く感じていない」を足すと 2 割弱の者が生きがいのある生活が送れていないことが分かる。生きがいは、高齢者の健康にも関係してくることであり、軽視することが出来ない。また、災害等が起こった場合や困ったことが発生した場合にも、生きがいを持ち地域交流があることで、病気の早期発見や、災害から高齢者を守ることにもつながってくる（**図 3 −20**）。若い世代との交流の機会の参加の意思に関しては、「積極的に参加したい」「出来る限り参加したい」が増加傾向にあることが分かる。参加の機会を作り、世代間交流が増えることは好ましい兆候である（**図 3 −21**）。

❷社会活動の実施状況と活動をしたことでよかったこと

　社会的活動の実施状況をみると「特に活動はしていない」が69.9％と大きな割合を占めている。「自治会、町内会などの自治組織の活動」18.9％続いて「趣味やスポーツを通じたボランティア・社会奉仕などの活動」11.0％となっている（**図 3 −22**）。社会的な活動をしていてよかったことに関する調査(複数回答)では、「新しい友人を得ることができた」56.8％「地域に安心して生活するためのつながりができた」50.5％「社

図 3 −20　生きがいの程度

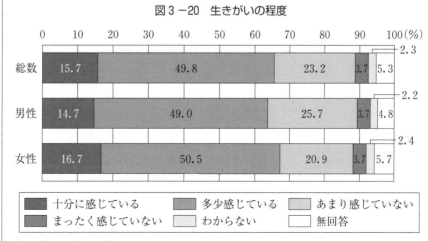

資料：内閣府「平成26年度高齢者の日常生活に関する意識調査結果」2015年
出典：厚生労働省『平成27年版高齢社会白書』2015年　p.46

少子高齢社会 1

高齢者の理解 2

高齢者の生活 3

取り巻く環境 4

施策の変遷 5

老人福祉法 6

介護保険制度 7

居宅等サービス 8

施設サービス 9

高齢者医療確保法 10

権利擁護 11

環境整備 12

雇用・介護休業 13

連携 14

相談援助 15

会に貢献していることで充実感が得られている」38.2％となっている。（図３−23）。また、親しい友人の有無の国際比較を見ると日本人は、４人に１人が「いずれもいない」と回答している。他国と比較して「いずれもいない」が多いことが分かる（図３−24）。社会的な活動から親しい友人を得ることができたといった回答が多いことからも、ストレスなく、自分の興味がある社会的活動に参加できる仕組みを構築することが求められる。

図３−21　若い世代との交流の機会の参加意向

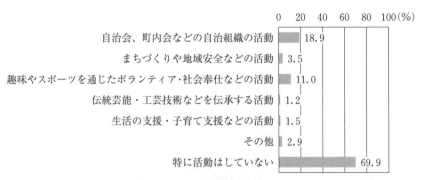

	積極的に参加したい	できるかぎり参加したい	あまり参加したくない	全く参加したくない	わからない
平成25年度	14.0	45.9	23.9	14.0	2.4
平成15年度	11.0	41.7	26.2	13.1	7.9
平成５年度	11.5	43.1	30.1	7.7	7.6

注：調査対象は、全国の60歳以上の男女。
資料：内閣府「平成25年度高齢者の地域社会への参加に関する意識調査結果」2014年
出典：厚生労働省『平成29年版高齢社会白書』2017年　p.41

図３−22　社会的活動（貢献活動）の実施状況（複数回答）

	(%)
自治会、町内会などの自治組織の活動	18.9
まちづくりや地域安全などの活動	3.5
趣味やスポーツを通じたボランティア・社会奉仕などの活動	11.0
伝統芸能・工芸技術などを伝承する活動	1.2
生活の支援・子育て支援などの活動	1.5
その他	2.9
特に活動はしていない	69.9

注１：調査対象は、大分県と熊本県を除く全国の60歳以上の男女。
注２：質問は「あなたは現在、何らかの社会的な活動を行っていますか。あてはまるものをすべてお答えください。活動の内容が社会や家族を支える活動であっても、単なるご近所づきあいによるものは含みませんが、現在はたまたまお一人で活動をされているが、本来は組織がある（組織を作る予定がある）という場合は含みます」。
資料：内閣府「平成28年　高齢者の経済・生活環境に関する調査結果」2017年
出典：厚生労働省『平成30年版高齢社会白書』2018年　p.40

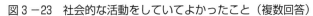

図3－23 社会的な活動をしていてよかったこと（複数回答）

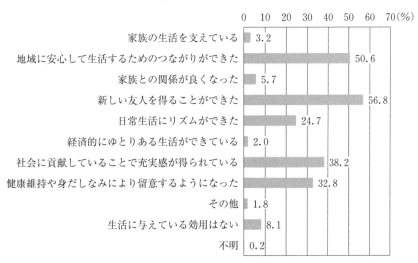

注1：調査対象は、大分県と熊本県を除く全国の60歳以上の男女。
注2：回答条件は社会的な活動（貢献活動）をしてる者
注3：複数の活動をしている場合は、最も力を入れている活動について回答している。
資料：内閣府「平成28年高齢者の経済・生活環境に関する調査結果」2017年
出典：厚生労働省『令和元年版高齢社会白書』2019年　p.41

図3－24 親しい友人の有無

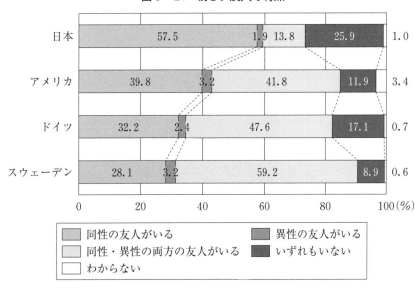

注：対象は60歳以上の男女（施設入所は除く）
出典：内閣府「平成27年度第8回高齢者の生活と意識に関する国際比較調査」2016年

考えてみましょう

○高齢者の人口が増え、要介護者が増加することによって、どのような問題が生じているのでしょうか？高齢者の生活を考える上で、高齢者をひとくくりに考えることは好ましくありません。高齢者にとって生きがいを持って生活を送るためにはどのようなことが課題なのでしょうか？

【参考文献】
厚生労働省「高齢社会白書」

少子高齢社会 1

高齢者の理解 2

高齢者の生活 3

取り巻く環境 4

施策の変遷 5

老人福祉法 6

介護保険制度 7

居宅等サービス 8

施設サービス 9

高齢者医療確保法 10

権利擁護 11

環境整備 12

雇用・介護休業 13

連携 14

相談援助 15

第4章

高齢者を取り巻く環境

●キーポイント

この章では、高齢者を取り巻く様々な諸問題について理解を深める。第1節では、第3章で学んだひとり暮らし高齢者や高齢夫婦のみの世帯の増加という変化に伴う、社会的孤立や孤立死といった社会問題について学習する。第2節では、老老介護の現状や、80代の親が50代の子どもの生活を支えるという「8050問題」、高齢者虐待の種類や発生件数について学習する。そして、家族介護の新たな問題である「ダブルケア」「介護離職」についても理解する。

1．高齢者の社会的孤立

高齢者の社会的孤立

社会的孤立の明確な定義はないが、高齢者の社会的孤立が深刻になっている。そして、孤立死も社会問題になっている。そのため、国も「孤独・孤立対策担当大臣」を設置し、社会的孤立や孤独の解決に向けて動き出した。

❶　社会的孤立しやすい高齢者

第3章でも学んだように、65歳以上の者のいる世帯の動向をみると、三世代世帯の減少と単独世帯（ひとり暮らし世帯）の増加が顕著である。さらには夫婦のみの世帯は単独世帯予備軍であり、今後も単独世帯が増加することが推測できる。しかし、ひとり暮らし高齢者数が増加することが問題ではなく、ひとり暮らし高齢者が抱える諸課題への支援体制が脆弱であることが問題である。

内閣府『平成23年版高齢社会白書』では社会的孤立を「家族や地域社会との交流が、客観的にみて著しく乏しい状態」と説明している。内閣府「平成20年度高齢者の生活実態に関する調査結果（概要版)」では、「一人暮らし世帯」「未婚者・離別者」「暮らし向きが苦しい者」「健康状態が良くない者」が社会的孤立に陥りやすい高齢者だと指摘している。

内閣府「平成29年高齢者の健康に関する調査結果（全体版)」(2018年)では、会話の頻度が「ほとんど毎日」は86.3％であるが、性別・世帯別でみると、男性の単身世帯は45.7％、女性の単身世帯は58.8％と、独居者は会話の頻度が少なくなっている。また、『令和3年版高齢社会白書』では、60歳以上のおよそ3人に1人の日本人が「家族以外に親しい友人がいない」と回答している。米国14.2％、ドイツ13.5％、スウェーデン9.9％、日本31.3％で、4か国で一番高い結果となった。日本の高齢者

の孤立は深刻な課題になっている。

ひとり暮らし高齢者の増加に伴い、孤立死への関心が高まっている。内閣府「平成30年度高齢者の住宅と生活環境に関する調査結果」（2018年）によると、孤立死（誰にも看取られることなく亡くなった後に発見される死）を身近に感じる度合は、「とても感じる」が9.1％、「まあ感じる」が24.9％で、合計34.1％が身近に感じるという回答だった（**図4－1**）。しかし、単独世帯の高齢者に限定すると、実に5割（50.7％）の高齢者が孤立死を身近に感じている。

社会的孤立の明確な定義がないため、社会的孤立の出現数などの実態は明らかになっていない。しかし、社会的孤立の出現数が多いか少ないかが問題ではなく、社会的孤立した生活を強いられている高齢者が存在していることが問題であり、解決すべき課題である。

図4－1　孤立死について身近に感じる度合

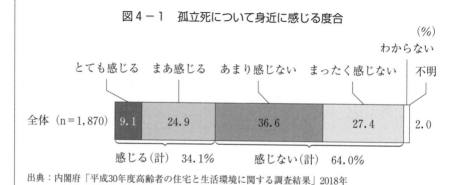

出典：内閣府「平成30年度高齢者の住宅と生活環境に関する調査結果」2018年

❷　社会的孤立や孤独の解決に向けて

日本では厚生労働省が「高齢者等が一人でも安心して暮らせるコミュニティづくり推進会議（「孤立死」ゼロを目指して）」を開催し、2007（平成19）年8月に報告書が作成された。一般的に「孤独死」[1]ということばが使用されているが、厚生労働省は孤独死ではなく、「孤立死」ということばを使用している。厚生労働省は、孤立死を「社会から『孤立』した結果、死後、長時間放置される」ような死と定義している。ひとり暮らし高齢者が孤立死するイメージであるが、同居家族がいても孤立死していることから、厚生労働省がいう孤立死はひとり暮らし高齢者に限定していない。加えて、社会的孤立にも着目している。

国は、全体像とまではいかないが、様々な調査によって、国民が社会的孤立や孤独に陥っている実態を把握している[1]。日本でも自殺者の増加をきっかけに2021（令和3）年2月、「孤独・孤立対策担当大臣」を設置した。そして、内閣官房に「孤独・孤立対策担当室」を新設した。日本も本格的に社会的孤立や孤独の解決に向けて動き出した。

▶1　孤独死
『広辞苑（第6版）』（岩波書店　2008年）では「看取る人もなく一人きりで死ぬこと」と説明されている。

2. 介護の家族化の問題

1　老老介護

　介護保険制度の施行から20年以上経つが、主たる家族介護者の介護負担は大きい。そのため、老老介護による介護殺人や介護心中の事件が全国で起きている。

❶　主な介護者の状況

　厚生労働省「2019年国民生活基礎調査」によると、主な介護者は、要介護者等と「同居」が54.4％で最も多く、次いで「別居の家族等」が13.6％となっている。

　「同居」の主な介護者の要介護者等との続柄をみると、「配偶者」が23.8％で最も多く、次いで「子」が20.7％、「子の配偶者」が7.5％となっている。以前は「子の配偶者」（例えば長男の妻）が親の介護を担うことが多かったが、今日の主たる介護者の続柄をみると、「子の配偶者」は「配偶者」（妻）や「子」（娘）よりも少なくなっている（図4－2）。

　また、「同居」の主な介護者を性別にみると、男性が35.0％、女性が65.0％で、女性が多く、これを年齢階級別にみると、男女とも「60～69歳」が28.5％、31.8％と最も多くなっている。男女共に主たる介護者が60歳以上だという者は6割を超え、さらに70歳以上でも4割を超えており、老老介護が深刻化していることが分かる。また、認知症を抱える高齢者が認知症を抱えた高齢者を介護する「認認介護」という状態も起こっている。

❷　老老介護による介護殺人

　2021（令和3）年3月に東京都北区にある団地の一室で、妹（82歳）

図4－2　要介護者等との続柄別にみた主な介護者の構成割合

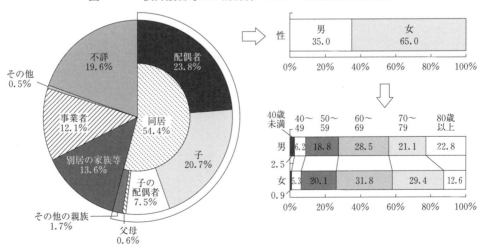

（注）「総数」には主な介護者の年齢不詳を含む。
資料：厚生労働省「2019年国民生活基礎調査の概況」2020年

が寝たきりの姉（84歳）を殺害した。姉妹は二人暮らしで、近所付き合いはなく、親族とも疎遠だった。妹は「寝たきりの姉を2年ほど前から1人で介護していて、疲れてしまった」「年金暮らしで生活も苦しかった」と供述した。老老介護による介護殺人である。また、2021（同3）年4月、広島市で高齢夫婦の夫（72歳）は妻（80歳）を殺害し、自殺（未遂）を図った。妻は数年前から病気を患い、自力歩行が困難になっていた。夫も持病を患っていた。老老介護を苦にした介護心中である。現在、全国各地で介護殺人や介護心中が起きている。

　NHKの調査によると、未遂も含め2010（平成22）～2015（同27）年の6年間で介護殺人が少なくとも138件発生していた。介護状況が判明した67件のうち、4分の3にあたる50件で何らかの介護サービスを利用した上での事件であった[2]。

　「介護の社会化」を掲げて2000（平成12）年4月に施行された介護保険制度は、施行から20年以上が経過した。しかし、家族介護者支援に対する課題が多く残されている。

2　8050問題

　「8050問題」は、80歳代の親が50歳代の子どもの生活を支え、社会から孤立していることが多い。「8050問題」の背景には、さらに様々な問題がある。特に、ひきこもりの「長期高齢化」が関係している。そのため、ひきこもりは若者だけの問題ではない。

　80歳代の親が年金収入だけで50歳代の子どもの生活を支え、社会から孤立している「8050問題」が社会問題化している。8050問題の背景には、子どものひきこもり、社会的孤立、経済的困窮など複雑で複合的な問題がある。若者のひきこもりは、1980年代頃から問題視され、それから約30年が経過し、親子が高齢化して8050問題になっている。さらにひきこもりの「長期高齢化」により、90歳代の親と60歳代の子どもの「9060問題」に移行してきている。

　ひきこもりとは「様々な要因の結果として、社会的参加を回避し、原則的には6か月以上にわたっておおむね家庭内にとどまりつづけている状態を指す現象概念である。なお、ひきこもりは原則として統合失調症の陽性あるいは陰性症状に基づくひきこもり状態とは一線を画した非精神病性の現象とするが、実際には確定診断がなされる前の統合失調症が含まれている可能性は低くないことに留意すべきである」[3]とされる。

　内閣府「若者の生活に関する調査報告書」（2016年）では、若者（15歳～39歳）でひきこもり状態にある人は全国に推計54.1万人いると公表された。しかし、この調査では40歳以上のひきこもり状態にある人が調査されていない。それを踏まえ、内閣府「生活状況に関する調査（平成

30年度）」（2019年）では、40歳から64歳までのひきこもり状態にある人が、全国に推計61.3万人いると公表され、ひきこもりは若者特有の問題ではなく、ひきこもり状態にある人の高年齢化という課題もあることが明らかになった。また、男女比率は「男性」が76.6％、「女性」が23.4％であった。ひきこもり期間は７年以上の人の割合が46.7％で約５割を占めており（前回調査時：34.7％）、20年以上の人も19.1％で約２割と、ひきこもり期間が長期化している。

3　ダブルケア

これまでは、仕事と育児の両立、もしくは仕事と介護の両立が課題であったが、晩婚化・晩産化により、育児と介護の「ダブルケア」という新たな問題が出てきた。特に女性への負担が大きい現状がある。

晩婚化・晩産化に伴い、育児と介護が同時期に発生する「ダブルケア」が問題になっている。内閣府「平成27年度育児と介護のダブルケアの実態に関する調査報告書」（2016年）によると、わが国でダブルケアを行う者は、推計25万2,900人（男性８万5,400人、女性16万7,500人）である。ダブルケアを行う女性の推計人口は、同男性の約２倍（1.96倍）となっている。ダブルケアを行う者の平均年齢は、男性は41.2歳、女性は38.9歳で、30歳〜40歳代が多く、男女ともに全体の約８割を占めている。ダブルケアを行う男性の約９割が有業（主に仕事）である一方で、女性の約半数が無業（主に家事）である。

日本では、依然として「育児や介護は女性が担うもの」という認識が根強くあるため、育児や介護の負担が女性に集中している。

4　介護離職

今日、仕事をしながら、親や配偶者の介護をしている者も多い。しかし、仕事と介護の両立は難しく、介護を理由に仕事を辞める介護離職が社会問題になっている。毎年、10万人近い人が会社を辞めている現状がある。

介護離職とは、仕事と介護の両立が困難となり、家族の介護のために会社を辞めることである。親の介護が必要となるのは40〜50歳代の働き盛りに多く、経験を積んだ中堅社員が抜けることは企業にとっても大きな損失である。また、介護離職者は収入源がなくなるため経済的困窮に陥ることもある。高齢化社会が進む今日において、看過できない社会問題の一つである。

2015（平成27）年９月に安倍晋三首相（当時）が掲げた一億総活躍社会の実現に向けた基本方針「新・三本の矢」では、安心につながる社会保障の一環として「介護離職ゼロ」が目標に盛り込まれた。また、2016（同28）年６月に閣議決定した「ニッポン一億総活躍プラン」にも「介

護離職ゼロ」という明確な目標が掲げられた。内容は、介護をする人材の処遇改善や多様な人材確保・育成、介護の受け皿の拡大、仕事と介護の両立が可能な働き方の普及促進などである。

総務省「平成29年就業構造基本調査結果」（2018年）によると、わが国で介護をしている人は約627万6,000人である。このうち有業者は約346万3,000人で、6割近い人が働きながら介護を行っている。

その一方で、2016（平成28）年10月〜2017（同29）年9月の1年間に「介護・看護のため」に前職を離職した人は約9万9,000人であった。同じ期間に離職した人のうち、1.8％が介護等を理由に仕事を辞めている。

この調査は5年ごとに実施されており、前回の2012（平成24）年調査では、同じ理由で離職した人が約10万1,000人で、若干減少しているものの、依然として年間10万人近い人が介護離職している。

5　高齢者虐待

厚生労働省は、「高齢者虐待の防止、高齢者の養護者に対する支援等に関する法律」に基づいて、高齢者虐待の対応状況等の調査を行っている。そのため、高齢者虐待の発生件数などが明らかにされている。

❶　高齢者虐待の種類

2006（平成18）年4月に「高齢者虐待の防止、高齢者の養護者に対する支援等に関する法律」（以下「高齢者虐待防止法」）が施行された。本法律では、高齢者虐待の種類を5類型に分類している。

①身体的虐待：高齢者の身体に外傷が生じ、または生じるおそれのある暴行を加えること。
②介護・世話の放棄・放置（ネグレクト）：高齢者を虚弱させるような著しい減食、長時間の放置、養護者以外の同居人による虐待行為の放置など、養護を著しく怠ること。
③心理的虐待：高齢者に対する著しい暴言、または著しく拒絶的な対応、その他の高齢者に著しい心理的外傷を与える言動を行うこと。
④性的虐待：高齢者にわいせつな行為をすること、または高齢者をしてわいせつな行為をさせること。
⑤経済的虐待：高齢者の財産を不当に処分すること、その他、高齢者から不当に財産上の利益を得ること。

❷　高齢者虐待の発生件数

厚生労働省による2019（令和元）年度の調査結果▶2を見ると、市町村への相談・通報件数は、養介護施設従事者等▶3によるものが2,267件であり、前年度より80件（3.7％）増加、養護者▶4によるものは3万4,057件であり、前年度より1,826件（5.7％）増加した。高齢者虐待と認められた件数は、養介護施設従事者等によるものが2019（同元）年度で644件で、前年度より23件（3.7％）増加したのに対し、養護者によるもの

▶2
厚生労働省「令和元年度『高齢者虐待の防止、高齢者の養護者に対する支援等に関する法律』に基づく対応状況等に関する調査結果」2020年。
▶3　養介護施設従事者等
特別養護老人ホームなどの養介護施設や、居宅サービス事業、地域密着型サービスなどの養介護事業の業務に従事する者をいう。つまり、専門職員である。
▶4　養護者
高齢者を現に養護する者であって養介護施設従事者等以外の者をいう。つまり、家族介護者である。

は1万6,928件で、前年度より321件（1.9%）減少した（**表4−1**）。

養護者による虐待の種類（複数回答）は、「身体的虐待」が67.1%で最も多く、次いで「心理的虐待」が39.4%であった（**図4−3**）。

表4−1　高齢者虐待の虐待判断件数、相談・通報件数（平成30年度対比）

	養介護施設従事者等[※1]によるもの		養護者[※2]によるもの	
	虐待判断件数[※3]	相談・通報件数[※4]	虐待判断件数[※3]	相談・通報件数[※4]
2019年度	644件	2,267件	16,928件	34,057件
2018年度	621件	2,187件	17,249件	32,231件
増減 （増減率）	23件 （3.7%）	80件 （3.7%）	−321件 （−1.9%）	1,826件 （5.7%）

※1：介護老人福祉施設など養介護施設又は居宅サービス事業など養介護事業の業務に従事する者。
※2：高齢者の世話をしている家族、親族、同居人等。
※3：調査対象年度（2019（平成31）年4月1日から2020（令和2）年3月31日）に市町村等が虐待と判断した件数（施設従事者等による虐待においては、都道府県と市町村が共同で調査・判断した事例及び都道府県が直接受理し判断した事例を含む）。
※4：調査対象年度（同上）に市町村が相談・通報を受理した件数。
出典：厚生労働省「令和元年度『高齢者虐待の防止、高齢者の養護者に対する支援等に関する法律』に基づく対応状況等に関する調査結果」2020年を一部改変

図4−3　養護者による虐待の種別の割合

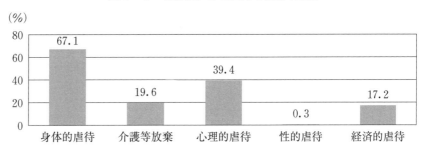

注：被虐待高齢者の総数17,427人に対する集計（複数回答）。
出典：厚生労働省「令和元年度『高齢者虐待の防止、高齢者の養護者に対する支援等に関する法律』に基づく対応状況等に関する調査結果」2020年

表4−2　被虐待高齢者の性別

男性	女性	不明	合計
4,315人 （24.8%）	13,111人 （75.2%）	1人 （0.0%）	17,427人 （100%）

出典：厚生労働省「令和元年度『高齢者虐待の防止、高齢者の養護者に対する支援等に関する法律』に基づく対応状況等に関する調査結果」2020年

被虐待高齢者の性別は「女性」が75.2%、「男性」が24.8%であり、女性が8割近くを占めていた（**表4−2**）。年齢階級別では「80〜84歳」が23.5%と最も多かった（**表4−3**）。

被虐待高齢者から見た虐待者の続柄は、「息子」が40.2%と最も多く、次いで「夫」が21.3%、「娘」が17.8%の順であった（**表4−4**）。

1 少子高齢社会
2 高齢者の理解
3 高齢者の生活
4 取り巻く環境
5 施策の変遷
6 老人福祉法
7 介護保険制度
8 居宅等サービス
9 施設サービス
10 高齢者医療確保法
11 権利擁護
12 環境整備
13 雇用・介護休業
14 連携
15 相談援助

表4－3　被虐待高齢者の年齢

	65〜69歳	70〜74歳	75〜79歳	80〜84歳	85〜89歳	90歳〜	不明	合計
人数	1,503	2,424	3,727	4,093	3,529	2,136	15	17,427
割合（％）	8.6	13.9	21.4	23.5	20.3	12.3	0.1	100.0

出典：厚生労働省「令和元年度『高齢者虐待の防止、高齢者の養護者に対する支援等に関する法律』に基づく対応状況等に関する調査結果」2020年

表4－4　被虐待高齢者の性別

	息子	夫	娘	妻	孫	息子の配偶者	娘の配偶者	兄弟姉妹	その他	不明	合計
人数	7,409	3,930	3,280	1,200	644	596	250	388	724	14	18,435
割合	40.2	21.3	17.8	6.5	3.5	3.2	1.4	2.1	3.9	0.1	100.0

出典：厚生労働省「令和元年度『高齢者虐待の防止、高齢者の養護者に対する支援等に関する法律』に基づく対応状況等に関する調査結果」2020年

考えてみましょう

〇今日、高齢者の社会的孤立が深刻化しているなかで、どのような施策や対策、地域住民の取り組みが求められるでしょうか？

【引用文献】

1）小川栄二・他『北東アジアにおける高齢者の生活課題と社会的孤立』クリエイツかもがわ　2019年　pp.92－94
2）NHKスペシャル取材班『「母親に、死んで欲しい」：介護殺人・当事者たちの告白』新潮社　2016年　pp.52－53
3）齋藤万比古（主任研究者）「思春期のひきこもりをもたらす精神科疾患の実態把握と精神医学的治療・援助システムの構築に関する研究」（2007〔平成19〕年度厚生労働科学研究費補助金）

【参考文献】

河合克義『大都市のひとり暮らし高齢者と社会的孤立』法律文化社　2009年
高齢者等が一人でも安心して暮らせるコミュニティづくり推進会議『高齢者等が一人でも安心して暮らせるコミュニティづくり推進会議（「孤立死」ゼロを目指して）―報告書―』　2008年
川北稔『8050問題の深層「限界家族」をどう救うか』NHK出版　2019年

1
少子高齢社会

2
高齢者の理解

3
高齢者の生活

4
取り巻く環境

5
施策の変遷

6
老人福祉法

7
介護保険制度

8
居宅等サービス

9
施設サービス

10
高齢者医療確保法

11
権利擁護

12
環境整備

13
雇用・介護休業

14
連携

15
相談援助

第5章

高齢者福祉施策の変遷

●キーポイント

> 　この章では、高齢者福祉施策の変遷を学ぶ。高齢者福祉施策の背景には、高齢者に対する理念や高齢者観が影響している。そこで、第1節では、高齢者福祉の実践に不可欠な人権思想に基づく理念を押さえていく。第2節では、高齢者観の変遷から、みなさん自身の高齢者観を考える機会にして欲しい。第3節では、貧困な高齢者への援助を出発点に発展してきた高齢者福祉施策の変遷について、現代まで辿っていく。

1．高齢者福祉の理念

1　人権の尊重

人権思想の源流にある「世界人権宣言」と「幸福追求権」から、人権尊重の理念を学んでいく。

❶　人権思想の源流

　高齢者福祉の理念は、国際的には「高齢者のための国連原則」（1991年採択）に、日本では「高齢社会対策基本法」（1995（平成7）年制定）や「介護保険法」（1997（同9）制定）において示されている。しかし、人権思想は自由権、平等権、社会権へと発展してきた歴史があり、その源流は、1948（昭和23）年採択の「世界人権宣言」と1946（同21）年制定の「日本国憲法」にさかのぼる。

❷　世界人権宣言

　世界人権宣言は、20世紀前半の2度にわたる世界大戦の悲惨な体験の反省に基づき、すべての人に対して基本的人権の尊重こそが平和の基礎となることを確認したもので、人権保障の目標や基準が初めて示された。

　第1条には、すべての人の「自由・平等の権利」、第22条には、「経済的、社会的及び文化的権利」、第25条には「生活不能の場合は、保障を受ける権利」があり、いかなる状況にあっても、個人の人権が保障されるという考えが示されている。これらの条文は、一人ひとりの高齢者の援助を考える際に、私たちが忘れてはならない視点である。

❸　幸福追求権

　日本国憲法の第13条にある「個人が尊重される権利」は、他の都合で個人の人権が、他者から侵害されることがないよう規定する権利である。その権利とは、時に他者の権利と衝突する場合もある。しかし、同条文

にある「公共の福祉に反しない限り」、すなわち、個人の人権において他者と権利や利益の調和をとるという、社会的条件の中で「最大の尊重」をするという意味で解釈されている。

2　尊厳の保持

「よりよく生きる」という尊厳が保持されるためには、社会の人々と価値観を共有する必要がある。

　　尊厳とは、人間が個人として尊重されることである。それは、一人ひとりが生きること、ただ生きるのではなく、「よりよく生きる」という個人の生き方が保障されるという意味である。個人の尊厳が保持されるためには、社会の人々と個人の「よりよく生きる」という価値観が共有される必要がある。それは、病気や障害などによって他者から生活の援助を受ける必要が生じた場合にも、同様に共有されなければならない。

3　高齢者に関する法律にみられる理念

高齢者を支える視点について、老人福祉法と介護保険法の理念から学んでいく。

❶　老人福祉法の理念

　老人福祉法の理念について、第2条では、老人は、「多年にわたり社会の進展に寄与してきた者」「豊富な知識と経験を有する者」として敬愛すべき存在であると示されている。また、第3条では、老人は、「心身の健康を保持し」「社会的活動に参加するよう努める」とあるように、高齢者自身によりよく生きる努力をすることを求めている。

❷　介護保険法の理念

　介護保険法には、明確に理念を示した条文はないが、第1条の目的に「尊厳の保持」「自立支援」「共同連帯」と示されている。1997(平成9)年に介護保険法が制定された当初は、「尊厳の保持」は条文に入っていなかったが、初の法改正となった2005(同17)年に、第1条に追加された。この改正時より介護保険法では、「自立支援」と「尊厳の保持」を基本として取り組むことが示された。自立支援を実現するためには、介護を必要とする高齢者の尊厳が保持されなければならない。このことが介護保険法の中に明示された意義は大きい。

2．高齢者観の変遷

1　敬老思想

高齢者観は、高齢者と周囲の人々による高齢者に対する見方をいう。敬老思想について学んでいく。

　　敬老の「老」という言葉は、「高齢者」という言葉が生まれる以前、江戸時代より以前の時代から存在し、現代でも、「老人」「老化」など日

常的に使われている言葉である。アメリカの文化人類学者であるベネディクト（R. Benedict）は、日本に古くからある敬老思想について、日本人はこの世に生まれると同時に親から大きな恩を受けるため、親が窮乏した時は、それまでの恩を親に返さなければならないと考える特性があると指摘し、「万分の一の恩返し」[1]という言葉で表現した。

　実際に、江戸時代を受け継ぐ形で明治憲法下では「家」制度ができ、高齢者は、社会生活における活動から引退すると、戸主に家督相続をし、その後の余生で心身の状態に衰えが生じれば親族に扶養されていた。経験や知識が豊富であることから、高齢者は老いても敬愛される存在であった。この「家」制度は、1947（昭和22）年の改正民法まで続いた。

2　エイジズム

> エイジズムは、年齢による高齢者への差別という言葉として、バトラーがはじめて提唱した。

　エイジズムは、高齢であるという年齢に対する偏見やステレオタイプ（固定観念）から、高齢者に対し差別をするような否定的態度や行動をとることをいう。エイジズムという言葉は、1969年にアメリカの老年学者バトラー（R. N. Butler）が初めて使ったことで知られており、今日では、人種差別（レイシズム）、性差別（セクシズム）と並んで第3の差別と言われている[2]。

　バトラーは、高齢者は一定の年齢がくると雇用の機会を失う、というような否定的な年齢差別としてエイジズムを捉えた。しかし、同じく老年学者のパルモア（E. B. Palmore）は、高齢者は親切、裕福、税金の控除のような優遇政策が受けられるといった肯定的差別もあると指摘した。さらに、パルモアは、エイジズムには個人による偏見や差別を意味する「個人的エイジズム」と、社会の制度によって高齢者を支配する「制度的エイジズム」があるとも指摘した。エイジズム概念の中心ともいえるステレオタイプは現代も残っており、高齢者を理解する上で看過できない。

3　社会的弱者

> 敬老思想に支えられた高齢者観は、1960年代以降、「社会的弱者」という見方に変わっていった。

▶1　措置
措置権者（行政）が、公的責任のもとで、福祉サービスを必要とする人の要件を判断し、サービスの提供と廃止の決定を行うこと。

　1947（昭和22）年には「家」制度が弛緩し（p.69参照）、1950年代頃になると、高齢者の生活問題や医療の問題がみえはじめ、1961（同36）年には、国民皆保険・皆年金体制が整った。さらに、1963（同38）年には、老人福祉法が施行され、老人は、心身の保持と生活の安定のために必要な措置▶1を講じる存在に位置づけられた。老人福祉法の理念でみたように、老人は敬愛すべき存在とする一方で、「多年にわたり社会の進

1 少子高齢社会
2 高齢者の理解
3 高齢者の生活
4 取り巻く環境
5 施策の変遷
6 老人福祉法
7 介護保険制度
8 居宅等サービス
9 施設サービス
10 高齢者医療確保法
11 権利擁護
12 環境整備
13 雇用・介護休業
14 連携
15 相談援助

展に寄与してきた者」と過去の能力を称えた上で、老人は自ら「心身の健康を保持」し、「社会的活動に参加する」必要があると示している。敬老思想を表に示しながら、公的制度の中で高齢者を「社会的弱者」とする否定的な見方が備わったのである。その後、社会的弱者という老人への否定的なイメージを置き換えていくかのように、「高齢者」という言葉が台頭してきた。現代も「老人」と「高齢者」という言葉は、曖昧な意味のまま混在している。

4　アクティブ・エイジング

その後の高齢者観は、「サクセスフル・エイジング（幸福な老い）」や「プロダクティブ・エイジング」という考えが提唱され、現在は、「アクティブ・エイジング」の視点が提唱されている。

「アクティブ・エイジング」は、高齢化社会でめざすべき理念として2002年にWHOから提唱された。アクティブ・エイジングとは、「人々が歳を重ねても生活の質が向上するように、健康、参加、安全の機会を最適化するプロセス」である。それは、「身体的に活動的でいられることや、労働に従事する能力を持っていることを指すのでない」[3]ことから、自立や社会参加、人権尊重や尊厳が守られることも含んでいる。

WHOは、「健康寿命を伸ばし、すべての人々が老後に生活の質を上げていけることがアクティブ・エイジングの目的である。これには、体の弱い人、障害を持つ人、ケアを必要とする人も含まれる」と提唱している。つまり、高齢者福祉を考えるとき、高齢者にアクティブ・エイジングの考え方をもつように求めるのではなく、高齢者が生活の質を高めていける社会を政策的に推進していくという環境づくりが先決である。

3．高齢者福祉制度の発達過程

1　社会福祉の発達前史

高齢者福祉の発達前史として明治の慈善事業期、大正の社会事業期、昭和の厚生事業期を概説する。

❶　慈善事業期

1874（明治7）年に明治政府によって制定された恤救（じゅっきゅう）規則は、わが国初の「救貧法」として知られている。恤救規則では、その前文に「人民相互の情誼（じょうぎ）」という言葉が明記されている。これは、救済を必要とする人がいる場合、あくまで家族や親類による扶養や地域の共同体による相互扶助によって行うことが前提であることを示していた。これらの救済が得られない場合にのみ国が救済を行うという姿勢で、公的責任や義務はなかった。さらに救済対象の条件[2]が厳しく制限されていたため、多くの困窮する高齢者が存在した。

▶2　恤救規則における救済対象者
救済対象者は、家族や近隣からの扶助が得られない70歳以上の老衰者や病気の者、13歳以下の者、稼働能力がない場合などに限定された。

1 少子高齢社会
2 高齢者の理解
3 高齢者の生活
4 取り巻く環境
5 施策の変遷
6 老人福祉法
7 介護保険制度
8 居宅等サービス
9 施設サービス
10 高齢者医療確保法
11 権利擁護
12 環境整備
13 雇用・介護休業
14 連携
15 相談援助

　明治初期にあった収容施設は、子どもや若年者、貧困者、高齢者などがすべて一緒に収容される混合収容であったが、やがて子どもの施設や障害者の施設が創設され、専門分化していった。高齢者を専門対象とした施設は、1895（明治28）年に開設された「聖ヒルダ養老院」が始まりといわれている。その後、全国的に次々と養老院が開設され、1911（同44）年には17施設となった。しかし、運営費の多くは私費や寄付金で賄われていたことから、養老院を開設した人たちは、公的救済に消極的な行政と闘わなければならなかった。

表5−1　高齢者福祉施策の変遷

時期	成立した制度等	内容	高齢化率	時代背景
1874（明治7）年 1895（明治28）年 1929（昭和4）年	恤救規則 聖ヒルダ養老院 救護法	初の救貧法 高齢者専用対象の施設 初の公的救貧法、救護施設		
1946（昭和21）年 1947（昭和22）年 1950（昭和25）年 1951（昭和26）年 1956（昭和31）年 1959（昭和34）年	旧・生活保護法制定 日本国憲法制定 改正民法制定 生活保護法制定 社会事業法制定 家庭養護婦派遣事業 国民健康保険法施行	養老院が生活保護施設に 幸福追求権、生存権 「家」制度の廃止 生活保護施設から養老施設へ 2000年社会福祉法まで 長野県で開始	4.9% （1950年）	としよりの日、老人クラブの誕生 高度経済成長時代
1961（昭和36）年 1963（昭和38）年	国民年金法施行 老人福祉法制定	皆保険・皆年金体制整備 老人福祉施設、措置制度	5.7% （1960年）	
1973（昭和48）年 1978（昭和53）年 1979（昭和54）年	老人福祉法一部改正 寝たきり老人短期保護事業 デイサービス事業開始	老人医療費無料化制度	7.1% （1970年）	石油危機 在宅福祉への転換
1982（昭和57）年 1986（昭和61）年 1989（平成元）年	老人保健法制定 老人保健法一部改正 ゴールドプラン策定	老人医療費無料化の廃止 老人保健施設の創設 高齢者保健福祉数値目標	9.1% （1980年）	・消費税3%（1989年）
1990（平成2）年 1994（平成6）年 1997（平成9）年 1999（平成11）年	老人福祉法一部改正 新ゴールドプラン策定 介護保険法制定 ゴールドプラン21策定	福祉関係八法改正 ゴールドプランの目標変更 自立支援・利用者本位 新ゴールドプラン目標変更	14.6% （1995年）	阪神・淡路大震災（1995年） 社会福祉基礎構造改革 ・消費税5%（1997年）
2000（平成12）年 2005（平成17）年 2006（平成18）年 2008（平成20）年	介護保険制度施行 介護保険法改正 高齢者虐待防止法制定 高齢者医療確保法制定 高齢者医療確保法施行	社会保険方式、契約制度 予防重視型システムへの転換・地域包括支援センター・地域密着型サービスの創設 老人保健法から改正 後期高齢者医療制度開始	17.4% （2000年）	リーマンショック（2008年）
2011（平成23）年 2012（平成24）年 2014（平成26）年 2015（平成27）年 2017（平成29）年	介護保険法改正 オレンジプラン策定 介護保険制度改正 新オレンジプラン策定 介護保険制度改正	地域包括ケアシステムの推進 認知症施策の方針の提示 通所介護・訪問介護を地域支援事業へ移行 認知症の人のやさしい地域づくり 介護医療院、共生サービス	23.0% （2010年）	東日本大震災（2011年） ・消費税8%（2014年） ・消費税10%（2019年）
2020（令和元）年	介護保険制度改正	認知症対策強化、介護人材確保	28.9% （2020年）	

❷　社会事業期

　日露戦争や第一次世界大戦による内需の拡大で、好景気に見舞われた

が、1918（大正 7 ）年には米騒動が全国各地で起こり、労働運動や農民運動も起きるなど、国民自ら社会改良に動き出す兆しが高まっていった。

　しかし、1923（大正12）年の関東大震災や、1929（昭和 4 ）年に起きた世界大恐慌をきっかけに貧困者が急増し、恤救規則では貧民救済できなくなった。そこで、それに変わる「救護法」が同年に制定されたが、当時の国の財政難により1932（同 7 ）年から施行された。救護法は、厳しい制限主義の恤救規則に代わる、わが国初の「公的救貧法」である。救済の対象者[3]は、恤救規則よりは緩和されたものの、年齢条件などが規定されていた。救済は「居宅保護」が原則で、これが不能または不適当な場合は救護施設に収容するとし、「養老院」が「救護施設」の一つとして位置づけられた。救護法により、貧困者の救済は、慈善事業から公費による「社会事業」へと転換し、施設数も収容者数も増加していった。しかし、府県によって養老院に収容される老人の数は相当異なっていたため、公費だけでは賄えず、依然として寄付金集めが必要であった。

❸　厚生事業期

　1927（昭和 2 ）年の経済恐慌に続いて、1929（同 4 ）年の世界大恐慌による影響を受けていた当時のわが国では、1931（同 6 ）年から始まった満州事変による軍需で経済が上向きかけていた。しかし、1937（同12）年に日中戦争が勃発すると、一気に戦時体制下に突入し、国民の生活は一変していった。同年に出された軍事扶助法のもとで、傷痍軍人や出征軍人の家族への救済が、一般国民より優遇されるようになった。

　その一方で、これまで社会事業の対象とされてきた者は、戦争に協力できないことで差別の対象となった。1938（同13）年には、厚生省（現：厚生労働省）が誕生し、社会事業は「厚生事業」となり、戦争に勝つために国民体力の向上や福祉を推進する健民・健兵政策がとられていった。

　この時期、養老院への収容は次第に減少し、働ける老人は戦時体制下で労働力に加えられたため、収容の対象者は病弱な老人に限られた。こうして、老人の生命や生活を守るはずの養老院は、その機能を失っていった。

▶ 3 　救護法における救済対象者
対象者は、65歳以上の老衰者、13歳以下の児童、妊産婦、疾病等。生活扶助、医療扶助、助産扶助、生業扶助の中で生活扶助に集中していた。

2　第二次世界大戦後の高齢者福祉のニーズ

戦後の高齢者福祉は「生活保護法」に始まり、低所得世帯限定のホームヘルプサービスも始まった。

❶　生活保護制度から始まる高齢者福祉

　1945（昭和20）年、第二次世界大戦は、わが国の敗戦によって終結した。国内は、戦災者や海外からの引き揚げ者、戦災孤児、失業者など援護を必要とする人々であふれ、これらは生活困窮者として救済の対象となっていった。1940（同15）年に130施設ほどあった養老院は、戦後80

少子高齢社会 1

高齢者の理解 2

高齢者の生活 3

取り巻く環境 4

施策の変遷 5

老人福祉法 6

介護保険制度 7

居宅等サービス 8

施設サービス 9

高齢者医療確保法 10

権利擁護 11

環境整備 12

雇用・介護休業 13

連携 14

相談援助 15

施設に減少していたが、焼失を免れた施設には老人や幼児など年齢を問わず一緒に収容された。しかし、食料不足は深刻であった。

　戦後の混乱の中で、GHQ（連合国最高司令官総司令部）の指示のもと、1946（昭和21）年に日本国憲法が成立した。第25条では、社会福祉や社会保障といった「生存権の保障」と国家による「公的扶助の責任」が明文化された。第25条に規定された生存権を保障するために、1946（同21）年に（旧）「生活保護法」が制定された。ここで公的扶助は「国家責任」「無差別平等」「最低生活保障」の原則に基づくと明記され、「救護法」は廃止された。養老院は「生活保護施設」に位置づけられ、生活保護受給者が収容される公的な救貧施設になった。

　1950（昭和25）年には、現行の（新）「生活保護法」（以下「生活保護法」）が制定された。憲法第25条の生存権に基づき、これまで認められてこなかった保護請求権が生活保護法の中で認められるようになった。また、「生活保護施設」は「養老施設」に改称され、経済的に困窮した高齢者の措置施設となった。養老施設は、保護費の全額が公費で賄われたため、施設数・入所者数は、急増していった。

❷　新たな高齢者福祉のニーズ

　前述のように日本国憲法の制定に伴って、1947（昭和22）年には、改正民法により、戸主が統率者として家督相続する封建的な「家」制度が弛緩し、婚姻により新しい家族ができるという考え方に転換した。扶養関係では、親の扶養が義務ではなくなり、夫婦関係が優先されるようになったため、家庭内における高齢者の居場所は不安定なものになっていった。

　一方で、1950年代には今の高齢者福祉につながる制度や取り組みが誕生した時期でもあった。兵庫県で行われた敬老行事をきっかけに、1950（昭和25）年に9月15日を「としよりの日」と定め、現在では、9月第3月曜日は「敬老の日」として定着している。また、戦後の社会の中で老後への不安をもつ仲間同士が声を掛け合ってできた老人クラブは、1950（同25）年頃、大阪市と東京都で結成され、1954（同29）年には全国112か所で活動が展開されるようになった。さらに、1951（同26）年には、今日の社会福祉制度の基本となる社会福祉事業法（現：社会福祉法）▶4が制定された。ホームヘルプサービスについては、1956（同31）年に長野県で家庭養護婦派遣事業として始まり、1958（同33）年には、大阪市で臨時家政婦派遣事業（翌年には「家庭奉仕員派遣事業」に改称）として開始された。当時の事業は、老衰や心身障害等の理由により、日常生活を営むことが困難な高齢者がいる低所得世帯に限定して、無料で行っていた。利用に際する所得制限は、1982（同57）年まで続いた。

▶4　社会福祉事業法
社会福祉事業を行うことを目的として制定された法律。急速な福祉ニーズの変化に伴い、2000（平成12）年、社会福祉法に改正された。

69

3　高度経済成長時代と老人福祉法

1960年代には出生率の低下と高齢化が始まり、1963（昭和38）年に老人福祉法が制定された。

❶高度経済成長時代

　1960年代になると、わが国は、戦後の復興を遂げて高度経済成長期に入った。国民生活は豊かになる一方で、物価の上昇、都市の人口過密と農村の過疎化、公害など社会に変化をもたらしながら、1973（昭和48）年の石油危機まで経済成長を遂げた。戦後のベビーブームを過ぎた1950（同25）年以降、出生率の低下とともに、医療技術等の向上に伴い死亡率が低下し、高齢化は始まっていった。

　このような時代の中で特筆すべきことは、現在の地域包括ケアシステムをまさに具現化していた岩手県旧沢内村（現：西和賀町）の村づくりである。旧沢内村は、全国でも有数の豪雪地帯で極めて貧しい村だった。当時村長だった深沢晟雄は、「村民の生命を守る」と宣言し、乳児と高齢者を対象とした「医療費無料化」をはじめ、村ぐるみの保健活動、バスや道路の交通整備、農地倍増計画など次々に村づくりに着手した。岩手県旧沢内村の「老人医療費無料化」は、その後、1973（昭和48）年に国の制度として行われるきっかけになったのである。

❷　老人福祉法の制定[5]

▶5　老人福祉法
詳細は本書第6章参照。

　高度経済成長に伴って、社会構造の変化、核家族化のような家族構造の変化などをもたらし、高齢者の生活問題は顕在化しつつあった。高齢者に対して、生活保護だけでは十分でなくなり、固有に抱える生活問題への対応が必要になってきたことから、高齢者の福祉の増進を図ることを目的として、1963（昭和38）年に「老人福祉法」が制定された。

　同法第1条には、「この法律は、老人の福祉に関する原理を明らかにするとともに、老人に対し、その心身の健康の保持及び生活の安定のために必要な措置を講じ、もつて老人の福祉を図ることを目的とする」と規定している。この条文から、対象は、これまでの「経済的困窮した高齢者」ではなく「高齢者」であること、また、高齢者の心身の健康の保持と生活の安定のために必要な「措置」を行うことが示された。

　老人福祉法の制定により、高齢者への福祉サービスとして、生活保護法に規定されていた養老施設を「養護老人ホーム」とし、高齢者の介護や生活援助を行う施設には「特別養護老人ホーム」が新設された。これらは、行政の措置による入所施設である。さらに、契約による安価な入所施設として、1972（昭和47）年には軽費老人ホームも誕生した。

4　経済低成長時代と在宅福祉への移行

石油危機をきっかけに「福祉見直し論」に転じ、施設福祉から在宅福祉への転換が迫られた。

❶　社会福祉施設の整備の拡充

　わが国では、65歳以上の高齢者が全人口の7％を超え、「高齢化社会」に入った1970（昭和45）年に、社会福祉施設の不足を解消することを目的に「社会福祉施設緊急整備5か年計画」が策定された。翌年から5年計画で、特別養護老人ホームなど社会福祉施設の増設や施設の老朽化に伴う建て替えなど、量的な整備が図られた。その結果、特別養護老人ホームは、1970（同45）年の1,194施設から、1975（同50）年には2,155施設と増加し、その後も着実に増加していった。しかし、一方で養護老人ホームや軽費老人ホームの施設数はそれほど増加しなかった。

　1972（昭和47）年には、中央社会福祉審議会から「老人ホームのあり方に関する意見」が出され、老人ホームを「収容の場」から「生活の場」へ転換すると提言された。この提言は、高齢者の心身機能に応じた援助や住環境の整備など、高齢者福祉施設の処遇改善に大きな影響を与えた。

❷　経済の低成長時代の高齢者福祉

　岩手県旧沢内村に端を発した高齢者の「医療費無料化」は、その後、東北地方から東京、全国へと広がっていった。この動きが1972（昭和47）年の「老人福祉法」の一部改正につながり、国の制度として70歳以上の「老人医療費無料化制度」が実施された。

　1973（昭和48）年、政府は国民福祉優先の予算を編成し、「福祉元年」と名づけた。しかし、その直後に起きた石油危機により、わが国は経済低成長時代へと移行し、福祉財源の削減を目的とした「福祉見直し論」に転じた。その一つが、施設福祉から在宅福祉への移行による福祉財源の見直しで、1978（同53）年には「寝たきり老人短期保護事業」（現・ショートステイ）が、1979（同54）年には「通所サービス事業」が、国の補助事業として開始された。老人医療費無料化制度により財政負担が過大になったことから、1982（同57）年の「老人保健法」の制定をきっかけに制度は廃止され、高齢者の一部自己負担が導入された。

　1980年代に社会問題になっていたのは、高齢者の「社会的入院」であった。社会的入院とは、入院医療の必要性がなくなった後も自宅に帰ることができず、入院を余儀なく続けている状態を指す。そのため、病院と家庭あるいは福祉施設との中間に位置する「中間施設」の必要性が議論され、1986（昭和61）年に「老人保健施設」が新設された。

❸　ゴールドプランと福祉関係八法改正

　1985（昭和60）年には、高齢化率が10.3％となり、高齢者福祉の問題

少子高齢社会 1

高齢者の理解 2

高齢者の生活 3

取り巻く環境 4

施策の変遷 5

老人福祉法 6

介護保険制度 7

居宅等サービス 8

施設サービス 9

高齢者医療確保法 10

権利擁護 11

環境整備 12

雇用・介護休業 13

連携 14

相談援助 15

はもちろん、社会全体のシステムも見直す必要が出てきた。1986（同61）年には、「長寿社会対策大綱」が閣議決定し、政府が推進すべき基本的かつ総合的な高齢社会対策の指針が示された。その後、1989（平成元）年には「高齢者保健福祉推進十か年戦略」（ゴールドプラン）が策定された。ゴールドプランでは、1999（同11）年までの10年間で、在宅サービス、施設サービスにおいて具体的な目標数値を掲げた。

　1989（平成元）年のゴールドプランを推進するための法整備として、1990（同2）年に、「老人福祉法等の一部を改正する法律（福祉関係八法改正）」が制定され、老人福祉法も改正された。この改正により、通所サービス等の新しい在宅福祉サービスを「社会福祉事業」と位置づけ、これまで都道府県が行ってきた老人ホームへの入所の措置を「市町村」に委譲した。都道府県及び市町村に対して、老人福祉計画と老人保健計画を一体化して定めることが義務化された（老人保健福祉計画）。その結果、ゴールドプランの目標数値では、急増する高齢者のニーズに対応できないことが明らかになり、1994（同6）に「新・高齢者保健福祉推進十か年戦略（新ゴールドプラン）」が策定された。

❹　新ゴールドプラン

　「新ゴールドプラン」は、利用者本位・自立支援、地域主義など、今後の介護サービスの原則とともに、ゴールドプランで1999（平成11）年度末の目標であった数値を修正する形で受け継いだものである。在宅サービス、施設サービスともにゴールドプランよりも目標は上方に修正された。新たにマンパワーについても数値目標が示された。

5　介護保険制度の施行から地域包括ケアシステムの構築へ

　2000（平成12）年から介護保険制度が施行された。高齢者が住み慣れた地域で暮らしが継続できるよう、現在も地域包括ケアシステムの構築に向かっている。

▶6　介護保険法
詳細は本書第7～9章参照。

❶　介護保険制度の創設▶6

　1994（平成6）年に、わが国は高齢化率が14％を超えて「高齢社会」に突入した。介護を必要とする高齢者が急増し、その上、高齢者世帯や高齢者の単独世帯が増加し、家族だけで介護を担うことに限界が生じていた。介護は、社会全体で支え合うという転換を迫られていた。

　介護を必要とする人には、市町村の措置によって老人ホームへの入所やホームヘルプサービスなどの支援が決定された。しかし、措置制度には、利用者側の権利保障が不十分であることや、サービスに選択の余地がないこと、サービスに対する費用は、所得に応じた応能負担であったことなどから限界があった。また、入院治療が必要でなくなった高齢者の受け皿がないことで、社会的入院や医療費の増加を招いていた。

1
少子高齢社会

2
高齢者の理解

3
高齢者の生活

4
取り巻く環境

5
施策の変遷

6
老人福祉法

7
介護保険制度

8
居宅等サービス

9
施設サービス

10
高齢者医療確保法

11
権利擁護

12
環境整備

13
雇用・介護休業

14
連携

15
相談援助

　1995（平成 7 ）年には、介護保険制度の創設に向けて、老人保健福祉審議会で審議が始まり、高齢者を社会全体で支え合う新たな仕組みとして、1997（同 9 ）年に「介護保険法」が成立した。介護保険制度には、従来の措置制度とは異なり、高齢者の自立支援、利用者本位、社会保険方式が取り入れられた。住み慣れた地域での暮らしが実現できるよう在宅福祉を中心とした介護保険制度は、2000（同12）に施行された。

　1999（平成11）年には、「今後 5 か年の高齢者保健福祉施策の方向」（ゴールドプラン21）▶7が策定され、2000（同12）年に開始された。

❷　介護予防の重視

　介護保険制度は、施行から 5 年後の2004（平成16）年を 1 期として見直しを図ることになっていた。制度が施行された2000（同12）年に218万人だった要介護者数は、2005（同17）年には、411万人と急増した。要介護者数の増加とともに介護費用が増大する一方で、内訳をみると要支援や要介護 1 のような軽度者が増加していることがわかり、軽度者の状態の改善につながるサービスに課題がみつかった。そこで「予防重視型システムへの転換」と「施設給付の見直し」▶8を主な改正点として、2005（同17）年に同法は改正され、翌年に施行された。

　「予防重視型システムへの転換」では、要介護者への介護サービス（介護給付）と分けて、要支援者への介護サービス（予防給付）を新設し、要支援者のケアマネジメントを「地域包括支援センター」で実施することになった。要支援・要介護状態になる可能性がある高齢者に対しては、市町村による介護予防を目的とした「地域支援事業」が開始された。さらに、市町村が指定する事業者が、地域内に居住する要支援・要介護者に対してサービスを提供する「地域密着型サービス」が新設された。元気な状態から介護が必要となっても切れ目なくサービスが行き届く地域包括ケアシステムの基礎が、2005（平成17）年の法改正で作られた。

❸　地域包括ケアシステムの構築に向けた体制整備

　2011（平成23）年には、要介護者が508万人と倍増した。医療依存度の高い高齢者や高齢者の単独世帯の増加など、要介護高齢者を支える介護の人材が喫緊の課題となった。そこで、高齢者が地域で自立した生活を営めるよう医療、介護、予防、住まい、生活支援を切れ目なく提供する「地域包括ケアシステム」の実現を目標に掲げた。2011（同23）年の法改正では、重度者が住み慣れた地域で継続して暮らせるように「サービス付き高齢者向け住宅」や24時間受けることができる「定期巡回随時訪問介護看護」などの新しいサービスが創設された。

　2014（平成26）年には、「地域における医療及び介護の総合的な確保を推進するための関係法律の整備等に関する法律（医療・介護総合確保

▶7　「今後 5 か年の高齢者保健福祉施策の方向」（ゴールドプラン21）
介護サービスの基盤整備と生活支援対策などが計画に位置付けられた。グループホームの整備を本計画に挙げ、具体的な施策として掲げた。

▶8　施設給付の見直し
居宅介護と施設介護との費用負担の公平性を目的に、介護保険施設等の介護サービス以外の食費と居住費が原則、自己負担になった。

推進法）」が制定された。在宅医療と介護との連携の推進、市町村による地域支援事業の拡充を図ることにより、従来、要支援者が利用していた「介護予防訪問介護」と「介護予防通所介護」を、地域支援事業に移行することになった。これらのサービスを利用してきた要支援者にとって、地域支援事業への移行は、介護者の交代などの利用環境に大きな変化が生じたため、制度の移行は3年をかけて行われた。

　2017（平成29）年の法改正は、「地域包括ケアシステムの深化・推進」と「介護保険制度の持続可能性の確保」を目的に行われた。介護療養型医療施設に代わる新たなサービスとして日常的な医学管理や看取りなどの機能と生活施設の機能を兼ね備えた「介護医療院」が創設され、療養環境の向上を図っている。また、高齢者と障害者が同一事業所でサービスを受けやすくするために、「共生型サービス」が創設された。

❹ 認知症の人にやさしい地域づくり

　2012（平成24）年に厚生労働省は、「認知症施策推進5か年計画（オレンジプラン）」を策定し、認知症の人に対する支援策を打ち出した。2015（同27）年には、同省より認知症の人にやさしい地域づくりを目標に掲げた「認知症施策推進総合戦略（新オレンジプラン）」が出された。この中で、認知症の家族への支援として認知症カフェの強化が図られている。地域の特性に応じた認知症施策は、2020（令和2）年の法改正の中でも国及び地方公共団体の努力義務が規定され、地域包括ケアシステムを推進していくためにも継続的な課題となっている。

❺ 超高齢社会の今

　地域包括ケアシステムの構築は、第二次世界大戦後の第一次ベビーブーム期に産まれた団塊の世代が、全員75歳になる2025（令和7）年を最初の目標に推進してきた。75歳という年齢は、個人差は大きいが、健康寿命を過ぎる頃である。それまで健康に生活をしていた人も、足腰の筋力低下や内臓機能の低下、外出する機会の減少などにより、「フレイル」[9]の進行が危惧される。また、老化に伴う認知症の発症リスクも高まる。住み慣れた地域で継続した暮らしが提供できることは、これらの発症リスクを下げることにもつながる。高齢化率が30％に迫ろうとする超高齢社会の現在、地域包括ケアシステムの構築の実現は、私たちにとって、高齢者をどう支えていくか喫緊の課題となっている。

▶9　フレイル
フレイル（虚弱、脆弱）は、加齢により心身が衰えた状態のことで、早期発見、正しい介入により、元の健康状態に戻せる可能性がある。

```
┌─ 考えてみましょう ────✎──────────────────────┐
│                                                           │
│  ○高齢者福祉の理念や施策の変遷を学んで、今後、高齢者福祉にはどの │
│    ようなサービスや制度が必要となるでしょうか。また、あなたはどの │
│    ような高齢者観をもちましたか。                          │
│                                                           │
└───────────────────────────────────────┘
```

【引用文献】

1）ルース・ベネディクト（長谷川松治訳）『定訳　菊と花（全）―日本文化の型―』
　社会思想社　1968年　p.133
2）辻正二『高齢者ラベリングの社会学―老人差別の調査研究―』恒星社厚生閣
　2000年
3）WHO編（日本生活協同組合連合会医療部会訳編）『Who「アクティブ・エイ
　ジング」の提唱』萌文社　2007年　p.15

【参考文献】

辻正二『高齢者ラベリングの社会学―老人差別の調査研究―』恒星社厚生閣　2000
　年
全国社会福祉協議会、老人福祉施設協議会『老人福祉施設協議会五十年史』全国社
　会福祉協議会　1984年
菊池武雄『自分たちで生命を守った村』岩波書店　2015年
宗景正「満州開拓民と中国残留孤児」『隔月刊・歴史と神戸』第54巻第4号　神戸
　史学会　2015年　pp.8－15

海外からの引揚者

第二次世界大戦の敗戦時、満州には155万人の日本人が住み、このうち27万人の開拓民がいた。日清戦争の頃から1945（昭和20）年まで、日本から満州へと開拓団は送られ続けた。日本国内では、農村の過剰人口対策や農村救済として進められたが、実際には、満州国再建後の抗日勢力を抑えるために、食料や兵員を確保する狙いがあった。

1946（昭和26）年から、満州で生き残った日本人の引き揚げが始まった。開拓民で引き揚げ出来た者は8万人弱。3割は日本に帰還する前にソ連軍の銃撃や食料不足などで命を絶った。中国に残留を余儀なくされた孤児や婦人は、1972（同47）年の日中平和条約締結までの30年近く、日本への帰国が叶わなかった。大半の中国残留日本人の帰国は1990年代後半だったとされる。満州開拓民と中国残留孤児の歴史はあまり残されていないが、私たちは、高齢者の生きてきた時代を知る上で学んでおく必要がある。

第6章

老人福祉法

●キーポイント　　　　介護保険法の制定後、高齢者福祉サービスの多くは介護保険法へ移行された。しかし、その中でも高齢者を保護する法律としての老人福祉法は重要な役割を残している。本章では老人福祉法の成立の背景から意義まで重要なポイントを解説していく。

1．老人福祉法成立の背景

1　老人福祉法制定と改正の経緯

本項では、老人福祉法の制定の背景とその改正の流れについて学ぶ。老人福祉法制定の背景にはわが国の社会構造、家族構造、高齢者の増加等の変化に伴い誕生した歴史がある。またわが国の社会状況の変化に伴い、老人福祉法も改正されている。その流れについて理解した上で老人福祉法について学んでいく。

❶　老人福祉法の概要

「老人福祉法」は、老人の心身の健康の保持及び生活の安定のために必要な措置を講じ、もって老人の福祉を図ることを目的（老人福祉法第1条）として高齢者に対する法律として1963（昭和38）年に制定・施行された。

わが国では、1958（昭和33）年に国民健康保険法改正、1959（同34）年の国民年金法制定により「国民皆保険・年金」体制が整備された。生活の保障に対する支援が整いつつある中、これまで置き去りにされてきた高齢者の生活保障においても社会全体で担うことの要求が高まってきた。さらに、1960年代に高度経済成長期となり、貧困からの脱却が進み貧困問題の次に社会福祉の様々な対象に向けた社会福祉サービスの必要性への声が高まった。産業構造の変化（第一次産業から第二・三次産業へ）や人口移動（農村部から都市部への労働力移動）など社会構造上の変化から、これまで行われてきた家族扶養が揺らぎ始めた。このような急激な社会状況の変化により地方から都市部に労働力として若年層が移動し、高齢者が地方に残され過疎化の進行が深刻な事態となった。こうした社会の生活環境、労働環境の変化に伴い、これまで地域で支援をしてきた高齢者への支援が顕在化されることとなった。そのようななかで自活できない貧困高齢者のための保護・救済を目的とした生活保護法では対応が困難となった。それまで、高齢者は貧困という理由から救済制

度の対象となっていたが、「老人」であることからくるリスクや、そこから生じるニーズに基づく対応が必要な存在として認識され始めたのである。そのことから、一般の高齢者も含む独立した法律の制定によって社会的に解決していくことが求められるようになった。このような社会的背景が「老人福祉法」を制度化させた。

　老人福祉制定により、それまでの養老施設（生活保護法の定める保護施設）が養護老人ホームという名称で同法に制度上位置付けられた。養護老人ホームは、環境上の理由及び経済的理由により在宅で介護や世話を受けられない高齢者を入所させ、養護することを目的とする施設である。加えて特別養護老人ホームという常時介護が必要な高齢者のための施設が規定され、老人家庭奉仕員（ホームヘルパー）の制度も老人福祉上に規定された。

　1982（昭和57）年に「老人保健法」が制定されて以降、高齢者の保健と医療に関する施策は同法に移行し、老人福祉は福祉施策が中心のものとなった。また、2000（平成12）年の「介護保険法」施行とともに、主な介護福祉サービスの実施は介護保険法で行われることになり、老人福祉法は介護保険法などと密接に関わり合いながら老人福祉の基本理念と枠組みを示す基盤となった。その後老人保健法は2006（同18）年に改正され「高齢者の医療の確保に関する法律」となった。

❷　老人福祉法の改正について

　老人福祉法は、国及び地方公共団体の措置義務を明確にし、高齢者の医療費の支給、健康診査、老人ホームへの入所、老人家庭奉仕員などの措置事業を規定した総合的な社会サービス法として展開していった。従来の養護施設は「養護老人ホーム」と改めて規定し、新しく「特別養護老人ホーム」「軽費老人ホーム」「老人福祉センター」「家庭奉仕員」が法的に規定された。さらに老人福祉増進のための老人クラブ事業も規定された。

　制定当初、老人ホームへの入所に関する事業が予算の大部分をしめていた。それは、老人ホームが生活扶助の役割のみならず、身体の虚弱による日常生活支援や住宅問題、家族問題に対応する在宅生活の問題等を含めて高齢者の福祉を実現するための社会的施設としての位置付けが明確にされたことを意味している。

　1972（昭和47）年、老人福祉法一部改正により「老人医療費支給制度」が創設され、70歳以上の高齢者の医療費が無料化した。その後1983（同58）年「老人保健法」の施行により受益者負担が導入され、本法による老人医療の無料化は廃止された。1990（平成2）年、福祉関係八法改正（老人福祉法等の一部を改正する法律）により、介護等の措置の総合的

実施が位置付けられた。さらに在宅福祉サービスの位置付けの明確化、特別養護老人ホーム等の入所決定権の町村への権限移譲があった。

その他の改正の要点を**表6-1**に示す。

表6-1　老人福祉法改正の沿革

	老人福祉法の改正の要点	関連法律
1973（昭和48）年改正	・医療費の高齢者負担分を公費で自己負担して受診しやすくしようという試みが進んだ。 →老人福祉法の措置による老人医療費支給制度（老人医療費無料化）	
1983（昭和58）年改正	・「施設から在宅へ」の流れ →①市町村が在宅、施設のサービスを総合的に提供 　②在宅福祉サービスの位置づけの明確化 　③特別養護老人ホームの入所措置権を都道府県から町村へ移譲 　④都道府県と市町村による老人福祉計画の策定	
1990（平成2）年	市町村の実施責任が明確化 市町村や都道府県に老人保健福祉計画等が新たに規定 在宅福祉サービスの位置づけの明確化 特別養護老人ホームの入所措置権が都道府県から町村へ移譲	
1994（平成6）年	老人居宅生活支援事業（在宅福祉サービス）や老人福祉施設において「処遇の質の評価」を新たに規定 →「常に処遇を受ける者の立場に立ってこれを行うように努めなければならない」（第20条の2）	
1998（平成10）年改正	在宅介護支援センターの法定化 居宅における介護や特別養護老人ホームへの入所等が改正ないし規定	
2005（平成17）年	小規模多機能型居宅介護事業が老人居宅生活支援事業に位置付け 養護老人ホームへの入所措置の要件から「身体上もしくは精神上の理由」が削除（「環境上もしくは経済上の理由」のみに）	
2011（平成23）年	従来国が定める基準により、養護老人ホームや特別養護老人ホームの設備、運営に関する基準が決定 →厚生労働省令で定める基準に従い、都道府県の条例で定めることに	地域の自主性及び自立性を高めるための改革の推進を図るための関係法律の整備に関する法律
2017（平成29）年	有料老人ホームの入居者保護のための施策に関する改正	地域包括ケアシステムの強化のための介護保険法等の一部を改正する法律
2021（令和2）年	市町村老人福祉計画の策定について以下が追加 →①老人福祉事業の量の確保のための方策に関する事項 　②老人福祉事業に従事する者の確保及び資質の向上並びにその業務の効率化及び質の向上のために講ずる都道府県と連携した措置に関する事項 有料老人ホームの届け出事項から条例、定款その他の基本約款、事業開始の予定年月日、施設の管理者の氏名及び住所、施設において供与をされる介護等の内容が削除	

2　老人福祉法の構成

本項では老人福祉法の構成について説明を行う。老人福祉法の各章においてどのようなことが規定されているかを理解することが、老人福祉法の全体像の把握につながる。各章の中で主要な点については本項の中で解説をもとに理解を深めることが重要である。

現行の老人福祉法は、全43条で構成されており、その枠組みは次の通りである。

第1章「総則」、第2章「福祉の措置」（支援体制の整備等、居宅にお

1 少子高齢社会
2 高齢者の理解
3 高齢者の生活
4 取り巻く環境
5 施策の変遷
6 老人福祉法
7 介護保険制度
8 居宅等サービス
9 施設サービス
10 高齢者医療確保法
11 権利擁護
12 環境整備
13 雇用・介護休業
14 連携
15 相談援助

ける介護等、老人ホームへの入所等、老人福祉の増進のための事業、研究開発の推進）、第3章「事業及び施設」、第3章の2「老人福祉計画」、第4章「費用」、第4章の2「有料老人ホーム」、第5章「雑則」、第6章「罰則」「附則」となっている。

　第1章「総則」では、老人福祉法の目的、基本理念、責務、定義、実施体制が定められている。第一条では老人福祉法の目的を「老人の福祉に関する原理を明らかにするとともに、老人に対し、その心身の健康の保持及び生活の安定のために必要な措置を講じ、もって老人の福祉を図ることとする」と定めている。第二条において基本理念を「老人は、多年にわたり社会の進展に寄与してきた者として、かつ、豊富な知識と経験を有する者として敬愛されるとともに、生きがいを持てる健全で安らかな生活を保障されるものとする」としており第三条に「老人は、老齢に伴って生ずる心身の変化を自覚して、常に心身の健康を保持し、又は、その知識と経験を活用して、社会的活動に参加するように努めるものとする」とし高齢者の努力義務を明記している。また、社会に対する責務として「老人は、その希望と能力とに応じ、適当な仕事に従事する機会その他社会的活動に参加する機会を与えられるものとする」と社会における高齢者が参加するための環境整備について定められている。また、この中で国や地方公共団体の責務と各老人福祉法を支える環境の定義がなされている。

　第2章「福祉の措置」は、支援体制の整備、居宅における介護等、老人ホームへの入所等において市町村の高齢者の措置基準が示されている。措置の解除に係る説明等、行政手続き法の適用除外、生活支援等に関する情報の公表においては訪問介護事業所が行う生活支援等の内容に関する情報やその他の情報について公表するように努めなければならないとされている。その他、老人福祉増進のための事業、研究開発の推進が示されている。

　第3章「事業及び施設」では、施設の措置と廃止基準、認知症対応型共同生活援助事業における必要な費用以外の権利金その他の金品の受領の禁止、施設の基準で養護老人ホーム、特別養護老人ホームの職員数と居室の床面積の規定、秘密保持の規定が定められている。また各種施設の目的などが定められている。第3章の2「老人福祉計画」においては、市町村老人福祉計画、都道府県老人福祉計画の内容が定められている。

　第4章の「費用」の項目では、市町村が支弁する費用に関する項目と、介護保険法による給付との調整について定められている。また、都道府県や国が市町村や社会福祉法人、都道府県の事業にかかる費用の補助が定められている。第4章の2では「有料老人ホーム」では、有料老人ホー

少子高齢社会 1
高齢者の理解 2
高齢者の生活 3
取り巻く環境 4
施策の変遷 5
老人福祉法 6
介護保険制度 7
居宅等サービス 8
施設サービス 9
高齢者医療確保法 10
権利擁護 11
環境整備 12
雇用・介護休業 13
連携 14
相談援助 15

ムの目的やその設置方法等有料老人ホームの開設にかかる事項が定められている。

2．老人福祉法の内容

1　老人福祉法の目的と基本理念

　本項では老人福祉法の目的と基本理念について解説をしている。老人福祉法をより深く理解するためには、法律の目的や基本理念の理解が求められる。

❶　老人福祉法の目的

　老人福祉法では、老年期は心身ともに個人差があり、老人という定義づけが難しいため、「老人」の年齢規定はない。しかし、老人福祉法の制定により、老人とはどのような者か示され、高齢者の生活の保護についての社会的義務規定が示された意義は大きい。

　老人福祉法の目的は、第1条において「この法律は、老人の福祉に関する原理を明らかにするとともに、老人に対し、その心身の健康の保持および生活の安定のために必要な措置を講じ、もって老人の福祉を図ることを目的とする」と明記されている。介護保険法制定により高齢者福祉サービスの多くは介護保険法へ移行されることとなったが、全てのサービスにおいて移行されたわけではない。老人福祉法は、高齢者の基本法として今もなお重要な役割を果たしている。

❷　老人福祉法の基本理念

　老人福祉法の基本理念は以下のように規定されている。

・老人は、多年にわたり社会の進展に寄与してきた者として、かつ、豊富な知識と経験を有する者として敬愛されるとともに、生きがいをもてる健全で安らかな生活を保障される者とする。
・老人は、老齢に伴って生ずる心身の変化を自覚して、常に心身の健康を保持し、または、その知識と経験を活用して、社会的活動に参加するように努めるものとする。
・老人は、その希望と能力とに応じ、適当な仕事に従事する機会、その他社会的活動に参加する機会を与えられるものとする。

　老人福祉法（1963（昭和38）年制定）は高齢者福祉の基本法としての性格を有する。この基本理念は、高齢者福祉関連制度全般に共通する理念として重要な意義を有している。基本理念からわかるように、老人福祉法の中で高齢者を「社会の進展に寄与してきた者」としており、また心身の健康の保持と社会的活動への参加を求め、それらの社会的活動等の機会を保障するように努めるよう定められている。さらに、第4条において国及び地方公共団体の責務を規定し、老人福祉の増進に努めることを求めている。

2 老人福祉法の意義

老人福祉法の一部は介護保険法へ移行された。しかし、老人福祉法の中に残っている機能により高齢者を支える基本法としての役割が担われている。老人福祉法の意義について理解することで介護保険法の意義の違いを明確にすることが求められる。

2000年の介護保険法の施行によって、養護老人ホームと特別養護老人ホームへの措置を除く、多くの高齢者サービスが介護保険法に移行し、契約に基づくサービス利用となった。介護保険法が社会福祉に与えた意義は大きい。社会福祉の中に社会保険の形式を導入し、さらに高齢者自身が事業所と契約といった形を通してサービスの需給関係を結ぶことができるようになった。また、多くの民間企業が参入することが可能となり、社会福祉の可能性を押し広げることとなった。しかし、家族との関係や、自己決定能力の低下によって、契約関係に適さない対象者など、市場システムによるサービス利用が難しい対象者が少なからず存在する。そのような現状において、老人福祉法における「福祉の措置」の実施の意義が大きい。老人福祉法で「やむを得ない事由により介護保険法に定めるサービスを利用することが著しく困難であると認められる時」は市町村が措置を実施するものとしている（法第10条の4、他条項）。例えば、高齢者本人が家族から虐待を受けている場合、認知症で意思能力が乏しく、頼れる家族がいない場合など、市町村は職権によって的確に措置を実施し、対象者の生活保護、介護保障を図らなければならないとされている。近年の高齢者虐待の増加などを鑑みると当事者間の契約に基づくサービスの利用のみならず、地方公共団体における措置制度の存続と適正な運営は、高齢者福祉の基本法としての老人福祉法の意義は大きい。

3．老人福祉法に定められる福祉の措置

1 居宅（在宅）サービスの措置

老人福祉法による措置の多くは介護保険制度へ移行されたが、老人福祉法において一定の措置権限が残されている。本項ではその中でも居宅（在宅）サービスにおける措置について解説していく。

老人福祉法では、居宅における介護等を介護保険の給付が受けられない心身の障害がある65歳以上の老人を対象とした在宅サービスを措置として提供されている。市町村が措置を行うのは次の条件を満たす場合である。

① 65歳以上の者であって、身体上又は精神上の障害があるために日常生活を営むのに支障があり、やむを得ない事由により介護保険法の事業を利用することが著しく困難であること。

②　やむを得ない事由により介護保険法に規定するサービスを利用することが著しく困難であること。

　介護保険法の施行により、基本的には高齢者は自身で事業所との契約を行うこととされたが、措置が必要な高齢者（本人が認知症等により介護保険法によるサービスを受けるために必要な契約能力がない場合や認定手続きを待つことができない緊急の場合など）の措置に限られることとなった。

　措置による居宅の介護等サービスは老人福祉法での事業名で、「老人居宅介護等事業」「老人デイサービス事業」「老人短期入所事業」「小規模多機能型居宅介護事業」「認知症対応型老人共同生活援助事業」「複合型サービス福祉事業」などがある。

● 老人居宅生活支援事業

　措置による居宅の介護等サービスは老人福祉法で定める事業の「老人居宅生活支援事業」には以下のものがある。

①老人居宅介護等事業（ホームヘルプサービス）
②老人デイサービス事業
③老人短期入所事業（ショートステイ）
④小規模多機能型居宅介護事業
⑤認知症対応型老人共同生活援助事業（グループホーム）および複合型サービス福祉事業（老人福祉法第5条の2）
⑥日常生活用具の給付・貸与

　以下在宅福祉サービスに関して詳細を説明する。

①老人居宅介護等事業（ホームヘルプサービス）

　訪問介護（ホームヘルパー）が要援護高齢者の自宅を訪問して、家事援助、生活支援の支援を行う。具体的内容は、入浴、排泄、食事等の介護、身体の清拭、洗髪などの身体介護サービスや調理、洗濯、掃除などの家事援助サービス、これらに付随する相談、助言を行い日常生活の支援を行う。介護保険法では訪問介護、定期巡回・随時対応型訪問介護看護、夜間対応型訪問介護、介護予防訪問介護として位置づけられている。

②老人デイサービス事業

　在宅の要援護高齢者がデイサービスセンターなどに通所して、さまざまな支援を受ける。基本的には在宅で生活しているが、日中の余暇活動や健康確認、入浴、排泄、食事等の介護、日常動作訓練、生活指導、家族介護者教室などの総合的なサービスを受けることができる。介護保険法では、通所介護、認知症対応型通所介護、介護予防通所介護、介護予防認知症対応型通所介護として位置づけられている。

　その他、デイサービスセンターには、居住部門を加えた「生活支援ハ

1 少子高齢社会
2 高齢者の理解
3 高齢者の生活
4 取り巻く環境
5 施策の変遷
6 老人福祉法
7 介護保険制度
8 居宅等サービス
9 施設サービス
10 高齢者医療確保法
11 権利擁護
12 環境整備
13 雇用・介護休業
14 連携
15 相談援助

ウス」（高齢者生活福祉センター）がある。これは、過疎地域などに居住する高齢者に対する介護支援、居住、地域との交流機能を有する小規模複合施設である。「生活支援ハウス」には居住部門利用者（例えば、積雪の多い地域の高齢者が冬季のみ入所して使用するなど）に対する相談、管理などを行う生活援助員が配置されている。

③老人短期入所事業（ショートステイ）

老人短期入所事業（ショートステイ）は、在宅で生活している高齢者が短期的に施設などで支援を受けながら生活を受ける事業である。自宅で要援護高齢者を介護している人が病気や介護疲れ、旅行などの場合に介護負担の軽減（レスパイト）を目的としてその高齢者を特別養護老人ホームなどに短期入所させて介護者の負担の軽減を図り、在宅介護を支援する事業である。介護保険法においては、短期入所生活介護または介護予防短期入所生活介護として位置づけられている。

④小規模多機能型居宅介護

小規模多機能型居宅介護は、要援護高齢者の心身の状況や置かれている環境に応じて、本人の選択に基づいて自宅や通所または短期宿泊などをさせて、入浴、排泄、食事等の介護、機能訓練等を提供する事業である。小規模多機能型居宅介護は通所、短期宿泊などが一体的に提供でき、地域の中での生活を継続する機能を兼ね備えている。介護保険法においては、小規模多機能型居宅介護または介護予防小規模多機能型居宅介護として位置付けられている。

⑤認知症対応型老人共同生活援助事業（グループホーム）

1997（平成9）年度から実施されている事業である。認知症高齢者にとっては、住み慣れた環境、馴染みの関係を保ち続けることが認知症の症状の軽減に重要である。認知症対応型老人共同生活援助事業では少人数による共同生活が可能な高齢者を対象に、小規模な生活空間、家庭的な環境、雰囲気の中で、毎日同じ職員がケアを提供して生活することを支援する事業である。このような環境は認知症高齢者が安心して生活することができる環境とされている。グループホームの定員は原則5人以上9人以下で、居室は原則個室、居間、食堂など入居者が相互交流できる場所を有している。認知症のある利用者の保護のため2011年の改正では、家賃等以外の権利金等の金品受領の禁止の規定が加えられた。介護保険法上では、認知症対応型居宅生活介護または介護予防認知症対応型共同生活介護として位置付けられている。

⑥複合型サービス福祉事業

介護保険法に規定する訪問介護、訪問入浴介護、訪問看護、訪問リハビリテーション、居宅療養管理指導、通所介護、通所リハビリテーショ

ン、短期入所生活介護、短期入所療養介護、定期巡回・随時対応型訪問介護看護、夜間対応型訪問介護、認知症対応型通所介護または小規模多機能方居宅介護を2種類以上組み合わせることにより提供されるサービスである。その中で、訪問看護及び小規模多機能型居宅介護の組み合わせとその他の居宅介護者について一体的に提供されることが特に効果的かつ効率的なサービスの組み合わせにより提供されるサービスとして厚生労働省令で定めるものを給付する事業をいう。介護保険法においては複合型サービスとして位置付けられている。

⑦老人日常用具給付等事業

　老人日常用具給付等事業は、在宅の要介護高齢者の生活の安定のためと、介護者の負担の軽減のため身体機能低下の防止と介護補助のための日常生活用具を給付・貸与する事業である。2000（平成12）年度より、対象品目の多くが介護保険法による「福祉用具貸与」または「居宅介護福祉用具貸与等」に移行している。そのため、火災警報器、自動消化器、電磁調理器、老人用電話（貸与）が対象品目とされている。

2　老人ホームへの入所

　高齢者福祉における老人ホームへの入所に関する事項は重要な事項である。現在わが国では地域で生活する高齢者に対する支援に重点が置かれているが、現状老人ホームへの入所による支援が主要な支援となっている。この老人ホームへの入所や施設の取り組みなどを理解することは高齢者福祉支援については重要な事項である。

　老人ホームへの入所等については、居宅で養護や介護が受けられない65歳以上の高齢者に対して、市町村は必要に応じて（環境上の理由や、経済的理由、やむを得ない事由、養護者がいないか、養護者がいてもその養護者に養護させることが不適切な場合）、「養護老人ホームへの入所」「特別養護老人ホームへの入所」「養護受託者に養護を委託すること」「措置により施設へ入所していた者及び養護受託者に養護を委託していた者の葬祭」の措置を取らなければならないとされている。先に述べているが、老人福祉法において"老人"の明確な定義はなされていない。しかし、老人福祉法における老人ホームへの入所に関しては原則65歳以上とされている。

　なお、老人福祉法に「老人福祉施設」として規定されているのは、「老人デイサービスセンター」「老人短期入所施設」「養護老人ホーム」「特別養護老人ホーム」「軽費老人ホーム」「老人福祉センター」「老人介護支援センター」の7種であり、また、上記とは別に介護や食事等のサービスを提供する施設を有料老人ホームとして届出等の義務を課している。措置による入所形態をとるのは、養護老人ホームと特別養護老人ホーム

1 少子高齢社会
2 高齢者の理解
3 高齢者の生活
4 取り巻く環境
5 施策の変遷
6 老人福祉法
7 介護保険制度
8 居宅等サービス
9 施設サービス
10 高齢者医療確保法
11 権利擁護
12 環境整備
13 雇用・介護休業
14 連携
15 相談援助

のみである。ただし、特別養護老人ホームは介護保険法による利用が原則である。

4．老人福祉法における行政の体制

1 行政の役割

老人福祉法における行政の役割は国、都道府県、市町村によって階層的に行われている。それぞれに各領域で行う事項は明確に定義されている。

老人福祉法に規定される行政の役割分担は階層的に行われている（**図6－1**）。市町村は在宅福祉サービスや施設への入所サービスを必要とする個々の老人に対するサービスについて担当している。都道府県は、その連絡調整や指導、サービス供給組織の認可や届出受理、監督、国はその上位にあって老人福祉に関する方針や枠組みの決定、研究開発の推進等を担当している。さらに、国が行う役割は法令通知として大きな指針を定めることと、地方公共団体への指導を行う。また老人福祉に関する研究開発の推進が進められている。

2 国および地方自治体の役割

国と地方公共団体の役割について、一つ一つ理解していくことで重層的な理解が可能になる。国、地方公共団体は法令通知、指導、基本指針の立案、研究開発の推進、老人福祉計画の立案、地域福祉支援計画の策定、介護保険事業支援計画の策定がある。

老人福祉法において「国及び地方公共団体」とは行政全体を示してお

図6－1 行政の役割分担（国・地方公共団体）

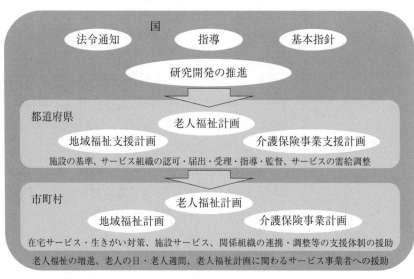

出典：石田一紀編『新・エッセンシャル老人福祉論［第3版］』みらい 2015年 p.110を一部改変

り、行政全体の役割としているのは次の 3 点である。

> ①　老人福祉増進の責務
> 　老人の福祉を増進する責務を有する（第 4 条）
> ②　老人の日・老人週間の行事
> 　老人週間において老人の団体その他の者によってその趣旨にふさわしい仕事が実施されるよう奨励しなければならない（第 5 条）
> ③　老人福祉計画達成への援助
> 　市町村老人福祉計画又は都道府県老人福祉計画を達成するために事業を行う者（具体的には在宅サービスや施設サービスを提供する事業者や施設等を指す）に対して、必要な援助を与えるように努めなければならない（第20条の 1 ）とされている。

　国の役割、都道府県の役割として老人福祉法を参照し解説していく。

❶　国の役割

　国が実施すべき事項については、次のようなものがあげられる。

①老人の日事業

　国は、国民の間に広く老人の福祉についての関心と理解を深めるとともに、老人に対し自らの生活の向上に努める意欲を促すため老人の日及び老人週間を設ける（第 5 条）こととされている。老人福祉法では、 9 月15日とし、老人週間は同日から 9 月21日までとされている。

②研究開発の推進

　国は、老人の心身の特性に応じた介護方法の研究開発並びに日常生活の便宜を図るための用具及び機能訓練のための用具であって身体上又は精神上の障害があるために日常生活を営むのに支障がある者に使用されることを目的とするものの研究開発の推進に努めなければならない（第13条の 2 ）とされている。

③施設の基準を定める

　国は、都道府県が養護老人ホーム及び特別養護老人ホームの設備及び運営について条例で基準を定めるにあたっての「従う基準」「標準とする基準」「参酌[1]する基準」を厚生労働省令で定める（第17条第 2 項）。

　「従う基準」とは、養護老人ホーム及び特別養護老人ホームに配置する職員及びその員数、居室の床面積、運営に関する事項であって、入所する老人の適切な処遇及び安全の確保並びに秘密の保持に関連するものとして厚生労働省令で定めるものである。「標準とする基準」とは、養護老人ホームの入所定員であり、「参酌する基準」はその他の事項である。

④市町村老人福祉計画策定の参酌標準

　厚生労働大臣は、市町村が市町村老人福祉計画において市町村が確保するべき老人福祉事業の量の目標を定めるにあたり、参酌するべき標準を定めるものとしている。（第20条の 5 ）

▶ 1 　参酌
他のものを参考にし、長所を取り入れること。

右側タブ：
1 少子高齢社会
2 高齢者の理解
3 高齢者の生活
4 取り巻く環境
5 施策の変遷
6 老人福祉法
7 介護保険制度
8 居宅等サービス
9 施設サービス
10 高齢者医療確保法
11 権利擁護
12 環境整備
13 雇用・介護休業
14 連携
15 相談援助

⑤老人福祉計画に関する都道府県への助言

　厚生労働大臣は、都道府県に対して都道府県老人福祉計画の作成の手法その他都道府県老人福祉計画の作成上重要な技術的事項について必要な助言をすることができる（第20条の10第2項）とされている。

⑥有料老人ホーム協会

　有料老人ホームの設置に関し、「その名称中に有料老人ホームという文字を用いる一般社団法人は、有料老人ホームの入居者の保護を図るとともに、有料老人ホームの健全な発展に資することを目的とし、かつ、有料老人ホームの設置者を社員とする旨の定款の定めのあるものに限り、設立することができる」（第30条）とされており、一般社団法人が成立した時は成立の日から2週間以内に、登記事項証明書及び定款の写しを添えて、厚生労働大臣に届け出なければならないとされている（第30条の3）。

❷　都道府県の役割

　都道府県は、国と市町村間の連絡調整をしたり、都道府県内の市町村間の調整を行う。また、施設の設置や届出などの事務を掌握し、広域的な視点から都道府県全体をまとめる役割がある。

　具体的な役割としては次の7点がある。

①都道府県内の市町村の連絡調整等

　福祉の措置の実施に関し、市町村間の連絡調整、市町村に対する情報提供、その他必要な援助を行うことが規定されている。また、老人の福祉に関して各市町村の区域を越えた広域的な見地から実情の把握に努めることが求められている（第6条の2）。

②老人居宅生活支援事業の届出受理等

　事業者から老人居宅生活支援事業の開始や変更、廃止、休止に関する届け出を受けること（第14条、14条の2、14条の3）となっている。

③施設の設置等の届出受理等

　国や都道府県以外のものは、厚生労働省令で定める事項を都道府県知事に届け出て、老人デイサービスセンター、老人短期入所施設、老人介護支援センターを設置することができるとされている。また、その他、養護老人ホーム、特別養護老人ホーム、軽費老人ホーム、老人福祉センターの設置について定められている（第15条の2、3、4、5）。

④施設の基準

　都道府県は、養護老人ホーム及び特別養護老人ホームの設備及び運営について、条例で基準を定めなければならない（第17条）となっている。この中では、各施設における職員及びその員数、居室の床面積、秘密の保持に関する事項、入所定員などが定められている。

⑤有料老人ホームの届出受理等

　有料老人ホーム（老人を入居させ、入浴、排せつ若しくは食事の介護、食事の提供又はその他の日常生活上必要な便宜であって厚生労働省令で定めるもの）の供与を行う施設を設置ししようとする者（老人福祉施設、認知症対応型老人共同生活援助事業を除く）は、あらかじめその施設を設置しようとする地の都道府県知事に施設の設置予定地や厚生労働省令で定める事項を届け出なければならないとされている（第29条）

⑥都道府県老人福祉計画

　都道府県は、市町村老人福祉計画の達成のために各市町村を通ずる広域的な見地から、老人福祉事業の供給体制の確保に関する計画（都道府県老人福祉計画）を定めるものとされている。老人福祉事業の量の目標は必須、老人福祉施設の整備及び施設間の連携のための措置、老人福祉事業従事者の確保や質の向上のための措置は努力義務とされている（第20条の9）

❸　市町村の役割

　市町村の主な役割を4点に挙げて解説する。

①福祉の措置の実施者

　市町村は65歳以上の者またはその者を現に養護する者に対する措置について、居住地がその市町村か、居住地を有しないかまたは居住地が明らかでない場合は現在地の市町村が行うこととされている（第5条の4）福祉の措置に際して、市町村は必要な実情の把握に努めること、必要な情報提供を行うことと相談に応じ必要な調査及び指導を行うこと、それに付随する業務を行うことが定められている。

　居住地とは実際に居住している地をいい、住民登録をすべきところである。住所不定など居住地の定められないときは、その時に、「存在」する場所である現在地で対応することになっている。

　福祉事務所については、市は必ず設置しなければならないが、町村は任意設置であるため、福祉事務所を設置している町村は少ない。福祉事務所を設置していない町村の場合は、これらの業務は町村が対応することになる。福祉事務所は上記の役割を担うこととされている。

②支援体制の整備等

　市町村は、65歳以上の者が現在置かれている環境に応じて自立した日常生活を営むために最も適切な支援が総合的に受けられるように地域の実情に応じたきめ細かな措置の積極的な実施が求められる。また、介護保険法に規定されるサービス（居宅サービス、地域密着型サービス、居宅介護支援、施設サービス、介護予防サービス、地域密着型介護予防サービス、介護予防支援、生活支援等）や、老人クラブ、その他福祉を増進

することを目的とする事業を行う者や民生委員の活動の連携と調整等地域の実情に応じた体制の整備が求められている（第10条の3）。

③市町村老人福祉計画

　市町村は、老人福祉事業（老人居宅生活支援事業及び老人福祉施設による事業）の供給体制の確保に関する計画（市町村老人福祉計画）を定めることとされる（第20条の8）。市町村の区域において確保すべき老人福祉事業の量は必須、その量の確保のための方策については努力義務である。この計画づくりにあたっては、介護保険法に基づく市町村介護保険事業計画と一体のものとして（第20条の8第7項）、また社会福祉法に基づく市町村地域福祉計画その他の法律の規定による計画との調和が保たれたものでなければならない（第20条の8第8項）。さらに、市町村老人福祉計画を定め、変更しようとするときは、都道府県の意見を聴かなければならないと定められている（第20条の8第9項）

❹　都道府県老人福祉計画と市町村老人福祉計画

　老人福祉法には、老人福祉計画策定の規定があり、介護保険法に規定する介護保険事業計画と一体のものとして作成されなければならないとされている。その中で市町村は、「市町村老人福祉計画」を策定することが義務付けられている。「市町村老人福祉計画」では、老人居宅生活支援事業及び老人福祉施設による事業の供給体制の確保に関する計画を策定することが定められている（老人福祉法第20条の8）。具体的には①その市町村で確保すべき老人福祉事業の量の目標、②その確保のための方策、③その他老人福祉事業の供給体制の確保に関し必要な事項である。その際、介護保険法に規定する諸サービスの量の見込みも考える必要がある。その市町村域における要援護高齢者の人数、その障害の状況などの事情を考え合わせて作成されなければならない。また、養護老人ホームや老人介護支援センターの目標量は、国が参考にすべき標準を示すことになっている。

　市町村老人福祉計画は、市町村介護保険事業計画と一体のものとして作成されなければならないと規定されている。また、社会福祉法の定める市町村地域福祉支援計画との調和も重視されている。

　また都道府県にも義務付けられており、都道府県は市町村を支援するため、広域的な見地から老人福祉事業の供給体制の確保に関する計画を定めることになっている（老人福祉法第20条の9）。具体的には、その都道府県が定める区域ごとの養護老人ホーム、特別養護老人ホームの必要入所定員総数、その他老人福祉事業の目標量などの他、老人福祉施設の整備とその相互の連携のための措置、老人福祉事業従事者の確保、資質向上のための措置などである。市町村計画と同じく、都道府県老人福

祉計画も、都道府県介護保険事業計画と一体のものとして作成されなければならない。また、社会福祉法による都道府県地域福祉支援計画と調和が保たれたものでなければならないと定められている。

５．財源と費用負担

老人福祉法に基づく措置の財源と措置によるサービスの利用者負担

老人福祉法に基づく措置の財源は全て公費によって賄われている。財源の理解には、公費の理解と介護保険法の理解が重要である。

　　介護保険の財源が公費と保険料から賄われているが、老人福祉法に基づく費用の支弁は全て公費によって賄われる。老人福祉法に規定される高齢者を対象とした措置は市町村が行い、実施の費用は市町村の支弁である。法には、国、都道府県から市町村への費用の負担、補助の規定があるが、介護保険が実施されたことにより介護保険による給付が行われるサービスは介護保険法が先行して適用される。

　　措置に関する費用について市町村の長は、養護受託者への養護委託の措置の費用を、本人またはその扶養義務者から負担能力に応じて、費用の全部又は一部を徴収する（応能負担）ことができる。

　　こちらも、老人居宅介護等事業、特別養護老人ホームへの入所等、介護保険の給付が受けられる場合は介護保険法の適用が先行し、その場合は応能負担ではなく、介護保険法に基づく利用者負担（応益負担）である。また、「やむを得ない事由」で措置によりサービスを利用した場合は、介護保険給付が行われる場合は介護保険法から、残りの費用については市町村より措置費が支給される。

　　このように、措置の財源と、措置によるサービスの利用者負担に関しては、どちらも介護保険法の適用が先行されることに注意が必要である。

考えてみましょう

○高齢者を支援するために、老人福祉法の理解は欠かせません。老人福祉法の目的やポイントをまとめてみましょう。

【引用文献】

1）石田一紀編『新エッセンシャル老人福祉論―高齢者に対する支援と介護保険制度―［第3版］』みらい　2015年

2）黒田研二・清水弥生・佐瀬美恵子編著『高齢者福祉概説［第5版］』明石書店　2016年

3）福祉臨床シリーズ編集委員会編『社会福祉士シリーズ　高齢者福祉介護福祉高齢者に対する支援と介護保険制度』弘文堂　2019年

4）全国社会福祉協議会『社会福祉学習双書』編集委員会編『社会福祉学習双書2015老人福祉論高齢者に対する支援と介護保険制度』全国社会福祉協議会　2015年

【参考文献】

村川浩一・坪山孝・黒田研二・松井奈美編『新大学社会福祉・介護福祉講座　高齢者福祉・支援論』第一法規出版　2012年

社会福祉士養成講座編集委員会『新・社会福祉士養成講座13 高齢者に対する支援と介護保険制度第6版』中央法規出版　2019年

日本ソーシャルワーク教育学校連盟編『最新社会福祉士養成講座高齢者福祉』中央法規出版　2021年

金子努・住居広士・山岡喜美子編『高齢者に対する支援と介護保険制度』久美出版　2009年

成清美治・峯本佳世子編『高齢者に対する支援と介護保険制度』学文社　2009年

成清美治・峯本佳世子編『新版高齢者福祉』学文社　2006年

大和田猛編『新社会福祉士養成課程対応　高齢者への支援と介護保険制度』みらい　2014年

大塩まゆみ・奥西栄介編『新・基礎からの社会福祉高齢者福祉』ミネルヴァ書房　2018年

少子高齢社会 1
高齢者の理解 2
高齢者の生活 3
取り巻く環境 4
施策の変遷 5
老人福祉法 6
介護保険制度 7
居宅等サービス 8
施設サービス 9
高齢者医療確保法 10
権利擁護 11
環境整備 12
雇用・介護休業 13
連携 14
相談援助 15

第7章

介護保険制度

●キーポイント

　　急速な高齢化の進展と高齢者を取り巻く状況の変化により、介護ニーズの増大と家族の介護機能の弱体化がすすみ、高齢者の介護が社会問題化してきた。従来の老人福祉や老人医療の制度では対応が困難となり、利用者本位の視点に立ち社会全体で介護を支える仕組みとして、2000（平成12）年に介護保険制度がスタートした。サービス利用は大きく伸び、制度は広く定着してきたが、一方で介護給付費の増大等が課題となってきた。介護ニーズの一層の増大が見込まれるなか、制度の「持続可能性」の確保と地域包括ケアシステムの構築に向けて、2005（平成17）年の法改正以降、逐次、改革が行われている。

　　本章では、現在の高齢者分野における中心的な制度である介護保険の全体像を理解することがねらいである。制度創設の背景、制度の概要、現状と課題等について学ぶ。

1．介護保険法の成立

1　介護保険制度創設の背景

　高齢者の介護ニーズの増大と家庭における介護機能の弱体化にともない、介護が社会問題となるなかで、従来の老人福祉制度や老人医療制度では対応が困難となった。

　　わが国では、近年、高齢化が急速に進展し、それにともなって寝たきりや認知症など介護を要する高齢者が大幅に増加してきた。さらに、寝たきりなど介護を要する状態の長期化や重度化が進み、高齢者の介護等のニーズは大幅に増大してきた。一方、介護を担ってきた家族の状況は、世帯規模の縮小化や介護者自身の高齢化、女性の社会参加の進展など、大きく変化し、家族の介護機能は弱体化してきた。介護問題は家族にとって、心身の大きな負担となってきた。

　　要介護高齢者の保健福祉施策については、1989（平成元）年以降、ゴールドプラン、新ゴールドプラン等により、計画的かつ飛躍的に整備されてきた。しかし、以前とは比べものにならないほど高齢者介護の問題が普遍化し深刻化するなかで、従来の制度の対応についてさまざまな問題点や矛盾が指摘されるようになってきた。

　　すなわち、老人福祉については行政機関である市町村がサービスの種類や提供機関を決定するという「措置制度」に基づいているため、利用者がサービスを自由に選択できないという問題があった。また、老人医療においては、「社会的入院」による医療サービスの非効率性が問題と

して指摘された。さらに、高齢者の介護について老人福祉と老人医療といった各制度が別々に対応してきたことにより、利用者負担や利用手続き等に不合理な格差が生じてきた。

このため、従来の制度を再編し、福祉サービスも保健医療サービスも同様の手続きや利用者負担で、かつ利用者の選択により総合的に利用できる利用者本位の仕組みの創設が模索されるようになった。

2　介護保険法の成立

高齢者の介護を社会全体で支える仕組みとして、介護保険法が1997（平成9）年に成立し、2000（平成12）年4月に施行された。

高齢者の介護が社会問題となるなか、1994（平成6）年には「高齢者介護・自立支援システム研究会」の報告書において、高齢者の自立支援という基本理念のもと介護に関連する既存制度を再編成し、社会保険方式を基礎とした新たな介護制度の創設が提言された。翌年、老人保健福祉審議会等での具体的な検討を経て、1997（平成9）年12月に介護保険法が成立し、2000（平成12）年4月から施行された。

介護保険制度のねらいは、①老後の最大の不安要因である介護を社会全体で支える仕組みを創設する、②社会保険方式により給付と負担の関係を明確にし、国民の理解を得られやすい仕組みを創設する、③現在の縦割りの制度を再編成し、利用者の選択により、多様な主体から保健医療サービス・福祉サービスを総合的に受けられる仕組みを創設する、④介護を医療保険から切り離し、社会的入院解消の条件整備を図るなど社会保障構造改革の第一歩となる制度を創設することであった。

2．介護保険制度の概要

1　介護保険制度の目的

要介護状態となった高齢者が尊厳を保持し、住み慣れた地域で、その人のもつ能力に応じて自立した日常生活を営めるよう必要な保健医療福祉サービスを提供する。

介護保険法の目的は、「加齢に伴って生ずる心身の変化に起因する疾病等により要介護状態となり、入浴、排せつ、食事等の介護、機能訓練並びに看護及び療養上の管理その他の医療を要する者等について、これらの者が尊厳を保持し、その有する能力に応じ自立した日常生活を営むことができるよう、必要な保健医療サービス及び福祉サービスに係る給付を行うため、国民の共同連帯の理念に基づき介護保険制度を設け、その行う保険給付等に関して必要な事項を定め、もって国民の保健医療の向上及び福祉の増進を図る」（第1条）こととされている。

図7-1　介護保険制度の仕組み

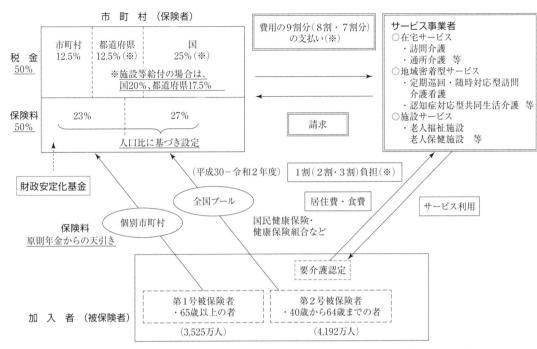

注1：第1号被保険者の数は、「介護保険事業状況報告年報」によるものであり、2018（平成30）年度末現在の数である。

注2：第2号被保険者の数は、社会保険診療報酬支払基金が介護給付費納付金額を確定するための医療保険者からの報告によるものであり、2018（平成30）年度内の月平均値である。

※：一定以上所得者については、費用の2割負担（2015（平成27）年8月施行）又は3割負担（2018（同30）年8月施行）。

出典：厚生労働省「介護保険制度の概要」2021年を一部改変
　　　https://www.mhlw.go.jp/content/000801559.pdf

2　保険者と被保険者

　保険者は、制度の運営主体であり、介護保険制度では市町村が担っている。被保険者は制度に加入する人であり、65歳以上の第1号被保険者と40歳以上65歳未満の医療保険加入者である第2号被保険者に分かれる。

　　　　　　　　介護保険の運営主体である保険者は、市町村及び特別区（以下「市町村」という）である。これは地方分権の流れをふまえ国民に最も身近な行政単位である市町村が行うのが適切であるとの考えからである。そのうえで、国、都道府県、医療保険者、年金保険者が市町村を財政面、事務面から支援する制度としている。

　　　　　　　　介護保険の対象者（加入者）となる被保険者は40歳以上の者である。被保険者は、65歳以上の第1号被保険者と40歳以上65歳未満の医療保険加入者である第2号被保険者に分けられる（表7-1）。

表7-1　被保険者の概要

	第1号被保険者	第2号被保険者
対　象　者	65歳以上の者	40歳以上65歳未満の医療保険加入者
受　給　権　者	・要介護者（寝たきり・認知症等で介護が必要な状態） ・要支援者（日常生活に支援が必要な状態）	要介護・要支援状態が、末期がん・関節リウマチ等の加齢に起因する疾病（特定疾病）による場合に限定
保 険 料 負 担	市町村が徴収	医療保険者が医療保険料とともに徴収し、納付金として一括して納付
賦課・徴収方法	・所得段階別定額保険料(低所得者の負担軽減) ・年金が年額18万円以上の方は特別徴収（年金からのお支払い） 　それ以外の方は普通徴収	・健保：標準報酬及び標準賞与×介護保険料率 　　　　（事業主負担あり） ・国保：所得割、均等割等に按分 　　　　（国庫負担あり）

出典：厚生労働省編『令和3年版厚生労働白書（資料編）』2021年　p.231

3　保険給付の手続き

　被保険者は市町村に要介護認定の申請を行う。市町村は認定に必要な訪問調査後、介護認定審査会で要支援・要介護の判定をうけて被保険者にその結果を通知する。

▶1　特定疾病
心身の病的加齢現象との医学的関係があると考えられる疾病であって総合的に勘案し、加齢に伴って生ずる心身の変化に起因し要介護状態の原因である心身の障害を生じさせると認められる疾病。

▶2
代行申請者として、居宅介護支援事業者や地域包括支援センターなども依頼により申請できる。

▶3
統計データに基づき推計された介護に要する時間を「分」で表したもので、実際のケア時間を示すものではない。

　介護保険のサービスを利用するには、第1号被保険者は要介護状態（要支援状態を含む、以下同じ）、第2号被保険者は特定疾病▶1に起因する要介護状態にあるとの認定を受ける必要がある。この認定は、全国一律の方法により保険者である市町村が行う。

　被保険者本人または家族等▶2が市町村に要介護認定の申請を行った場合、申請を受け付けた市町村は、被保険者への認定調査を行う。その内容は、概況調査・基本調査・特記事項となっている。基本調査では、歩行や入浴、食事、排せつ、着脱衣などの日常生活動作や認知症の状態等に関する74項目について聞き取りを行う。初回認定時における調査については、市町村が行うことが原則であるが、指定市町村事務受託法人に委託することもできる。

　基本調査の結果は、コンピュータに入力され「要介護認定等基準時間」▶3により、一次判定が行われる。さらに、二次判定では、一次判定結果、認定調査の特記事項、主治医の意見書をもとに、市町村に設置される介護認定審査会（保健・医療・福祉の学識経験者により構成される第三者機関）において、介護の必要度を総合的に審査・判定する。

　審査判定の結果は、要支援1～2、要介護1～5の7段階の要介護度の認定と、これに該当しない旨の認定（非該当）となる。市町村は、介護認定審査会の判定結果に基づき認定を行い、被保険者に通知する。要支援1～2となった場合は「予防給付」を、要介護1～5となった場合は、「介護給付」を利用できる。非該当と認定された場合は介護保険の給付は受けられないが、市町村が行う総合事業などの地域支援事業の

▶4
新規申請及び区分変更申請の有効期間は原則6か月（3か月まで短縮、12か月まで延長可）、更新申請の有効期間は原則12か月（3か月まで短縮、36か月まで延長可）である。ただし、令和3年4月から、更新申請において直前の要介護度と同じ要介護度になった場合の有効期間は48か月に延長可となった。

▶5
「非該当」と判定された方で、実情と一致していないと思われる場合は、再申請を行うことができる。

サービスを受けることができる（**図7−2**）。

　要介護認定には有効期間▶4があり、継続してサービスを受ける場合には認定の更新を受ける必要がある。また、状態の変化等があれば、有効期間満了前でも変更の認定審査を受けることができる。

　なお、保険者の行った要介護認定に不服がある場合、第三者機関として都道府県に設置されている介護保険審査会に審査請求を行うことができる▶5。

図7−2　サービス利用の手続き

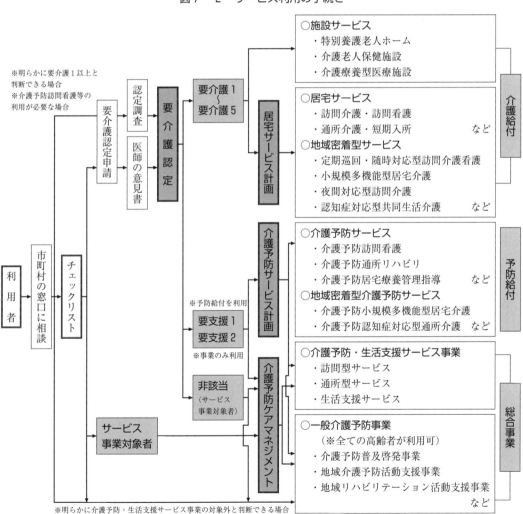

出典：厚生労働省「介護予防・日常生活支援総合事業ガイドライン（概要）」2017年

　要介護者には介護給付として、居宅サービス、施設サービス、地域密着型サービスが、要支援者には予防給付として、介護予防サービス、地域密着型介護予防サービスが給付される。この他、市町村が独自に行うことができる市町村特別給付がある。

　保険給付には、①介護給付、②予防給付、③市町村特別給付の３種類がある。

　介護給付は、要介護１～５の認定を受けた被保険者（要介護者）が利

図７－３　介護保険サービス等の種類（地域支援事業等を除く）

2021（令和3）年４月

	予防給付におけるサービス	介護給付におけるサービス
都道府県が指定・監督を行うサービス	◎介護予防サービス [訪問サービス]※1 ○介護予防訪問入浴介護 ○介護予防訪問看護 ○介護予防訪問リハビリテーション ○介護予防居宅療養管理指導 [通所サービス] ○介護予防通所リハビリテーション [短期入所サービス] ○介護予防短期入所生活介護 ○介護予防短期入所療養介護 ○介護予防特定施設入居者生活介護 ○介護予防福祉用具貸与 ○特定介護予防福祉用具販売	◎居宅サービス [訪問サービス] ○訪問介護 ○訪問入浴介護 ○訪問看護 ○訪問リハビリテーション ○居宅療養管理指導 [通所サービス] ○通所介護 ○通所リハビリテーション [短期入所サービス] ○短期入所生活介護 ○短期入所療養介護 ○特定施設入居者生活介護 ○福祉用具貸与 ○特定福祉用具販売 ◎施設サービス ○介護老人福祉施設 ○介護老人保健施設 ○介護療養型医療施設 ○介護医療院
市町村が指定・監督を行うサービス	◎介護予防支援 ◎地域密着型介護予防サービス ○介護予防小規模多機能型居宅介護 ○介護予防認知症対応型通所介護 ○介護予防認知症対応型共同生活介護（グループホーム）	◎地域密着型サービス ○定期巡回・随時対応型訪問介護看護 ○小規模多機能型居宅介護 ○夜間対応型訪問介護 ○認知症対応型通所介護 ○認知症対応型共同生活介護（グループホーム） ○地域密着型特定施設入居者生活介護 ○地域密着型介護老人福祉施設入所者生活介護 ○看護小規模多機能型居宅介護 ○地域密着型通所介護 ◎居宅介護支援
その他	○住宅改修	○住宅改修
市町村が実施する事業	◎地域支援事業 ○介護予防・日常生活支援総合事業 　(1)　介護予防・生活支援サービス事業 　　・訪問型サービス 　　・通所型サービス 　　・その他の生活支援サービス 　　・介護予防ケアマネジメント 　(2)　一般介護予防事業 　　・介護予防把握事業 　　・介護予防普及啓発事業 　　・地域介護予防活動支援事業 　　・一般介護予防事業評価事業 　　・地域リハビリテーション活動支援事業 ○包括的支援事業（地域包括支援センターの運営） 　・総合相談支援業務 　・権利擁護業務 　・包括的・継続的ケアマネジメント支援事業 　　○包括的支援事業（社会保障充実分） 　　・在宅医療・介護連携推進事業 　　・生活支援体制整備事業 　　・認知症総合支援事業 　　・地域ケア会議推進事業 ○任意事業	

出典：厚生労働統計協会編『国民の福祉と介護の動向2021／2022』厚生労働統計協会　2021年　p.156を一部抜粋

表 7 － 2　居宅サービス等の支給限度額

要介護度	支給限度額
要支援 1	5,032単位／月
要支援 2	10,531単位／月
要介護 1	16,765単位／月
要介護 2	19,765単位／月
要介護 3	27,048単位／月
要介護 4	30,983単位／月
要介護 5	36,217単位／月

＊ 1 単位：10円を基本とする（地域やサービスにより異なる）

出典：厚生労働省『令和 3 年版厚生労働白書（資料編）』2021年　p.232を一部改変

用できるサービスである。**図 7 － 3** にあるように「居宅サービス」「地域密着型サービス」「施設サービス」等からなる。このうち、居宅サービスと地域密着型サービスについては、要介護度に応じて支給限度額が設けられている（**表 7 － 2** ）。

　予防給付は、要支援 1 ～ 2 の認定を受けた被保険者（要支援者）が利用できるサービスである。「介護予防サービス」「地域密着型介護予防サービス」等からなる。予防給付も要支援度に応じて支給限度額が定められている。

　市町村特別給付は、要介護者または要支援者に対し、介護保険法で定められた介護給付や予防給付のほかに、市町村が条例により独自に定めることができる保険給付をいう。具体的には、独自のサービスの種類として、移送サービス、給食配達サービス、寝具乾燥サービスなどが行われている。また、市町村は、居宅サービス等の支給限度額に独自で上乗せすることも可能である。

5　サービスの利用

　介護支援専門員等により、利用者のニーズに応じた介護サービス計画（ケアプラン）が作成され、利用者は計画的にサービスを利用する。

　被保険者は、要介護認定・要支援認定を受ければ、保険給付を受けることが可能となるので、自らサービスを選択・決定し利用することとなる。その場合、介護保険制度では、利用者のニーズに応じた適切なサービスを計画的かつ効果的に提供していくため、介護サービス計画（ケアプラン）[6]を作成し、それに基づいて保健・医療・福祉等の各種サービスを総合的・継続的に提供するケアマネジメントの手法が取り入れられている。

　介護サービス計画の作成にあたっては、まず介護支援専門員等が利用

▶ 6
詳しくは第 8 章を参照。

者を訪問し、心身の状況や希望等を確認し、ニーズを把握する。その結果をもとに、介護サービス計画の原案を作成する▶7。利用者や家族の参画を得ながら、サービス担当者会議における検討を行い、利用者本人の同意があれば介護サービス計画を決定する。

　居宅の場合、要介護者に対する介護サービス計画を居宅サービス計画といい、居宅介護支援事業者の介護支援専門員が作成する。要支援者に対するものは介護予防サービス計画といい、地域包括支援センターの保健師等が作成する。同様に施設入所の場合は、施設の介護支援専門員が施設サービス計画を作成することになる。

6　利用者負担

　利用者は原則、介護サービスの利用にかかる費用の１割を負担する。施設サービスの居住費や食費などは、保険給付の対象とはならない。

▶8
2015（平成27）年８月より、一定以上の所得のある利用者は２割負担となっていたが、2018（同30）年８月からは、２割負担のうち特に所得の高い層は３割負担となった。

　介護保険の保険給付における利用者負担は、サービス利用にかかった費用の１割である（一定以上の所得者は２割、または３割）▶8。ただし、介護サービス計画作成などの居宅介護支援や介護予防支援の費用については、利用者負担はなく、全額が介護保険から給付される。

　また、介護保険施設および短期入所系サービスについては、居住費と食費や日常生活費、通所系サービスについては、食費の全額が利用者の自己負担となる。ただし、一定の基準を満たす低所得者（特定入所者）に対しては、介護保険施設や短期入所系サービスを利用したときの居住費と食費について、特定入所者介護サービス費（補足給付）の支給があり、負担軽減を図っている。

　なお、利用者負担が高額になる場合には、１か月負担の上限が設定され、超えた部分は申請により、高額介護サービス費または高額介護予防サービス費として、払い戻しとなる。低所得者には、さらに軽減された上限額が設定されている。

　介護保険と医療保険の自己負担金の合計額が高額となった場合には負担軽減を図る高額医療・高額介護合算療養費制度が2008（平成20）年４月に導入された。

7　介護報酬

　事業者等が利用者に介護サービスを提供した場合に、その対価として事業者等に介護報酬が支払われる。

　介護報酬とは、介護サービスの対価として介護サービス事業者（以下「事業者」）に支払われる報酬のことをいい、国が定めている。介護報酬の算定基準は１単位が10円を基本として（前出表７－２）、サービスごとに、そのサービス提供形態、時間、要支援・要介護に応じた単位が

少子高齢社会 1
高齢者の理解 2
高齢者の生活 3
取り巻く環境 4
施策の変遷 5
老人福祉法 6
介護保険制度 7
居宅等サービス 8
施設サービス 9
高齢者医療確保法 10
権利擁護 11
環境整備 12
雇用・介護休業 13
連携 14
相談援助 15

設定され、原則3年ごとに改定されている。

　事業者等は、月ごとに提供した介護サービスの単位数を計算し、その1割（または2か3割）を利用者負担として利用者本人から徴収するほか、残りの9割（または8か7割）を保険者である市町村に請求する。市町村は、介護報酬の審査および支払いに関する事務を各都道府県単位で設置されている国民健康保険団体連合会（以下、国保連）に委託することができるとされており、実際には、事業者等は、国保連に費用請求を行うこととなる。市町村から委託を受けた国保連は、事業者・施設からの請求を審査した上で、市町村に費用請求して支払いを受け、それをもって事業者等に介護報酬を支払う。

3．介護保険事業計画と財源

1　介護保険事業計画

　市町村は、各種のサービス量の見込みや財源の確保等を定めた介護保険事業計画を策定し、計画的に介護保険事業を実施する。都道府県は広域的な視点から介護保険事業支援計画を策定する。

▶9
計画の策定にあたっては、ほとんどの市町村で、関係者や事業者、市民代表、学識経験者などで構成される計画策定委員会等を組織し、審議されるプロセスを経る。また、介護保険事業計画は、医療・介護総合確保推進法に規定する「市町村計画」と整合性の確保が図られたものでなければならない。

▶10
介護保険事業支援計画は、医療・介護総合確保推進法に規定する「都道府県計画」、医療法に規定する「医療計画」と整合性の確保が図られたものでなければならない。

　介護保険事業計画は、市町村が介護保険事業にかかる保険給付を円滑に実施するために、厚生労働省の定める指針に沿って策定が義務づけられている。計画には、区域（日常生活圏域）の設定、各年度における種類ごとの介護サービス量の見込み、各年度における必要定員総数、各年度における地域支援事業の量の見込み、介護予防・重度化防止等の取組内容及び目標が定められる。

　計画期間は3年を1期とし、第1号被保険者の介護保険料も、計画期間内の事業にかかる総費用のうちの負担割合から算出される▶9。

　介護保険事業支援計画は都道府県が、3年を1期として策定する。これには、都道府県内の介護保険施設をはじめとする入所型サービスの必要入所総定員や施設における生活環境の改善を図るための事業、介護支援専門員等の資質の向上、情報公開、介護保険施設間の連携などの内容が盛り込まれる。

　なお、市町村の介護保険事業計画と都道府県の介護保険事業支援計画は、それぞれの老人福祉計画と一体のものとして作成されなければならない▶10。

2　介護保険料

　第1号被保険者は、所得に応じて市町村ごとに決められた保険料を支払う。第2号保険者は加入する医療保険の保険料と併せて徴収される。

　第1号被保険者の保険料は、所得段階別の定額保険料で、市町村ごと

に３年に１度、条例で定められる。保険料の算定は、見込まれる介護サービスの給付額等のうち、第１号被保険者の保険料により賄う額の総額を計算し、第１号被保険者１人あたりの保険料の基準額を算出する。それを基本に、被保険者の所得状況に応じて保険料が９段階に設定される。この所得区分については、市町村の判断により、所得段階をさらに細分化することや各段階の保険料率を変更することが認められている。

保険料の徴収方法は、一定額（年額18万円）以上の老齢年金、遺族年金、障害年金の受給者に対しては、年金保険者が年金から天引きをして市町村に納入する仕組み（特別徴収）がとられている。一定額（年額18万円）未満の者に対しては、市町村が直接、納入通知書を送付し保険料の納付を求め徴収（普通徴収）する。

第２号被保険者の保険料は、各医療保険者が一般の医療保険料に上乗せするかたちで一括して徴収するが、加入している医療保険によって算定方法と額が異なっている。健康保険や共済組合等への加入者の保険料は給料に応じてその額が決定され、事業主と折半される。国民健康保険の場合には国庫負担がある。加入者の所得や資産等に応じて額が決定される。各医療保険者は、第２号被保険者の１人あたりの負担額（全国平均）に、加入している第２号被保険者数をかけた額を社会保険診療報酬支払基金に納付する。支払基金は、医療保険者から集められた納付金を各市町村に定率で交付する（前出図７－１）。

3　財源構成

　財源は、サービス利用時の利用者負担を除く保険給付費について、被保険者からの保険料が50％、国、県、市町村の公費負担が50％で構成される。

財源は、制度における公的責任や他の制度との整合性、被保険者の保険料緩和の必要性などをふまえ、50％が公費負担である。その内訳は、施設等給付費の場合、国が全体の20％、都道府県が17.5％、市町村が12.5％である。居宅給付費については、国が25％、都道府県が12.5％、市町村が12.5％となっている。

なお、国費のうちの５％分は、調整交付金として市町村間の後期高齢者の加入割合や高齢者の負担能力の相違などを配慮して、市町村間の財政格差を是正するために使われる。

保険料負担の50％について、第１号被保険者と第２号被保険者の負担割合は、３年間の事業計画期間ごとに、人口比率で決められる。2018（平成[30]）から2020（令和２）年度の第７期事業計画期間では、第１号被保険者が23％、第２号被保険者が27％の割合となっている。

4．サービスの質の確保・向上等

1　介護サービス情報の公表

　介護サービス情報の公表制度は、利用者が介護サービスを適切かつ円滑に選択できるよう、介護サービス情報を都道府県が提供する仕組みである。

　　介護サービスを利用しようとしている者の事業所等の選択を支援することを目的として、都道府県がインターネット等により介護サービス情報を公表する仕組みである。

　　公表の対象となる情報について、事業者や施設は、介護サービスの提供を開始しようとするとき、および都道府県知事が毎年定める報告に関する計画で定めたときに、介護サービス情報を都道府県知事に報告しなければならない。報告する情報には、事業所の名称、所在地等といった事業に関する基本情報と、利用者の権利擁護や、サービスの質の確保の取組等といった運営情報がある。都道府県知事は、報告された情報のうち必要があると認める場合には、事業者や施設への調査を行うことができる。

2　苦情相談

　介護サービスに係る利用者およびその家族からの苦情に対し、国保連、市町村、事業者等は、迅速かつ適切に対応する。

　　介護サービス内容や事業者・施設等に関する利用者および家族からの苦情相談等については、業務の中立性・広域性等の観点から国保連が行うこととされている。国保連は、利用者等からの苦情を受け付けて事実関係の調査を行い、その結果、改善の必要がある場合には、事業者・施設に対して指導・助言を行う。

　　この他、事業者・施設は、提供したサービスに係る利用者等からの苦情に迅速かつ適切に対応するため、苦情受付窓口の設置、苦情内容の記録などが義務づけられている。介護支援専門員は、自らが居宅サービス計画に位置づけたサービス等に対する利用者等の苦情に、迅速かつ適切に対応しなければならない。また、市町村は住民に身近な窓口として、苦情に関し、事業者・施設に対する調査、指導、助言の権限が与えられている。

　　なお、国保連が行う苦情相談等の業務の対象として想定されているものは、事業者等にかかる指定基準違反に至らない程度の苦情等である。指定基準の違反等における強制権限を伴う立ち入り検査、指定の取消し等については都道府県知事または市町村長が行う。

1 少子高齢社会
2 高齢者の理解
3 高齢者の生活
4 取り巻く環境
5 施策の変遷
6 老人福祉法
7 介護保険制度
8 居宅等サービス
9 施設サービス
10 高齢者医療確保法
11 権利擁護
12 環境整備
13 雇用・介護休業
14 連携
15 相談援助

3 審査請求

市町村が行った要介護認定や保険料の設定などに不服がある場合は、都道府県に設置されている介護保険審査会に審査請求を行うことができる。

市町村が行った要介護認定・要支援認定の結果や、保険料の決定などの行政処分に不服がある者は、都道府県に設置されている介護保険審査会に対して審査請求を行うことができる。

介護保険審査会は、①被保険者を代表する委員3人、②市町村を代表する委員3人、③公益を代表する委員3人以上で構成される。審査請求は処分があったことを知った日の翌日から起算して60日以内に行わなければならず、この処分の取消しについての訴訟は、審査請求に対する裁決を経た後でなければ提起できない。

4 指定の更新制等

サービスの質の確保・向上と悪質な事業者の排除を図る観点から、事業者の指定の欠格事由の設定や、指定の更新制等が導入されている。

介護保険制度の創設以来、事業者としてさまざまな主体の参入が進む一方、不正請求などを行う事業者が増加傾向にあった。このため、不正事業者などに対する事後規制ルールを強化する観点から、事業者の指定の欠格事由の設定や、6年ごとの指定の更新制などが導入された。さらに、2008（平成20）年には法令順守等の業務管理体制整備の義務づけ、事業者の本部等に対する立ち入り検査権の創設、不正事業者による処分逃れ対策などの法改正が行われた。行政機関は法令の規定に基づいて、事業が適正に運用されるよう、事業者に対し指導・監督を行っている。

また、2005（平成17）年の法改正では、ケアマネジメントに関して、介護支援専門員（ケアマネジャー）に5年ごとの資格の更新制が設けられた他、さらに他の介護支援専門員に助言等を行う主任介護支援専門員が創設される等、サービスの質の確保・向上が意図されている[11]。

▶11
介護支援専門員、主任介護支援専門員については、第14章p.214参照。

5．介護保険制度における国・都道府県・市町村の役割

1 国の役割

国は、介護保険事業の運営が健全かつ円滑に行われるよう、基本指針の策定など、サービスの提供体制の確保や必要な施策を行う。

国は、介護保険事業の運営が健全かつ円滑に行われるよう、必要な施策を行う。国の主な責務と事務は次のとおりである。

①　制度運営に必要な各種基準等の設定に関する事務（要介護認定基

準、介護報酬の算定基準等）

②　保険給付、地域支援事業、都道府県の財政安定化基金等に対する財政負担

③　介護サービス基盤の整備に関する事務（介護保険事業に係る保険給付の円滑な実施を確保するための基本的な指針の策定等）

④　介護保険事業の健全・円滑な運営のための指導・監督・助言等に関する事務

なお、2011（平成23）年の改正により、国および地方公共団体の責務として、介護に関連する施策の包括的な推進［第5条第3項］、認知症に関する調査研究の推進等［第5条の2］が規定された。

2　都道府県の役割

都道府県は、広域的なサービス提供体制の整備に取り組み、保険者である市町村を支援する。

都道府県は、保険者である市町村の支援を行う。主な事務は次のとおりである。

①　要介護認定・要支援認定業務の支援に関する事務（指定市町村事務受託法人の指定等）

②　財政支援に関する事務（財政負担、財政安定化基金の設置・運営等）

③　サービス提供事業者に関する事務（居宅サービス・介護保険施設等の指定・指導監督等）

④　介護サービス情報の公表に関する事務

⑤　介護支援専門員に関する事務（介護支援専門員の登録・更新等）

⑥　介護サービス基盤の整備に関する事務（介護保険事業支援計画の策定等）

⑦　介護保険審査会の設置・運営等

3　市町村の役割

地域住民に最も身近な基礎的自治体である市町村は、介護保険の実施運営の主体である。

保険者としての市町村の事務は次のとおりである。

①　被保険者の資格管理に関する事務（被保険者台帳の作成等）

②　要介護認定・要支援認定に関する事務（介護認定審査会の設置等）

③　保険給付に関する事務（介護報酬の審査・支払－国保連に委託等）

④　サービス提供事業者に関する事務（地域密着型サービス事業等の指定・指導監督等）

⑤　地域支援事業及び保健福祉事業に関する事務（地域支援事業の実施等）

1 少子高齢社会
2 高齢者の理解
3 高齢者の生活
4 取り巻く環境
5 施策の変遷
6 老人福祉法
7 介護保険制度
8 居宅等サービス
9 施設サービス
10 高齢者医療確保法
11 権利擁護
12 環境整備
13 雇用・介護休業
14 連携
15 相談援助

⑥　介護保険事業計画に関する事務

⑦　保険料に関する事務（第１号被保険者の保険料率の決定等）

⑧　介護保険制度の運営に必要な条例・規則等の制定、改正等に関する事務等

6．介護保険制度の実施状況と法改正

1　介護保険制度の実施状況

介護保険制度施行から20年以上を経て、制度の浸透やサービス事業者数の増加を背景に、利用者数は約３倍を超える大きな伸びをみせている。

介護保険制度の施行後から20年間の実施状況について、要介護者数、介護サービスの利用者数、総費用等は次のとおりである。

第１号被保険者の数は、2000（平成12）年４月末で2,165万人であったが、2020（令和２）年４月末では3,558万人となっており、20年間で1.6倍に増加した。

要介護認定を受けた者は、同時期に149万人から494万人へと、3.3倍に増加している[12]。在宅サービス利用者は97万人から384万人（4.0倍）、施設サービス利用者は52万人から95万人（1.8倍）に増加している。また、2006（平成18）年から創設された地域密着型サービスの利用者は84万人となっている。

介護保険サービスにかかる総費用（利用者負担分を含む）は、2000（平成12）年度実績では3.6兆円であったが、2019（令和元）年度においては11.0兆円（予算）にまで増加している。また、各市町村が設定する第１号被保険者の保険料は、2000（平成12）年度から2002（同14）年度までの第１期の介護保険事業運営期間において全国平均、月額2,911円であったが、2021（令和３）年４月からの第８期は6,014円となっている（図7−3）。

[12]
居宅介護支援、介護予防支援、小規模多機能型サービス、複合型サービス、介護保険施設、地域密着型介護老人福祉施設、特定入所者生活介護（地域密着型含む）、及び認知症対応型共同生活介護の合計。居宅サービス利用者数、施設サービス利用者数及び地域密着型サービス利用者数を合計した、延べ利用者数は563万人。

2　介護保険制度の課題と法改正

サービス利用の大幅な伸び等、介護保険制度は定着してきたが、一方で介護費用が増大してきた。介護ニーズの増大が一層見込まれるなか、制度の持続可能性の確保や地域包括ケアシステムの構築のため、逐次、改革が行われている。

サービス利用者数は大幅に伸び、介護保険制度は定着してきたが、一方で介護費用の増大や介護人材の確保等が課題となってきた。制度の持続可能性を確保しつつ、地域包括ケアシステムの構築と深化をめざして、これまで数次にわたり、制度改正が行われてきた。

後期高齢者が増加し、認知症高齢者の割合が増えるなど、介護ニーズ

図7-4　介護費用と保険料の推移

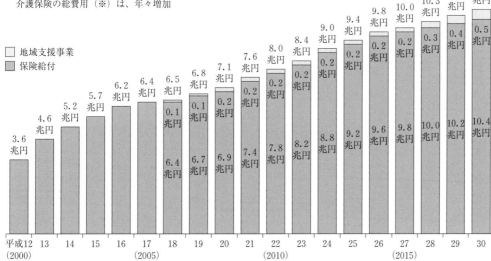

○総費用

介護保険の総費用（※）は、年々増加

凡例：
□ 地域支援事業
■ 保険給付

年度	総費用	地域支援事業	保険給付
平成12（2000）	3.6兆円		
13	4.6兆円		
14	5.2兆円		
15	5.7兆円		
16	6.2兆円		
17（2005）	6.4兆円		
18	6.5兆円	0.1兆円	6.4兆円
19	6.8兆円	0.1兆円	6.7兆円
20	7.1兆円	0.2兆円	6.9兆円
21	7.6兆円	0.2兆円	7.4兆円
22（2010）	8.0兆円	0.2兆円	7.8兆円
23	8.4兆円	0.2兆円	8.2兆円
24	9.0兆円	0.2兆円	8.8兆円
25	9.4兆円	0.2兆円	9.2兆円
26	9.8兆円	0.2兆円	9.6兆円
27（2015）	10.0兆円	0.2兆円	9.8兆円
28	10.3兆円	0.3兆円	10.0兆円
29	10.6兆円	0.4兆円	10.2兆円
30	11.0兆円	0.5兆円	10.4兆円

○65歳以上が支払う保険料〔全国平均（月額・加重平均）〕

第1期(H12〜14年度)(2000〜2002)	第2期(H15〜17年度)(2003〜2005)	第3期(H18〜20年度)(2006〜2008)	第4期(H21〜23年度)(2009〜2011)	第5期(H24〜26年度)(2012〜2014)	第6期(H27〜29年度)(2015〜2017)	第7期(H30〜R2年度)(2018〜2020)	第8期(R3〜5年度)(2021〜2023)
2,911円	3,293円(+13.1%)	4,090円(+24.2%)	4,160円(+1.7%)	4,972円(+19.5%)	5,514円(+10.9%)	5,869円(+6.4%)	6,014円(+2.5%)

注1：介護保険に係る事務コストや人件費などは含まない（地方交付税により措置されている）。
注2：地域支援事業の利用者負担は含まない。
出典：厚生労働省「介護保険制度の概要」2021年を一部改変
　　　https://www.mhlw.go.jp/content/000801559.pdf

▶13
厚生労働省は、社会構造の変化や人々の暮らしの変化を踏まえ、制度・分野ごとの『縦割り』や「支え手」「受け手」という関係を超えて、地域住民や地域の多様な主体が参画し、人と人、人と資源が世代や分野を超え繋がることで、住民一人ひとりの暮らしと生きがい、地域をともに創っていく社会を「地域共生社会」としている。

の一層の増大が見込まれるなか、2020（令和2）年6月には「地域共生社会の実現のための社会福祉法等の一部を改正する法律」が成立した▶13。このうち、介護保険法の一部改正では、①地域の特性に応じた認知症施策や介護サービス提供体制の整備等の推進、②医療・介護のデータ基盤の整備の推進、③介護人材確保及び業務効率化の取組の強化等が盛り込まれている（図7-4）。

考えてみましょう

○介護保険制度が創設されて、それまでの制度と何が変わったのか、利用者の立場から考えてみましょう。

1 少子高齢社会
2 高齢者の理解
3 高齢者の生活
4 取り巻く環境
5 施策の変遷
6 老人福祉法
7 介護保険制度
8 居宅等サービス
9 施設サービス
10 高齢者医療確保法
11 権利擁護
12 環境整備
13 雇用・介護休業
14 連携
15 相談援助

図 7 － 4　介護保険制度の主な改正の経緯

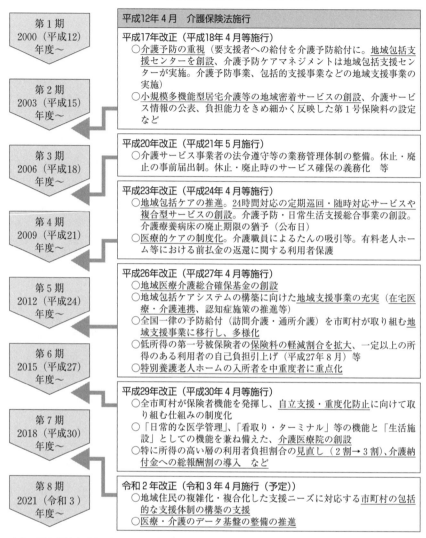

第 1 期 2000（平成12） 年度～	**平成12年 4 月　介護保険法施行**
	平成17年改正（平成18年 4 月等施行） ○介護予防の重視（要支援者への給付を介護予防給付に。地域包括支援センターを創設、介護予防ケアマネジメントは地域包括支援センターが実施。介護予防事業、包括的支援事業などの地域支援事業の実施） ○小規模多機能型居宅介護等の地域密着サービスの創設、介護サービス情報の公表、負担能力をきめ細かく反映した第 1 号保険料の設定など
第 2 期 2003（平成15） 年度～	
第 3 期 2006（平成18） 年度～	**平成20年改正（平成21年 5 月施行）** ○介護サービス事業者の法令遵守等の業務管理体制の整備。休止・廃止の事前届出制。休止・廃止時のサービス確保の義務化　等
	平成23年改正（平成24年 4 月等施行） ○地域包括ケアの推進。24時間対応の定期巡回・随時対応サービスや複合型サービスの創設。介護予防・日常生活支援総合事業の創設。介護療養病床の廃止期限の猶予（公布日） ○医療的ケアの制度化。介護職員によるたんの吸引等。有料老人ホーム等における前払金の返還に関する利用者保護
第 4 期 2009（平成21） 年度～	
第 5 期 2012（平成24） 年度～	**平成26年改正（平成27年 4 月等施行）** ○地域医療介護総合確保基金の創設 ○地域包括ケアシステムの構築に向けた地域支援事業の充実（在宅医療・介護連携、認知症施策の推進等） ○全国一律の予防給付（訪問介護・通所介護）を市町村が取り組む地域支援事業に移行し、多様化 ○低所得の第一号被保険者の保険料の軽減割合を拡大、一定以上の所得のある利用者の自己負担引上げ（平成27年 8 月）等 ○特別養護老人ホームの入所者を中重度者に重点化
第 6 期 2015（平成27） 年度～	
第 7 期 2018（平成30） 年度～	**平成29年改正（平成30年 4 月等施行）** ○全市町村が保険者機能を発揮し、自立支援・重度化防止に向けて取り組む仕組みの制度化 ○「日常的な医学管理」、「看取り・ターミナル」等の機能と「生活施設」としての機能を兼ね備えた、介護医療院の創設 ○特に所得の高い層の利用者負担割合の見直し（ 2 割→ 3 割）、介護納付金への総報酬割の導入　など
第 8 期 2021（令和 3 ） 年度～	**令和 2 年改正（令和 3 年 4 月施行（予定））** ○地域住民の複雑化・複合化した支援ニーズに対応する市町村の包括的な支援体制の構築の支援 ○医療・介護のデータ基盤の整備の推進

出典：厚生労働省「介護保険制度の概要」2021年を一部改変
　　　https://www.mhlw.go.jp/content/000801559.pdf

【参考文献】

厚生労働省編『令和 3 年版厚生労働白書』2021年

厚生労働統計協会編『国民の福祉と介護の動向2021／2022』厚生労働統計協会 2014年

1 少子高齢社会
2 高齢者の理解
3 高齢者の生活
4 取り巻く環境
5 施策の変遷
6 老人福祉法
7 介護保険制度
8 居宅等サービス
9 施設サービス
10 高齢者医療確保法
11 権利擁護
12 環境整備
13 雇用・介護休業
14 連携
15 相談援助

第8章　介護保険等サービス：居宅・予防・地域支援

●キーポイント

> 　介護保険制度と高齢者を支援する仕組みについて理解するため、本章では特に自宅で暮らす高齢者を支援することを目的としたサービスや地域支援事業を中心に学ぶ。高齢者や家族が安心して自宅での暮らしを継続するため、介護保険制度では多様な介護サービスや事業が設けられており、これらは社会福祉士として地域支援のあり方を検討する際の重要な知識である。また、介護保険制度では、高齢者やその家族が抱える複雑なニーズと多様なサービスや制度との調整を図り、効果的なサービスの提供をめざすケアマネジメントが制度の要となっている。本章では、介護保険制度におけるケアマネジメントの基本的な過程についても学んでいく。

1．居宅サービス（介護予防サービス）

1　居宅サービス（介護予防サービス）とは

　居宅サービスは要介護者（要介護1〜5）を対象とし、介護予防サービスは要支援者（要支援1・2）を対象とするサービスである。

　介護サービスは、介護職等が高齢者の自宅を訪問しサービスを提供する訪問型サービス、高齢者が施設等に通所してサービスを利用する通所型サービス、高齢者が施設に入所する入所型サービスに大別できる。介護保険制度では、訪問型サービスや通所型サービスを「居宅サービス」または「介護予防サービス」として規定している。

❶　居宅サービス

　居宅サービスは、要介護者▶1が利用できるサービスであり、介護給付として給付される。該当するものには、訪問介護、訪問入浴介護、訪問看護、訪問リハビリテーション、居宅療養管理指導、通所介護、通所リハビリテーション、短期入所生活介護、短期入所療養介護、特定施設入居者生活介護、福祉用具貸与、特定福祉用具販売がある。

❷　介護予防サービス

　2000（平成12）年4月に施行された介護保険制度は、その後の見直しにより2006（同18）年4月から要支援者▶2への給付として予防給付が新設された。また2015（同27）年の介護保険法（以下「法」）改正によって、それまで要支援者が利用していた旧介護予防訪問介護及び旧介護予防通所介護は、2017（同29）年度までに市町村が行う介護予防・日常生活支

▶1　要介護者
市町村の認定（要介護認定または要支援認定）において、要介護1〜5と認定された者。

▶2　要支援者
市町村の認定において、要支援1または2と認定された者。

▶3 介護予防・日常生
活支援総合事業
市町村が中心となり、地
域の実情に応じて住民等
の多様な主体が参画・
サービスを提供すること
で、地域の支え合い体制
づくりを推進する。詳し
くは本章p.126を参照。

援総合事業▶3へ移行した。

　介護予防サービスは、要支援者が利用できるサービスであり、予防給
付として給付される。該当するものには、介護予防訪問入浴介護、介護
予防訪問看護、介護予防訪問リハビリテーション、介護予防居宅療養管
理指導、介護予防通所リハビリテーション、介護予防短期入所生活介護、
介護予防短期入所療養介護、介護予防特定施設入居者生活介護、介護予
防福祉用具貸与、特定介護予防福祉用具販売があり、サービスの内容は
居宅サービスとほぼ同様である。

2　居宅サービス（介護予防サービス）の種類と概要

居宅サービスは12種類、介護予防サービスは10種類である。

　厚生労働省「指定居宅サービス等の事業の人員、設備及び運営に関す
る基準」（1999年）から各サービスの概要を確認する。

❶　訪問介護

　居宅要介護者等に対し、訪問介護員（ホームヘルパー）が居宅を訪問
し、入浴、排泄(せつ)、食事等の介護その他の日常生活上の世話を行う。一般
的に、ホームヘルプサービスと呼ばれる。入浴、排泄、食事等の介護を
行う身体介護、調理、洗濯、掃除等の日常生活の援助を行う生活援助、
通院等のための乗車・降車の介助を行う通院等乗降介助の３種類に区分
される。従業者は、訪問介護員の他に、訪問介護計画▶4の作成や利用申
込みの調整等を行うサービス提供責任者である。

▶4　訪問介護計画
利用者の日常生活全般の
状況及び希望を踏まえ、
訪問介護の目標や当該目
標を達成するための具体
的なサービスの内容等を
記載した介護計画。

❷　訪問入浴介護（介護予防訪問入浴介護）

　居宅要介護者等に対し、居宅を訪問し、浴槽を提供して入浴の介護を
行う。自宅の浴槽での入浴や、通所サービスでの入浴介護の利用が困難
な場合に、利用者の身体の清潔保持や心身機能の維持向上を図るもので
ある。従業者は、看護職員、介護職員である。

❸　訪問看護（介護予防訪問看護）

　居宅要介護者等に対し、居宅において看護師等が療養上の世話や必要
な診療の補助を行う。病院・診療所と訪問看護事業所（訪問看護ステー
ション）が行うものであり、医師が必要と認めた要介護者が利用するこ
とができる。従業者は、看護職員、理学療法士、作業療法士、言語聴覚
士である。

❹　訪問リハビリテーション（介護予防訪問リハビリテーション）

　居宅要介護者等に対し、居宅において心身の機能の維持回復を図り、
日常生活の自立を助けるために理学療法、作業療法その他必要なリハビ
リテーションを行う。病院・診療所、介護老人保健施設、介護医療院が
行う。従業者は、理学療法士、作業療法士、言語聴覚士である。

❺　居宅療養管理指導（介護予防居宅療養管理指導）

　居宅要介護者等に対し、病院・診療所、薬局の医師、歯科医師、薬剤師等が療養上の管理及び指導を行う。従業者は、病院・診療所の場合は医師、歯科医師、薬剤師、歯科衛生士（保健師、看護師・准看護師を含む）、管理栄養士、薬局の場合は薬剤師、訪問看護ステーションの場合は看護職員である。

❻　通所介護

　居宅要介護者等に対し、老人デイサービスセンターや特別養護老人ホーム等に通わせ、入浴、排泄、食事等の介護その他の日常生活上の世話や機能訓練を行う。一般的に、デイサービスと呼ばれる。利用者が可能な限り自宅で自立した日常生活を営むことができるよう生活機能の維持または向上をめざし、必要な日常生活上の世話や機能訓練を行うことにより、利用者の社会的孤立感の解消と心身機能の維持、また利用者の家族の身体的・精神的負担の軽減を図るものである。従業者は、生活相談員、看護職員、介護職員、機能訓練指導員である。

❼　通所リハビリテーション（介護予防通所リハビリテーション）

　居宅要介護者等に対し、介護老人保健施設、介護医療院、病院・診療所等において、心身機能の維持回復を図り日常生活の自立を助けるために理学療法、作業療法等の必要なリハビリテーションを行う。一般的にデイケアと呼ばれる。医師が必要と認めた要介護者が利用することができる。従業者は、医師、理学療法士、作業療法士、言語聴覚士、看護職員である。

❽　短期入所生活介護（介護予防短期入所生活介護）

　居宅要介護者等に対し、特別養護老人ホーム等に短期間入所させ、入浴、排泄、食事等の介護その他の日常生活上の世話や機能訓練を行う。利用者の心身機能の維持や、家族の身体的・精神的負担の軽減を図るものである。一般的に、ショートステイと呼ばれる。特別養護老人ホーム、養護老人ホーム、病院・診療所、介護老人保健施設等がサービスを提供することができる。従業者は、医師、生活相談員、介護職員、看護職員、栄養士、機能訓練指導員、調理員等である。

❾　短期入所療養介護（介護予防短期入所療養介護）

　居宅要介護者等に対し、介護老人保健施設、介護医療院等に短期間入所させ、看護、医学的管理の下における介護及び機能訓練や日常生活上の世話を行う。療養生活の質の向上及び利用者の家族の身体的・精神的負担の軽減を図るものである。短期入所療養介護を行うことができる施設は、介護老人保健施設、療養病床を有する病院・診療所、介護医療院である。従業者は原則として、それぞれの施設として満たすべき基準に

1 少子高齢社会
2 高齢者の理解
3 高齢者の生活
4 取り巻く環境
5 施策の変遷
6 老人福祉法
7 介護保険制度
8 居宅等サービス
9 施設サービス
10 高齢者医療確保法
11 権利擁護
12 環境整備
13 雇用・介護休業
14 連携
15 相談援助

よる。

❿ 特定施設入居者生活介護（介護予防特定施設入居者生活介護）

　特定施設に入居している要介護者等に対し、当該施設が提供するサービスの内容等を定めた特定施設サービス計画に基づき入浴、排泄、食事等の介護その他の日常生活上の世話、機能訓練や療養上の世話を行う。特定施設の対象となる施設は、有料老人ホーム、軽費老人ホーム（ケアハウス）、養護老人ホーム、有料老人ホームに該当するサービス付き高齢者向け住宅である。従業者は、生活相談員、看護職員、介護職員、機能訓練指導員、計画作成担当者（介護支援専門員）である。

⓫ 福祉用具貸与（介護予防福祉用具貸与）

　居宅要介護者等に対し、心身の機能が低下し日常生活を営むのに支障がある要介護者等の日常生活上の便宜を図り、機能訓練や自立を助けるため福祉用具の貸与を行う。福祉用具の選定の援助、取付け、調整等を行い、福祉用具を貸与することにより、利用者の日常生活上の便宜を図り、その機能訓練に資するとともに、利用者を介護する者の負担の軽減を図る。福祉用具貸与の対象となる種目は、**表8－1**の通りである。従業者は、福祉用具専門相談員である。

⓬ 特定福祉用具販売（特定介護予防福祉用具販売）

　居宅要介護者等に対し、心身の機能が低下し日常生活を営むのに支障がある要介護者等の日常生活上の便宜を図り、機能訓練や自立を助けるため福祉用具のうち入浴または排泄に供する特定福祉用具（貸与にはなじまないもの）の販売を行う。福祉用具の選定の援助、取付け、調整等を行い、福祉用具を貸与することにより、利用者の日常生活上の便宜を図り、その機能訓練に資するとともに、利用者を介護する者の負担の軽減を図る。福祉用具貸与の対象となる種目は、**表8－1**の通りである。従業者は、福祉用具専門相談員である。

2．地域密着型（介護予防）サービス

1 地域密着型（介護予防）サービスとは

　地域密着型サービス及び地域密着型介護予防サービスは、高齢者が身近な市町村で利用できるサービスである。

　　　　地域密着型サービスは、認知症高齢者や高齢者世帯の増加が予測される中で、高齢者が長年住み慣れた地域での生活が維持できるよう、住民が身近な市町村で利用できることが適当な新たなサービス類型として2005（平成17）年の法改正によって新設され、2006（同18）年4月より施行された。高齢者が要介護状態になっても、尊厳を保持しながらでき

表8-1　介護保険制度の貸与及び販売の対象となる福祉用具

	種目
貸与	車いす（自走用標準型車いす、普通型電動車いす、介助用標準型車いす）
	車いす付属品（クッションまたはパッド、電動補助装置、テーブル、ブレーキ）
	特殊寝台（サイドレールが取り付け可能なもの）
	特殊寝台付属品（マットレス、サイドレールなど特殊寝台と一体的に使用されるもの）
	床ずれ防止用具(送風装置または空気圧調整装置を備えた空気マット、水等によって減圧による体圧分散効果をもつ全身用のマット)
	体位変換器（空気パッド等を身体の下に挿入することにより居宅要介護者等の体位を容易に変換できる機能を有するもの）
	手すり（取付けに際し工事を伴わないもの）
	スロープ（段差解消のためのものであって取付けに際し工事を伴わないもの）
	歩行器（車輪を有するものは体の前及び左右を囲む把手等を有するもの、四脚を有するものは上肢で保持して移動させることが可能なもの）
	歩行補助つえ（松葉づえ、カナディアン・クラッチ、ロフストランド・クラッチ、プラットホームクラッチ、多点杖）
	認知症老人徘徊感知機器（認知症である高齢者が屋外へ出ようとした時などセンサーで感知し家族・隣人等へ通報するもの）
	移動用リフト（つり具の部分を除く）
	自動排泄処理装置
販売	腰掛便座（和式便器の上に置いて腰掛式に変換するもの、洋式便器の上に置いて高さを補うもの、電動式またはスプリング式で便座から立ち上がる際に補助できる機能を有しているもの、便座・バケツ等からなり移動可能である便器）
	自動排泄処理装置の交換可能部品
	入浴補助用具（入浴用椅子、浴槽用手すり、浴槽内椅子、入浴台、浴室内すのこ、浴槽内すのこ、入浴用介助ベルト）
	簡易浴槽（空気式または折りたたみ式等で容易に移動できるものであって取水または排水のために工事を伴わないもの）
	移動用リフトのつり具の部分

資料：厚生労働省「厚生労働大臣が定める福祉用具貸与及び介護予防福祉用具貸与に係る福祉用具の種目」「厚生労働大臣が定める特定福祉用具販売に係る特定福祉用具の種目及び厚生労働大臣が定める特定介護予防福祉用具販売に係る特定介護予防福祉用具の種目」より作成

る限り住み慣れた地域での生活を継続できるようにするという観点から、地域の特性に応じて多様で柔軟なサービス提供ができるサービス体系である。

❶　地域密着型サービス

　要介護者が利用できるサービスであり、定期巡回・随時対応型訪問介護看護、夜間対応型訪問介護、地域密着型通所介護、認知症対応型通所介護、小規模多機能型居宅介護、認知症対応型共同生活介護、地域密着型特定施設入居者生活介護、地域密着型介護老人福祉施設入所者生活介護、複合型サービスがある。

❷ 地域密着型介護予防サービス

　要支援者が利用できるサービスであり、介護予防認知症対応型通所介護、介護予防小規模多機能型居宅介護及び介護予防認知症対応型共同生活介護がある。

2　地域密着型（介護予防）サービスの種類と概要

地域密着型サービスは9種類、地域密着型介護予防サービスは3種類である。

　厚生労働省「指定地域密着型サービスの事業の人員、設備及び運営に関する基準」（2006年）から各サービスの概要を確認する。

❶　定期巡回・随時対応型訪問介護看護

　介護・看護サービスを包括的・継続的に提供するものであり、次のいずれかに該当するものである。

①訪問看護を一体的に行う場合

　定期的な巡回訪問や随時通報を受け、居宅要介護者の居宅において、介護福祉士等が入浴、排泄、食事等の介護その他の日常生活上の世話を行い、看護師等が療養上の世話または必要な診療の補助を行う。

②他の訪問看護事業者と連携し訪問看護を行う場合

　定期的な巡回訪問や随時通報を受け、訪問看護を行う事業所と連携しつつ、居宅要介護者の居宅において介護福祉士等が入浴、排泄、食事等の介護その他の日常生活上の世話を行う。

　従業者は、随時対応サービスとして利用者や家族等からの通報に対応するオペレーター▶5、定期巡回サービスを行う訪問介護員等、随時訪問サービスを行う訪問介護員等、訪問看護サービスを行う職員（看護職員、理学療法士、作業療法士または言語聴覚士）である。

❷　夜間対応型訪問介護

　夜間の定期的な巡回訪問や随時通報を受け、居宅要介護者の居宅において介護福祉士等が入浴、排泄、食事等の介護その他の日常生活上の世話を行う。定期的に居宅を巡回する定期巡回サービスと、訪問の要否等を判断するオペレーションサービスセンターからの随時連絡に対応し訪問する随時訪問サービスがある。従業者は、オペレーター▶6、定期巡回サービスを行う訪問介護員等、随時訪問サービスを行う訪問介護員等である。

❸　地域密着型通所介護

　特別養護老人ホームや老人デイサービスセンター等において入浴、排泄、食事等の介護その他の日常生活上の世話や機能訓練を行う。利用定員が19名未満の小規模なものに限られ、利用者の社会的孤立感の解消や心身機能の維持、家族の身体的・精神的負担の軽減を図るものである。

▶5　オペレーター
利用者や家族等からの通報に対応する看護師や介護福祉士等。

▶6
随時訪問サービスにおいて、オペレーションセンターを設置する場合。

従業者は生活相談員、看護職員、介護職員、機能訓練指導員である。

❹　**認知症対応型通所介護（介護予防認知症対応型通所介護）**

特別養護老人ホームや老人デイサービスセンター等において、認知症がある要介護者等に入浴、排泄、食事等の介護その他の日常生活上の世話や機能訓練を行う。認知症高齢者専用のデイサービスであり、利用者の社会的孤立感の解消や心身機能の維持、家族の身体的・精神的負担の軽減を図るものである。従業者は、生活相談員、看護職員、機能訓練指導員である。

❺　**小規模多機能型居宅介護（介護予防小規模多機能型居宅介護）**

居宅要介護者等の心身の状況や置かれている環境等に応じて、その選択に基づき、居宅への訪問、施設等への通い、または短期間の宿泊を組み合わせて、入浴、排泄、食事等の介護その他の日常生活上の世話や機能訓練を行う。家庭的な環境と地域住民との交流の下で、その能力に応じ自立した日常生活を営めるようにする。従業者は、通いサービスの提供を行う者、訪問サービスを行う者、夜間・深夜の勤務を行う者、宿直勤務を行う者、看護職員、介護支援専門員である。

❻　**認知症対応型共同生活介護（介護予防認知症対応型共同生活介護）**

認知症の要介護者等に対し、共同生活住居において、入浴、排泄、食事等の介護その他の日常生活上の世話及び機能訓練を行う。一般的に認知症高齢者グループホームと呼ばれ、家庭的な環境と地域住民との交流の下で、その能力に応じ自立した日常生活を営めるようにする。従業者は、介護従業者、計画作成担当者（介護支援専門員）である。

❼　**地域密着型特定施設入居者生活介護**

入居定員が29名以下の地域密着型特定施設に入居している要介護者を対象に、当該施設が提供するサービスの内容等を定めたサービス計画に基づき入浴、排泄、食事等の介護その他の日常生活上の世話、機能訓練や療養上の世話を行う。従業者は、生活相談員、看護職員または介護職員、機能訓練指導員、計画作成担当者である。

❽　**地域密着型介護老人福祉施設入所者生活介護**

入所定員が29名以下の特別養護老人ホームに入所する要介護者を対象に、当該施設が提供するサービスの内容等を定めた地域密着型施設サービス計画について、入浴、排泄、食事等の介護その他の日常生活上の世話、機能訓練、健康管理及び療養上の世話を行う。一般的に地域密着型特養と呼ばれ、可能な限り居宅における生活への復帰を念頭に置いて入所者がその有する能力に応じ自立した日常生活を営むことができることをめざす。従業者は、医師、生活相談員、介護職員、看護職員、栄養士、機能訓練指導員、介護支援専門員である。

1 少子高齢社会
2 高齢者の理解
3 高齢者の生活
4 取り巻く環境
5 施策の変遷
6 老人福祉法
7 介護保険制度
8 居宅等サービス
9 施設サービス
10 高齢者医療確保法
11 権利擁護
12 環境整備
13 雇用・介護休業
14 連携
15 相談援助

❾ 複合型サービス（看護小規模多機能型居宅介護）

　居宅要介護者について、訪問介護、訪問入浴介護、訪問看護、訪問リハビリテーション、居宅療養管理指導、通所介護、通所リハビリテーション、短期入所生活介護、短期入所療養介護、定期巡回・随時対応型訪問介護看護、夜間対応型訪問介護、地域密着型通所介護、認知症対応型通所介護、小規模多機能型居宅介護を、2種類以上組み合わせることにより提供されるサービスのうち、訪問看護及び小規模多機能型居宅介護の組合せなど一体的に提供されることが特に効果的・効率的なサービスの組合せにより提供されるサービスである。従業者は、通いサービスの提供を行う者、訪問サービスを行う者、夜間・深夜の勤務を行う者、宿直勤務を行う者、保健師、看護職員、介護支援専門員である。

3.住宅改修（介護予防住宅改修）

1　住宅改修（介護予防住宅改修）とは

住宅改修は介護保険の給付の対象となる。

　市町村が必要と認める場合に限り、要介護者等が手すりの取り付け等の住宅改修を行ったときは、市町村は要介護者等に対し居宅介護住宅改修費（または介護予防住宅改修費）を支給する。改修費の9割（一定以上の所得がある者の場合は8割または7割）が給付されるものである。支給限度額基準額は要介護度に関わらず定額（20万円）であり、原則として一人あたり1回限り利用できる[7]。

▶7
要介護度が著しく高くなった場合や転居した場合は、再度支給が可能。

2　住宅改修（介護予防住宅改修）の種類と概要

6種類の住宅改修がある。

　対象となる住宅改修の種類は、以下の通りである。

・手すりの取付け
・段差の解消
・滑りの防止及び移動の円滑化等のための床や通路面の材料の変更
・引き戸等への扉の取替え
・洋式便器等への便器の取替え
・上記の改修に付帯して必要な住宅改修

4．介護保険制度におけるケアマネジメント

1　ケアマネジメントとは

ケアマネジメントは、利用者の個別的なニーズと社会資源を結びつけ、利用者の自立生活や生活の質の向上等をめざす一連の活動であり、地域生活支援の方法である。

❶　ケアマネジメントとは

日本におけるケアマネジメントの普及に努めた白澤政和は、ケアマネジメントを「対象者の社会生活上での複数のニーズを充足させるため、適切な社会資源と結びつける手続きの総体」と定義している[1]。高齢者が地域の中で自らが望む日常生活を維持するとき、様々な生活課題（ニーズ）が生じる。ケアマネジメントは、利用者の複合的なニーズに対し、フォーマル／インフォーマルな社会資源を活用・調整することで課題解決を図り、利用者の生活を支援するものであり、その実践を中心的に担う者がケアマネジャーである。介護保険制度において、ケアマネジメントは制度の要であり、その実践を担う介護支援専門員は重要な専門職として位置づけられている。

❷　ケアマネジメントの目的[2]

①要介護者の生活全体の支援

ケアマネジャーは、介護等のケア部分だけを限定するのではなく、利用者の生活全体を支援することが求められる。利用者の身体機能だけでなく、心理的・社会的側面についても目を向け、生活者として捉え支援することが重要となる。

②要介護者の自立とQOLの向上の支援

利用者を生活者として捉えることと同様に、利用者の自立は単にADL[▶8]の改善をめざすことではない。利用者の生活の質（QOL）の向上のために、利用者の自己決定を支援することが重要であり、ケアマネジメントに携わる者には利用者本位や尊厳保持の視点が求められる。

③要介護者のコミュニティ・ケアの支援

ケアマネジメントでは利用者が地域社会の中で自立し、安心して生活できるよう支援していく必要がある。ケアマネジャーは地域の実態を把握し、地域の中にあるフォーマル／インフォーマルな社会資源を活用・開発・調整しながら、利用者の生活を支援することが重要となる。

❸　ケアマネジメントの過程

ケアマネジメントには基本的な流れがあり、おおむね図8－1のようになる。②アセスメントから⑥モニタリングの過程は繰り返し行われる。以下、ケアマネジメントの流れについて、介護保険制度における居宅サー

▶8　ADL
移動・排泄・食事・更衣・洗面・入浴などの日常生活動作（Activities of Daily Living）を指す。

少子高齢社会 1
高齢者の理解 2
高齢者の生活 3
取り巻く環境 4
施策の変遷 5
老人福祉法 6
介護保険制度 7
居宅等サービス 8
施設サービス 9
高齢者医療確保法 10
権利擁護 11
環境整備 12
雇用・介護休業 13
連携 14
相談援助 15

▶9
厚生労働省「指定居宅介護支援等の事業の人員及び運営に関する基準について」1999年。

ビスのケアマネジメント▶9と照合しながら確認する。

①インテーク

ケアマネジメントの入口であり、利用者との初回の面接の場を指す。インテークの段階においてケアマネジャーは、利用者との信頼関係づくりと、利用者の問題状況の大まかな把握についての視点を持つことが重要である。またインテークは、面接だけでなく事業所へ利用者本人や家族からの電話の場合が多い。相談や問い合わせの内容が、ケアマネジメントに展開するものか、電話での対応で済むものなのか等、援助の必要性を判断し、ケースの選別を行うスクリーニングも行うこととなる。インテーク面接のなかで、次の段階であるアセスメントの情報収集を行うこともあるが、利用者や家族の心理面に十分配慮することが求められる。

介護保険制度において、介護支援専門員（ケアマネジャー）が要介護者と最初に接触する場合、ケアマネジメントを開始することの了解をとり、ケアマネジメントの目的や流れを説明し、要介護者からの了解を得ると同時に、要介護状態区分によるサービス利用限度額等についても説明する。また、要介護認定をまだ行っていないケースでは申請の手続きを行うことや、介護保険施設への入所等を希望する場合は必要な相談を行ったうえで施設を紹介することもある。

②アセスメント

アセスメントは、サービス提供を行う前に利用者の置かれている問題状況を把握し評価する事前評価を意味するが、実践内容としては情報収集と課題分析を指す。援助者は、多くの情報を整理・確認し分析を行うために、アセスメントツールを使用する▶10。いずれも把握する情報について、健康状態、ADL、社会参加、介護状況等のいくつかの領域ごとに課題を抽出していくものである。

アセスメントでは、生活歴を含む利用者の生活全般を視野に入れ、アセスメントの項目間の関連をみることで、ニーズを明らかにしていく姿勢が重要である。

▶10
様々なものがあるが、例として次のようなアセスメントツールがある。
全国社会福祉協議会「居宅サービス計画ガイドラインVer.2」(https://www.shakyo.or.jp/news/kako/materials/20171215_kyotaku.html)

③ケアプランの作成

ケアマネジャーは、アセスメントによって明らかになった課題（ニーズ）の解決を図るため、具体的な計画を作成する。利用者の心身状況、

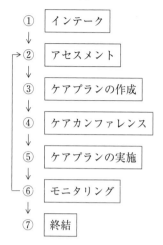

図8−1　ケアマネジメントの流れ

① インテーク
↓
② アセスメント
↓
③ ケアプランの作成
↓
④ ケアカンファレンス
↓
⑤ ケアプランの実施
↓
⑥ モニタリング
↓
⑦ 終結

生活環境、希望などを勘案し、利用するサービスの種類や内容、担当者等を定めるものがケアプランである。代表的なケアプランの様式は、介護保険制度におけるものである。

　介護保険制度における介護サービス計画（ケアプラン）には、居宅介護サービス計画と施設介護サービス計画があり、厚生労働省が設けている標準様式[11]がある。介護サービス計画は、利用者の生活を総合的かつ効果的に支援するための計画であり、利用者が地域の中で尊厳ある自立した生活を続けるための利用者本人の計画であることを踏まえ、わかりやすく記載することが求められる。本章では、居宅サービス計画の「第1表」から「第3表」について書式と記載のポイントを示す。

▶11
厚生労働省「介護サービス計画書の様式及び課題分析標準項目の提示について」1999年。

第1表　居宅サービス計画書（1）（表8-2参照）

・「利用者及び家族の生活に対する意向を踏まえた課題分析の結果」

　利用者と家族がどのような内容の介護サービスをどの程度の頻度で利用しながら、どのような生活をしたいと考えているのか意向を踏まえた課題分析の結果を記載する。その際、課題分析の結果として、自立支援に資するために解決しなければならない課題が把握できているか確認する。そのために、利用者の主訴や相談内容等を踏まえた利用者がもっている力や生活環境等の評価を含め利用者が抱える問題点を明らかにしていくことが求められる。

利用者と家族の生活に対する意向が異なる場合は、各々の主訴を区別して記載する。

・「総合的な援助の方針」

　課題分析で抽出された「生活全般の解決すべき課題（ニーズ）」（第2表）に対応して、居宅サービス計画を作成する介護支援専門員をはじめ各種のサービス担当者が、どのようなチームケアを行おうとするのか、利用者及び家族を含むケアチームが確認、検討の上、総合的な援助の方針を記載する。あらかじめ発生する可能性が高い緊急事態が想定されている場合には、対応機関や連絡先、あらかじめケアチームにおいて、どのような場合を緊急事態と考えているかや、緊急時を想定した対応の方法等について記載することが望ましい。

---

1 少子高齢社会
2 高齢者の理解
3 高齢者の生活
4 取り巻く環境
5 施策の変遷
6 老人福祉法
7 介護保険制度
8 居宅等サービス
9 施設サービス
10 高齢者医療確保法
11 権利擁護
12 環境整備
13 雇用・介護休業
14 連携
15 相談援助

表8－2　居宅サービス計画書（1）

居宅サービス計画書（1）

作成年月日　令和3年9月1日

初回・紹介・継続　　　認定済・申請中

利用者名　山田太郎（仮名）　殿　　　生年月日　S8年○月×日　　住所　○○区△△町××番地

居宅サービス計画作成者氏名　田中次郎（仮名）

居宅介護支援事業者・事業所名及び所在地　△△町福祉センター

居宅サービス計画作成（変更）日　R3年　9月　1日　　初回居宅サービス計画作成日　R2年　3月　31日

認定日　R3年　9月　1日　　認定の有効期間　R3年　9月　1日　～　R4年　8月　31日

要介護状態区分　□要介護1・□要介護2・■要介護3・□要介護4・□要介護5

利用者及び家族の生活に対する意向	・住み慣れた家で生活したい。（本人） ・介護を続けられる限り、家で介護したい。（三男）
介護認定審査会の意見及びサービスの種類の指定	
統合的な援助の方針	・介護を続けられる限り在宅で介護したいという家族の意向により、本人の病状の安定や移動能力の維持を図るとともに、生活環境を整備して安全な生活を確保し、生活の安定を図る。 ・介護者は余裕をもった生活を確保し、ストレスを軽減するとともに、健康維持を図る。 ・なお、今回のプランでは導入しなかったが、失禁が増えたとき等の対応には、訪問時間を短くして回数を増やした訪問介護を導入しての支援が必要と思われる。今後必要に応じて検討する。 ・緊急時の連絡先　三男（○○）Tel090-○○○○-○○○○、医療機関X病院、○○○訪問看護Zステーション
生活援助中心の算定理由	1.一人暮らし　　2.家族等が障害、疾病等　　3.その他（　　　）

居宅サービス計画について説明を受け、内容に同意しました。令和3年9月○日　利用者氏名　山田太郎　㊞

> **第2表　居宅サービス計画書（2）（表8-3参照）**
>
> ・「生活全般の解決すべき課題（ニーズ）」
>
> 　利用者の自立を阻害する要因等であり個々の解決すべき課題（ニーズ）についてその相互関係をも含めて明らかにし、それを解決するための要点がどこにあるかを分析し、その波及する効果を予測し、原則として優先度合いが高いものから順に記載する。具体的には、利用者のニーズの中で、解決していかなければならない課題の優先順位を見立て、そこから目標を立て、利用者自身の力で取り組めること、家族や地域の協力でできること、ケアチームが支援すること、についてできるようになること等を整理し、具体的な方法や手段をわかりやすく記載する。
>
> 　「目標」に対する「援助内容」では、いつまでに、誰が、何を行い、どのようになるのかという目標達成に向けた取り組みの内容やサービスの種別・頻度や期間を設定する。
>
> ・「目標（長期目標・短期目標）」
>
> 　「長期目標」は、基本的には個々の解決すべき課題に対応して設定するものである。ただし、解決すべき課題が短期的に解決される場合やいくつかの課題が解決されて初めて達成可能な場合には、複数の長期目標が設定されることもある。「短期目標」は、解決すべき課題及び長期目標に段階的に対応し、解決に結びつけるものである。
>
> 　目標は、抽象的な言葉ではなく誰にもわかりやすい具体的な内容で記載し、かつ実際に解決が可能と見込まれるものでなくてはならない。
>
> ・「サービス内容」
>
> 　「短期目標」の達成に必要であり最適なサービスの内容とその方針を明らかにし、適切・簡潔に記載する。このとき、家族等による援助や必要に応じて保険給付対象外サービスも明記する。

> **第3表　週間サービス計画表（表8-4参照）**
>
> 　第2表の「援助内容」で記載したサービスを保険給付内外を問わず記載する。その際「援助内容」の頻度と合っているか留意する。
>
> ・「主な日常生活上の活動」
>
> 　利用者の起床や就寝、食事、排泄などの平均的な一日の過ごし方について記載する。例えば、食事については、朝食・昼食・夕食を記載し、その他の例として、入浴、清拭、洗面、口腔清掃、整容、更衣、水分補給、体位変換、家族の来訪や支援など、家族の支援や利用者のセルフケアなどを含む生活全体の流れが見えるように記載する。
>
> ・「週単位以外のサービス」
>
> 　各月に利用する短期入所等、福祉用具、住宅改修、医療機関等への受診状況や通院状況、その他の外出や「多様な主体により提供される利用者の日常生活全般を支援するサービス」などを記載する。

④ケアカンファレンス

　ケアプランの原案は、ケアマネジャーが利用者や家族の意向を踏まえ立案していくが、より効果的なものとするためには他の専門職の意見も反映させることが必要となる。ケアプランは多くの専門職によって実施（サービス提供）されていくため、ケアプランに位置づけられた社会資源のサービス担当者に原案を提示し意見を求め、必要があれば修正する作業が必要となる。そのため、ケアマネジャーはそれぞれのサービス担

利用者名　山田太郎（仮名）殿　　　　　居宅サービス計画書（2）　　　　　作成年月日　令和3年9月1日

生活全般の解決すべき課題（ニーズ）	長期目標	（期間）	短期目標	（期間）	サービス内容	※1	サービス種別	※2	頻度	期間
1 健康状態を安定させたい。	病状の安定	3.9.1〜3.2.28	ア 介護者の病状への理解	3.9.1〜3.11.30	病状説明 状態観察と指導	○	居宅療養管理指導（医師）	X病院	月1回	3.9.1〜3.11.30
					検査、診察		医療保険	X病院	月1回	
			イ 状態変化の把握と対応		専門医への受診 主治医との連携	○	医療保険、専門診断	医療センター	月1回	
					全身状態の観察 家族指導（浮腫の程度含む）	○○	訪問看護、訪問看護・通所介護（看護）上記に同じ	Zステーション、Zステーション	週1回、週1回	
					生活状態の観察（食事量 水分量 記録）排泄・尿量等確認 水分補給 褥瘡の悪化予防	○○○○	短期入所生活介護、通所介護、訪問看護、訪問介護 三男	Aデイサービス、S施設、Aデイサービス、Zステーション、ヘルパー事業所	週3回、随時、週3回、週1回、週10回、日曜日	
					足浴	○○	訪問看護、訪問介護	Zステーション、ヘルパー事業所	週1回、週10回	
			ウ 定期的な受診	同上	通院介助	○○	訪問介護	ヘルパー事業所	月1回	
2 服薬を忘れないようにしたい。	病状の安定	同上	ア 指示どおりの服薬	同上	服薬指導	○	居宅療養管理指導（薬剤師）	Y薬局	月2回	
					服薬確認	○○	通所介護、訪問介護 三男	Aデイサービス、ヘルパー事業所	週3回、週10回、日曜日	
3 身の回りのことを手伝ってほしい。	生活の安定	同上	ア 生活動作の維持	同上	食事摂取誘導・介助 排泄への誘導・介助 着替え誘導・介助 洗面・整容の誘導・介助	○○○	短期入所生活介護、通所介護、訪問介護 三男	S施設、Aデイサービス、ヘルパー事業所	随時、週3回、週10回、日曜日	

※1 「保険給付対象か否かの区分」について、保険給付対象サービスについては○印を付ける。

※2 「当該サービス提供を行う事業所」について記入する。

表8−4　週間サービス計画表

週間サービス計画表

利用者名　山田太郎（仮名）殿　　　　　　　作成年月日　令和3年9月1日
令和3年9月分より

時間帯	時刻	月	火	水	木	金	土	日	主な日常生活上の活動
深夜	4:00								
早朝	6:00								起床、朝食
午前	8:00	訪問介護	訪問介護	訪問介護	訪問介護	訪問介護			
午前	10:00	通所介護		通所介護		通所介護	訪問看護		
午前	12:00								昼食
午後	14:00		訪問介護		訪問介護			三男による介護	
午後	16:00								
午後	18:00	訪問介護	訪問介護	訪問介護	訪問介護	訪問介護			夕食
夜間	20:00								
夜間	22:00								就寝
深夜	24:00								
深夜	2:00								
深夜	4:00								

週単位以外のサービス　訪問介護（通院介助）　1／月　短期入所生活介護　1／月
居宅療養管理指導（医師）　1／月　居宅療養管理指導（薬剤師）　2／月

1 少子高齢社会
2 高齢者の理解
3 高齢者の生活
4 取り巻く環境
5 施策の変遷
6 老人福祉法
7 介護保険制度
8 居宅等サービス
9 施設サービス
10 高齢者医療確保法
11 権利擁護
12 環境整備
13 雇用・介護休業
14 連携
15 相談援助

当者を招集し、ケアカンファレンスを開催する。参加するメンバーは、ケアマネジャー、利用者、家族、主治医、ケアプランに位置づけられたサービス担当者等であり、必要に応じ行政担当者や民生委員、インフォーマルサービス担当者等の参加を求める。カンファレンスを開催する時期は、ケアプランの原案ができたとき、ケアプラン実施後にサービス内容に大幅な修正が必要となったとき、利用者や家族の状況が変化したとき、ケアプランの定期的な見直しを行うとき等である。

　介護保険制度では、介護支援専門員がサービス事業者を招集するケアカンファレンスを「サービス担当者会議」と呼ぶ。介護支援専門員は、効果的で実現可能な居宅サービス計画とするため、各サービスが共通の目標を達成するために具体的なサービス内容として何ができるか等について、居宅サービス計画原案に位置づけた居宅サービス等の担当者からなるサービス担当者会議を開催し、利用者の状況等に関する情報を共有するとともに、専門的な見地からの意見を求め調整を図る。

⑤ケアプランの実施

　ケアカンファレンスを経たケアプランは、利用者の同意を得て確定される。各担当者へ配布されたケアプランに基づき、各サービス事業者は自らのサービス提供のための計画を立案する。サービス事業所が立案する計画は、一般的には個別支援計画や個別援助計画と呼ばれ、ケアプランと同様に利用者へ提示し同意を得て、サービスの提供が始まる。

　介護保険制度では、介護支援専門員は作成した居宅サービス計画を遅滞なく利用者と担当者へ交付する。介護支援専門員が担当者と継続的に連携し、意識の共有を図ることが重要である。居宅サービス計画と各サービス事業者が立案する個別サービス計画の連動性や整合性の確認については、居宅サービス計画の交付時だけでなく、必要に応じ行うことが望ましい。

⑥モニタリング

　サービス提供や援助が開始された後も、利用者の状態や生活状況は変化する。また設定された短期目標ごとに、達成度の確認（評価）を行う必要がある。ケアマネジャーは、当初のケアプランでよいのかモニタリング（評価）を行っていく。基本的なモニタリングの内容としては、利用者の身体状況や意向の変化、家庭内の変化、サービス状況の確認や専門職の意見、目標が達成可能であるか等である。モニタリングの結果、ケアプランの修正が必要となった場合は、②アセスメントに戻り同様の内容を行うこととなる（再アセスメント）。

　介護保険制度では、介護支援専門員はモニタリングに当たっては、利用者や家族、主治医、居宅サービス事業者等との連携を継続的に行う。

利用者の解決すべき課題の変化が認められる場合は、必要に応じ居宅サービス計画の変更、居宅サービス事業者等との連絡調整等を行っていく。介護支援専門員は、特段の事情がない限り、少なくとも1か月に1回は利用者の居宅で面接を行い、かつ、少なくとも1か月に1回はモニタリングの結果を記録することが必要とされている。

⑦終結

　ケアマネジメントが終了する段階を終結と呼ぶ。ケアマネジャーが担当する利用者のケアマネジメントを終了させる場面とは、①利用者が回復し支援を受けなくとも自立生活が可能となったとき、②対象者が転居等によって担当区域から異動したとき、③施設等へ入所したとき、④他界したときが考えられる。

　介護保険制度においては、利用者が居宅において日常生活を営むことが困難となり利用者が介護保険施設への入所等を希望する場合には、介護支援専門員は主治医の意見を参考に、介護保険施設への紹介等を行うこととされている。

2　居宅介護支援（介護予防支援）

居宅要介護者のケアマネジメントは居宅介護支援、居宅要支援者のケアマネジメントは介護予防支援として実施される。

　介護保険制度におけるケアマネジメントは、要介護者に対する居宅介護支援、要支援者に対する介護予防支援[3]として実施している。

❶　居宅介護支援

　居宅要介護者が居宅サービス等を適切に利用できるよう、心身の状況、置かれている環境、居宅要介護者やその家族の希望等を勘案し、居宅サービス等の種類や内容、担当者等を定める「居宅サービス計画」を作成し、サービス事業者等との連絡調整その他の便宜の提供を行う。居宅介護支援を行うために必要な従業者は、介護支援専門員である。

❷　介護予防支援

　居宅要支援者が介護予防サービス等を適切に利用できるよう、心身の状況、置かれている環境、居宅要支援者やその家族の希望等を勘案し、介護予防サービス等の種類や内容、担当者等を定めた「介護予防サービス計画」を作成し、介護予防サービス事業者等との連絡調整その他便宜の提供を行う。介護予防支援は、地域包括支援センターが指定介護予防支援事業者としての指定を受けて行う[12]。介護予防支援を行うために必要な従業者は、担当職員（保健師、介護支援専門員、社会福祉士、経験のある看護師、高齢者保健福祉に関する相談業務等に3年以上従事した社会福祉主事）である。

▶12
居宅介護支援の一部を居宅介護支援事業者へ委託することも可能である
（法第115条の23第3項）

5．地域支援事業

1　地域支援事業とは

地域支援事業とは、高齢者が地域で自立した日常生活を営むことができるよう支援するため、地域における包括的な相談・支援体制の構築等を一体的に推進する市町村が行う事業である。

地域支援事業の目的と事業構成等[4]の概要を確認する。

❶　地域支援事業の目的

地域支援事業は、被保険者が要介護・要支援状態となることを予防し、社会に参加しつつ、地域で自立した日常生活を営むことができるよう支援することを目的に、市町村が実施する事業である。地域における包括的な相談及び支援体制、多様な主体の参画による日常生活の支援体制、在宅医療と介護の連携体制及び認知症高齢者への支援体制の構築等を一体的に推進する。高齢者のニーズや生活実態に基づいて総合的な判断を行い、高齢者が自立した日常生活を営むことができるために、継続的かつ総合的なサービスが提供されるよう実施することとされている。

❷　事業構成

①介護予防・日常生活支援総合事業（以下「総合事業」）

(1)　介護予防・生活支援サービス事業

　要支援者等に対して、要介護状態等となることの予防や悪化の防止及び地域における自立した日常生活の支援を実施することにより、一人ひとりの生きがいや自己実現のための取り組みを支援することを目的とする。また、要支援者等の多様な生活支援のニーズに対して、旧介護予防訪問介護等により提供されていた専門的なサービスに加え住民等の多様な主体が参画することにより、要支援者等に対する効果的かつ効率的な支援等を可能とし、地域の支え合いの体制づくりを推進する。サービス事業者、ボランティア、地縁組織、NPO法人、民生委員、シルバー人材センター等、地域における多様な主体を積極的に活用し、公民館、自治会館、保健センター等、地域の多様な社会資源を積極的に活用しながら実施する。事業の対象者は、要支援者と、基本チェックリストによって事業対象者と判断された者である。

(2)　一般介護予防事業

　市町村の独自財源で行う事業や地域の互助、民間サービスとの役割分担を踏まえつつ、高齢者を年齢や心身の状況等によって分け隔てることなく、住民運営の通いの場を充実させ、人と人とのつながりを通じて、参加者や通いの場が継続的に拡大していくような地域づくりを推進する。また、地域においてリハビリテーション専門職等を活かし

表 8 − 5　介護予防・生活支援サービス事業

事業	内容
訪問型サービス	要支援者等に対し、掃除、洗濯等の日常生活上の支援を提供する （例）・調理、掃除等やその一部介助 　　　・ごみの分別やごみ出し 　　　・重い物の買い物代行や同行
通所型サービス	要支援者等に対し、機能訓練や集いの場など日常生活上の支援を提供する （例）・ミニデイサービス 　　　・運動、レクリエーション活動
その他の生活支援サービス	要支援者等に対し、栄養改善を目的するとした配食や一人暮らし高齢者等への見守りを提供する
介護予防ケアマネジメント	要支援者等に対し、総合事業によるサービス等が適切に提供できるようケアマネジメントを行う

資料：「介護予防・日常生活支援総合事業のガイドライン」2015年、「地域支援事業の実施について」2016年より筆者作成

表 8 − 6　一般介護予防事業

事業	種目
介護予防把握事業	地域の実情に応じて収集した情報等の活用により、閉じこもり等支援を要する者を把握し、介護予防活動へつなげる
介護予防普及啓発事業	介護予防活動の普及・啓発を行う
地域介護予防活動支援事業	地域における住民主体の介護予防活動の育成・支援を行う
一般介護予防事業評価事業	介護保険事業計画に定める目標値の達成状況等の検証を行い一般介護予防事業の事業評価を行う
地域リハビリテーション活動支援事業	地域における介護予防の取組を機能強化するために通所、訪問、地域ケア会議、サービス担当者会議、住民運営の通いの場等へのリハビリテーション専門職等の関与を促進する

資料：「介護予防・日常生活支援総合事業のガイドライン」2015年より筆者作成

た自立支援に資する取り組みを推進する。事業の対象者は、第 1 号被保険者のすべての者及びその支援のための活動にかかわる者である。

②包括的支援事業（地域包括支援センターの運営）

(1)　第 1 号介護予防支援事業

　第 1 号介護予防支援事業（居宅要支援者に係るものを除く）は、介護予防ケアマネジメントとして実施する[13]。

(2)　総合相談支援業務

　地域包括支援センターは、支援を必要とする高齢者を見出し、保健・医療・福祉サービスをはじめとする適切な支援へつなぎ、継続的な見守りを行い、さらなる問題の発生を防止するため、介護サービス事業

▶13
第 1 号介護予防支援事業（居宅要支援に係るものを除く）の一部について、居宅介護支援事業者に委託できる。

右側タブ：
少子高齢社会 1
高齢者の理解 2
高齢者の生活 3
取り巻く環境 4
施策の変遷 5
老人福祉法 6
介護保険制度 7
居宅等サービス 8
施設サービス 9
高齢者医療確保法 10
権利擁護 11
環境整備 12
雇用・介護休業 13
連携 14
相談援助 15

者、医療機関、民生委員、ボランティア等、地域における様々な関係者のネットワークの構築を図る。

(3) 権利擁護業務

　地域の住民、民生委員、介護支援専門員等の支援だけでは十分に問題が解決できない、適切なサービス等につながる方法が見つからない等の困難な状況等について、専門的・継続的な視点から、高齢者の権利擁護のため必要な支援を行う。日常生活自立支援事業、成年後見制度等の権利擁護を目的とするサービスや制度を活用する等、ニーズに即した適切なサービスや機関につなぎ高齢者の生活の維持を図る。

(4) 包括的・継続的ケアマネジメント支援業務

　①介護支援専門員と関係機関の間の連携を支援する包括的・継続的なケア体制の構築、②地域における介護支援専門員相互の情報交換等を行う場の設定等のネットワークの活用、③地域の介護支援専門員に対する個別の相談窓口の設置など日常的個別指導・相談、④地域の介護支援専門員が抱える支援困難事例について関係機関等との連携の下で具体的な支援方針を検討するなど支援困難事例等への指導・助言、により包括的かつ継続的に高齢者を支援する体制づくりや、個々の介護支援専門員に対する支援等を行う。

③包括的支援事業（社会保障充実分）

(1) 在宅医療・介護連携推進事業

　地域の医療・介護関係者等が参画する会議を開催し連携の現状の把握と課題解決策等の検討、切れ目のない在宅医療と在宅介護の提供体制の構築推進のための取組の企画・立案、等により医療機関と介護事業所等の関係者の連携を推進する。

(2) 生活支援体制整備事業

　高齢者の生活支援・介護予防サービスの体制整備を推進していくため、「生活支援コーディネーター（地域支え合い推進員）」を市町村区域（第1層）及び中学校区等の日常生活圏域（第2層）に配置する。地域住民に身近な存在である市町村が中心となって、生活支援サービスを担う事業主体と連携しながら、多様な日常生活上の支援体制の充実・強化と、高齢者の社会参加の推進を一体的に図っていく。

(3) 認知症総合支援事業

　認知症の人やその家族に早期に関わる「認知症初期集中支援チーム」を配置し、早期診断・早期対応に向けた支援体制を構築する。

(4) 地域ケア会議推進事業

　包括的・継続的ケアマネジメント支援業務の効果的な実施のために、介護支援専門員、保健医療及び福祉に関する専門的知識を有する者、

その他の関係者等により構成される「地域ケア会議」を実施する。

④任意事業

　地域の高齢者が、住み慣れた地域で安心してその人らしい生活を継続していくことができるようにするため、介護保険事業の運営の安定化を図るとともに、被保険者及び要介護被保険者を現に介護する者等に対し、地域の実情に応じた必要な支援を行うことを目的とする。以下の事業が対象となる。

　(1)　介護給付等費用適正化事業

　　介護（予防）給付について真に必要な介護サービス以外の不要なサービスが提供されていないかの検証や、介護給付等に要する費用の適正化のための事業を実施する。

　(2)　家族介護支援事業

　　介護方法の指導や介護者の支援のために、介護教室の開催や認知症高齢者見守り事業等を実施する。

　(3)　その他の事業

　　成年後見制度利用支援事業、福祉用具・住宅改修支援事業、認知症対応型共同生活介護事業所の家賃等助成事業、認知症サポーター等養成事業、重度のALS患者の入院におけるコミュニケーション支援事業、地域自立生活支援事業を実施する。

2　地域包括支援センター

　地域包括支援センターは、地域住民の保健医療の向上と福祉の推進を包括的に支援する、地域の中核的機関である。

　地域包括支援センターの設置基準と概要[5) 6)]を確認する。

❶　設置目的

　地域包括支援センターは、地域住民の心身の健康の保持及び生活の安定のために必要な援助を行うことにより、地域住民の保健医療の向上及び福祉の推進を包括的に支援することを目的として、包括的支援事業等を地域において一体的に実施する役割を担う中核的機関として設置される。

❷　設置主体

　地域包括支援センターは、市町村が設置できる。また、包括的支援事業の実施の委託を受けた者も当該事業を実施するために設置することができる。包括的支援事業の委託を受けることができる者は、老人介護支援センター（在宅介護支援センター）の設置者、市町村、医療法人、社会福祉法人、包括的支援事業を実施することを目的として設置された公益法人又はNPO法人その他市町村が適当と認めるものである。

1 少子高齢社会
2 高齢者の理解
3 高齢者の生活
4 取り巻く環境
5 施策の変遷
6 老人福祉法
7 介護保険制度
8 居宅等サービス
9 施設サービス
10 高齢者医療確保法
11 権利擁護
12 環境整備
13 雇用・介護休業
14 連携
15 相談援助

運営に当たっては、市町村が直接実施する「直営型センター」の場合と、運営を委託する「委託型センター」の場合のいずれにおいても公平・中立な立場から市町村施策との一体性を保ちながら運営していくことが求められる。特に、委託型センターについては、多様な運営主体が委託先となり得ることから、センター業務（第1号介護予防支援事業、総合相談支援業務、権利擁護業務及び包括的・継続的ケアマネジメント支援業務）を委託する場合は、市町村がセンターの運営方針を示すこととされている。

❸　職員の配置と連携

包括的支援事業を適切に実施するため、原則として、保健師、社会福祉士、主任介護支援専門員が配置される。またセンターの行う業務に従事する職員として、1つのセンターが担当する区域における第1号被保険者の数がおおむね3,000人以上6,000人未満ごとに置くべき員数は、保健師、社会福祉士及び主任介護支援専門員（これらに準ずる者を含む）それぞれ各1人とされている。

職員は、センターにおける各業務を適切に実施するため、組織マネジメントを通じて、保健師・社会福祉士・主任介護支援専門員の三職種をはじめとする職員全員が、地域の課題に対する共通認識を持ち、目的を共有化し、連携及び協力して業務を実施しなければならない。

❹　業務内容

地域包括支援センターでは次の事業や業務を行う。

① 包括的支援事業
　・第1号介護予防支援事業
　・総合相談支援業務
　・権利擁護業務
　・包括的・継続的ケアマネジメント支援業務
② 多職種協働による地域包括支援ネットワークの構築
③ 地域ケア会議の実施
④ 指定介護予防支援

❺　地域包括支援センター運営協議会

地域包括支援センターの、公正・中立な運営を確保するため、市町村ごとに原則として一つの運営協議会が設置される。運営協議会は、センターの業務遂行状況を評価し、次年度の事業に反映させる等、PDCAサイクルを確立させるために、センターに年度ごとに事業計画を立てさせ評価する。

少子高齢社会 1

高齢者の理解 2

高齢者の生活 3

取り巻く環境 4

施策の変遷 5

老人福祉法 6

介護保険制度 7

居宅等サービス 8

施設サービス 9

高齢者医療確保法 10

権利擁護 11

環境整備 12

雇用・介護休業 13

連携 14

相談援助 15

3　地域ケア会議

地域ケア会議は、個別ケースの検討の積み重ねを通じて、地域で高齢者を支えるネットワークを強化し、高齢者の自立支援に関わる地域課題を地域づくりや政策形成につなげる手法の一つである。

地域ケア会議の目的と概要[7]を確認する。

❶　地域ケア会議の目的

市町村は、包括的・継続的ケアマネジメント業務の効果的な実施のために、介護支援専門員、保健医療及び福祉に関する専門的知識を有する者、民生委員その他の関係者等により構成される地域ケア会議の設置に努めなければならない。個別ケースを検討する地域ケア会議（地域ケア個別会議）は、地域包括支援センター等が主催し、医療、介護等の専門職をはじめ、民生委員、自治会長、NPO法人、社会福祉法人、ボランティア等地域の多様な関係者が協働し、介護支援専門員のケアマネジメント支援を通じて、介護等が必要な高齢者の住み慣れた住まいでの生活を地域全体で支援していくことを目的とするものである。また、市町村は、個別ケースの検討により共有された地域課題を地域づくりや政策形成に着実に結びつけていくことで、市町村が取り組む地域包括ケアシステムの構築に向けた施策の推進にもつながることから、市町村と地域包括支援センターが緊密に連携し、かつ役割分担を行いながら、取り組みを推進していくことが求められる。

❷　地域ケア会議の機能

①個別ケースの支援内容の検討によるもの

（1）　個別課題解決機能

多職種が協働して個別ケースの支援内容を検討することにより、高齢者の課題解決を支援するとともに、介護支援専門員の自立支援に資するケアマネジメントの実践力を高める。

（2）　ネットワーク構築機能

高齢者の実態把握や課題解決を図るため、地域の関係機関等の相互の連携を高める地域包括支援ネットワークを構築する。

（3）　地域課題発見機能

個別ケースの課題分析等を積み重ねることにより、地域に共通した課題を浮き彫りにする。

②地域の実情に応じて必要と認められるもの

（1）　地域づくり・資源開発機能

インフォーマルサービスや地域の見守りネットワークなど、地域で必要な資源を開発する。

（2）　政策形成機能

地域に必要な取り組みを明らかにし、政策を立案・提言する。

❸　地域ケア会議の構成員

　会議の目的に応じ、行政職員、センター職員、介護支援専門員、介護サービス事業者、保健医療関係者、民生委員、住民組織等の中から、必要に応じて出席者を調整する。

　また、介護支援専門員の資質向上に資するよう、市町村内の全ての介護支援専門員が年に１回は地域ケア会議での支援が受けられるようにする等、その効果的な実施に努めることとされている。

考えてみましょう

　身近にいる高齢者やその家族の生活状況を想像し、もしあなたがケアマネジャーだったらどのようなケアプランを作成するか考えてみましょう。介護保険サービスの他に、どのような社会資源を活用または開発できるでしょうか？

【引用文献】
1）白澤政和『ケースマネジメントの理論と実践』中央法規出版　1992年　p.11
2）社会福祉法人全国社会福祉協議会『居宅サービス計画ガイドライン Ver.1 エンパワメントを引き出すケアプラン』2013年　pp.22－23
3）厚生労働省「指定居宅介護支援等の事業の人員及び運営に関する基準について」1999年
4）厚生労働省「地域支援事業の実施について」2006年
5）厚生労働省「地域包括支援センターの設置運営について」2006年
6）厚生労働省「指定介護予防支援等の事業の人員及び運営並びに指定介護予防支援事業に係る介護予防のための効果的な支援の方法に関する基準」2006年
7）厚生労働省「『地域ケア会議』に関するQ＆Aの送付について」2013年

【参考文献】
独立行政法人福祉医療機構ウェブサイト「これまでの介護保険制度の改正の経緯と平成27年度介護保険法改正の概要について」
　https://www.wam.go.jp/content/wamnet/pcpub/top/appContents/kaigo-seido-0904.html
石田一紀編『新エッセンシャル 老人福祉論［第３版］高齢者に対する支援と介護保険制度』みらい　2015年
介護サービス実務研究会編『Q＆A介護サービス事業運営の手引』新日本法規出版　2000年
厚生労働省『平成18年版厚生労働白書』2006年
能本守康『改訂　初めて学ぶケアマネジメントテキスト』中央法規出版　2009年
社団法人日本社会福祉士会『三訂　ケアマネジメント実践記録様式Q＆A』中央法規出版　2011年

第9章

介護保険等サービス： 施設サービス

●キーポイント

> 第8章では居宅サービスについて紹介しているが、高齢者の中には居宅での生活が維持できない者も少なくない。そのような高齢者は、自宅ではなく施設に移り、生活をすることとなる。施設には、老人福祉法を根拠とする施設と介護保険施設とがある。本章では、老人福祉法における施設をいくつか紹介し、介護保険施設である介護老人福祉施設、介護老人保健施設、介護医療院について紹介する。さらに、それぞれの施設でのソーシャルワーカーに求められることについても解読する。

1. 施設サービス概要

1　施設サービスを利用するという選択

　高齢になり介護が必要になったとしても、居宅サービスなどを利用して在宅で生活がしたいと思う者も多いだろう。しかし、高齢者は単独世帯、夫婦のみ世帯が増加しており、施設サービスを選択するケースもある。

　みなさんは、どのような老後生活を送りたいと考えるだろうか。筆者は、妻と田舎に住んで、年金をもらいながら畑を耕すなどの生活をして、自身の研究等についてYoutube等動画サイトで配信するなど、普段からやりたいと思っているようなことで、仕事をしながらだとちょっと難しい、というようなことを老後にはぜひやっていきたいと考えている。同じように多くの方が、自由にやりたいことをやって過ごしたいと考えているのではないだろうか。

　高齢になり介護が必要になったとしても、本人の「自由」を守るために第8章に挙げた居宅サービスなどが用意されている。これらのサービスを受けながら生活をすることができれば、住み慣れた地域の住み慣れた家で過ごすことができ、寝起きする時間、食事の時間やメニュー、日中の活動内容なども、自由に本人が決めていくことができる。

　しかし、自宅での生活が難しくなるケースもある。厚生労働省の発表[1]によれば、65歳以上の者のいる世帯のうち、単独世帯は2019（平成27）年に28.8%、夫婦のみの世帯は32.3%となっており、これらの割合は年々増加している。独居で要介護状態となれば、在宅での生活が難しくなることは想像に難くない。また、夫婦のみの世帯であっても、要介護者・介護者双方の健康状態等によっては、在宅での生活が難しくなる可能性

がある。『令和3年版高齢社会白書』[2]によれば、同居している主な介護者が1日のうち介護に要している時間が「ほとんど終日」と回答した割合は、要介護4では45.8%、要介護5では56.7%であり、介護者への負担が非常に大きいことが伺える。これは、主な介護者が配偶者ではない場合であっても同様であり、介護者・要介護者それぞれの健康状態や家族関係の悪化、環境上の問題等、様々な要因により、在宅での生活を断念し、本人と家族、お互いのために、施設サービスを利用するという選択をするケースもあるだろう。

2　老人福祉法・高齢者住まい法における施設

> 高齢者向けの入所施設は、大きく分類すると老人福祉法を根拠とした施設と、介護保険法を根拠とした施設に分けられる。老人福祉法における施設として、養護老人ホーム、軽費老人ホーム、有料老人ホーム、高齢者住まい法における施設としてサービス付き高齢者向け住宅等がある。

　わが国に、高齢者向けの入所施設は数多くの種類がある。大別すると、老人福祉法を根拠とした施設と、介護保険法を根拠とした施設に分けられる。

　老人福祉法及び高齢者の居住の安定確保に関する法律（以下「高齢者住まい法」）に定められている高齢者向けの入所施設の一覧を**表9－1**に、介護保険法に定められている高齢者向けの入所施設の一覧を**表9－2**に示す。この他にも、認知症対応型共同生活介護（グループホーム）、地域密着型特定施設入居者生活介護、地域密着型介護老人福祉施設入所者生活介護等のサービスがある（第8章参照）。

❶　養護老人ホームと特別養護老人ホーム

　養護老人ホームは、環境的、経済的に困窮した高齢者が社会復帰をめざすための施設であり、特別養護老人ホームは常時の介護を必要とする高齢者のための施設である。特別養護老人ホームについては、常時の介護を必要とすることが「特別」として名前がつけられたと考えられるが、2020（令和2）年4月現在、養護老人ホームは全国で950件あるのに対し、特別養護老人ホームは全国に9,988件あり、特別養護老人ホームの方が聞き馴染みがあるケースが多いだろう。養護老人ホームの入所手続きは、自治体の調査・判定による措置入所となるが、特別養護老人ホームは次節で挙げるように、措置・契約の双方がある。

❷　軽費老人ホーム

　軽費老人ホームは、高齢等のため自立した生活に不安があり、家族による援助を受けることが困難な60歳以上の者が低額な料金で入所できる施設である。軽費老人ホームはA型、B型、C型とあり、A型は給食や日常生活に必要な便宜が提供されるが、B型では食事は自炊が原則とな

表9−1　老人福祉法及び高齢者住まい法に定められている入所施設

	養護老人ホーム	特別養護老人ホーム	軽費老人ホーム	有料老人ホーム	サービス付き高齢者向け住宅
根拠法	老人福祉法第20条の4	老人福祉法第20条の5	老人福祉法第20条の6	老人福祉法第29条	高齢者住まい法第5条
基本的性格	環境的、経済的に困窮した高齢者が社会復帰をめざす施設	要介護高齢者のための生活施設	低所得高齢者のための住居	高齢者のための住居	高齢者のための住居
定義	入居者を養護し、その者が自立した生活を営み、社会的活動に参加するために必要な指導及び訓練その他の援助を行うことを目的とする施設	入所者を養護することを目的とした施設	無料又は低額な料金で、食事の提供その他日常生活上必要な便宜を供与することを目的とする施設	入浴、排せつもしくは食事の介護、食事の提供、その他の日常生活上必要な便宜を行う施設	状況把握サービス、生活相談サービス等の福祉サービスを提供する住宅
主な設置主体	地方公共団体社会福祉法人	地方公共団体社会福祉法人	地方公共団体社会福祉法人知事許可を受けた法人（営利法人を含む）	限定なし（営利法人中心）	限定なし（営利法人中心）
対象者	65歳以上の者であって、環境上及び経済的理由により居宅において養護を受けることが困難な者	65歳以上の者であって、身体上又は精神上著しい障害があるために常時の介護を必要とし、かつ、居宅においてこれを受けることが困難な者	身体機能の低下等により自立した生活を営むことについて不安であると認められる者であって、家族による援助を受けることが困難な60歳以上の者	老人＊老人福祉法上、老人に関する定義がないため、解釈は社会通念による	
1人当たり面積	10.65㎡以上	10.65㎡以上	21.6㎡以上（単身）31.9㎡以上（夫婦等）	13㎡（参考値）	25㎡以上

出典：厚生労働省「第45回社会保障審議会介護保険部会資料」2013年を一部改変

表9−2　介護保険法に定められている入所施設の概要

	介護老人福祉施設	介護老人保健施設	介護医療院
根拠条文	第8条第27項	第8条第28項	第8条第29項
基本的性格	要介護高齢者のための生活施設	心身の機能の維持回復を図り、家庭への復帰をめざす施設	長期的な医療と介護の両方を必要とする高齢者のための施設
定義	入所者を養護することを目的とした施設	看護、医学的管理の下における介護及び機能訓練その他必要な医療並びに日常生活上の世話を行うことを目的とする施設	療養上の管理、看護、医学的管理の下における介護及び機能訓練その他必要な医療並びに日常生活上の世話を行うことを目的とする施設
主な設置主体	地方公共団体社会福祉法人	地方公共団体医療法人	地方公共団体医療法人
対象者	65歳以上の者であって、身体上又は精神上著しい障害があるために常時の介護を必要とし、かつ、居宅においてこれを受けることが困難な者	要介護者であって、主としてその心身の機能の維持回復を図り、居宅における生活を営むことができるようにするための支援が必要である者	要介護者であって、主として長期にわたり療養が必要である者
1人当たり面積	10.65㎡以上	8㎡以上	6.4㎡以上

出典：厚生労働省「第45回社会保障審議会介護保険部会資料」2013年を一部改変

る。C型はケアハウスと呼ばれ、車いすでの生活ができるなどバリアフリー住宅としての機能がある。2008（平成20）年以降、A型及びB型については現存する施設のみに適用され、新規の施設はケアハウスの基準で統一することになった。2020（令和2）年4月現在、ケアハウスは全国に2,116件ある。軽費老人ホームは、介護保険法上は住んでいる家と同じ「居宅」となるため、介護サービスを受けるときは介護保険サービスを利用する。また、一定基準を満たし、都道府県知事から指定を受けた施設は、介護保険の給付対象となる居宅サービスを提供できる。入所手続きは、入所希望者と施設との契約による。

❸　有料老人ホーム

　有料老人ホームは、老人を入居させ、①食事の提供、②介護（入浴、排せつ、食事）の提供、③洗濯・掃除等の家事の供与、④健康管理のいずれかのサービス（複数でも可）を提供している施設を指す。設置主体は問わないとされており、民間企業が大半となっている。

　一定の基準を満たした上で、都道府県知事の指定を受ければ、「特定施設入居者生活介護」もしくは「介護予防特定施設入居者介護」として、介護保険の給付対象に位置づけられ、これらの有料老人ホームは介護付き有料老人ホームと呼ばれる。この指定を受けず、介護サービスは外部の事業者から受ける形の有料老人ホームは住宅型有料老人ホームという。住宅型有料老人ホームは、居宅での介護サービスと同様に、居宅介護支援事業所を通して介護サービスを受けるが、居宅介護支援事業所を併設している住宅型有料老人ホームも多い。また、自立度の高い高齢者を対象とした健康型有料老人ホームもある。

　2020（令和2）年4月現在、全国に介護付きは4,149件、住宅型は1万268件、健康型は19件ある。入所手続きは、入所希望者と施設との契約による。

❹　サービス付き高齢者向け住宅

　サービス付き高齢者向け住宅（以下「サ高住」）は、2011（平成23）年より、高齢者住まい法の改正に伴い開始された。一定の居室の面積・設備やバリアフリー構造などハード面の条件を備え、ケアの専門家による安否確認や生活相談サービスを提供する賃貸等の住まいである。住宅の登録は、都道府県が行い、事業者へ指導・監督を行う。ハード面の条件としては、各居室の床面積が原則25㎡以上、また台所、水洗便所、収納設備、洗面設備、浴室を備え、バリアフリー構造であることが求められる。また、安否確認と生活相談サービスが必須とされ、ケアの専門家（社会福祉士等）が少なくとも日中建物に常駐する。

　2020（令和2）年4月現在、サ高住は全国に7,548件ある。サ高住には、

少子高齢社会 1

高齢者の理解 2

高齢者の生活 3

取り巻く環境 4

施策の変遷 5

老人福祉法 6

介護保険制度 7

居宅等サービス 8

施設サービス 9

高齢者医療確保法 10

権利擁護 11

環境整備 12

雇用・介護休業 13

連携 14

相談援助 15

一般型と介護型とがあり、一般型では、上記の様な施設であり、介護が必要になった場合は、外部の在宅介護サービスを利用する。厚生労働省の定める特定施設の指定を受けている介護型は、建物内に常駐するスタッフから介護サービスなどを受けることができる。

3　住所地特例

施設に入所する場合には、住民票を移しても、移す前の市町村が引き続き保険者となる仕組みを住所地特例という。

　介護保険では、住民票のある市町村が保険者となるのが原則である。しかし、例えばA市に大きな特別養護老人ホームがあり、隣のB市に住んでいた高齢者も多く入所しているとすると、施設が本人の住所となるため施設のあるA市に給付費の負担が偏り、逆にB市の給付費の負担は軽くなることになる。

　こうした事態を避けるため、特例として、施設に入所する場合には、住民票を移しても、移す前の市町村が引き続き保険者となる仕組み、「住所地特例」が設けられている（介護保険法第13条第1項）。

4　生活の場としての施設

施設は、支援者（職員）にとっては職場であり、利用者にとっては生活の場である。高齢者施設の職員は、自分の仕事場が利用者の生活の場であることを意識した支援が重要である。

　施設は、支援者（職員）にとっては職場であり、利用者にとっては生活の場である。これは、居宅サービスと大きく異なる点であり、職員としては十分に意識しなければならない点であろう。例えば、訪問系のサービスであれば、支援者は居宅で一時的に利用者と接する。通所であれば、利用者が施設に出向き、そこでサービスを展開する。しかし、入所の施設では、利用者の生活がそこにある。利用者は、プライベートの時間の多くをサービスの提供者とともに過ごすことになる。

　それでは、生活の場である施設において、どのようなサービスが求められるであろうか。利用者にとっては「自宅」であるので、サービス提供者は自宅にどのような人がいてほしいか、あるいはいてほしくないか、という視点で考えてみるとよいかもしれない。あなたが生活している環境で、支援者がどのような行動をとれば安心して生活ができるだろうか。

　例えば、やる気に満ちている支援者がいて、それが前面に出ているとする。そのような支援者が、自分の生活の場にいて、「なんでも手伝いますよ！」「困ったことがあったら何でも言ってください！」と言ってきたら、あなたはどのように感じるだろうか。筆者は、生活の場にそのような人がいたとしたら、リラックスして過ごすことは難しいと感じる。

施設は利用者にとっては生活の場であるため、利用者がリラックスできる場としていくことが必要であろう。それであれば、支援者はリラックスして過ごし（少なくとも見かけ上は肩の力を抜いて過ごし）、利用者もリラックスできるように努める必要がある。自分の仕事のことを考える一方で、利用者にどのように見えるかを考えることも重要なことである。利用者がリラックスして過ごせるよう、施設が利用者の生活の場であることを常に念頭におきながら、仕事を行っていく必要がある。

　また、施設で過ごすことを自分で選択していない利用者も少なくない。それにもかかわらず、自宅の生活ならば普通にできることなのに、「施設に入所しているから」という理由で、できなくなってしまうことがあってよいのだろうか。もちろん施設を運営していく中で、やむを得ず利用者の生活に何かしら制限せざるを得ないことというのはどうしても生じてくる。しかし、それが当たり前ではなく、施設での生活であっても様々な場面での選択肢を拡大していく努力が求められるであろう。

2．介護老人福祉施設

1　介護老人福祉施設（特別養護老人ホーム）の特徴

　介護保険法に規定され、入所する要介護者に対し、施設サービス計画に基づいて入浴、排せつ、食事等の介護その他の日常生活上の世話、機能訓練、健康管理及び療養上の世話を行うことを目的とする施設である。

　「介護老人福祉施設」という名前は、あまり聞き馴染みがないかもしれないが、2020（令和2）年現在、全国に9,988施設と多い。実は、多くの介護老人福祉施設は前述の「特別養護老人ホーム」という名前が一般的に用いられている。

　表9−3にあるように、特別養護老人ホームは、老人福祉法に1963（昭和38）年に規定されている。介護老人福祉施設は、2000（平成12）年に制定された介護保険法上の施設であるが、特別養護老人ホームのうち、都道府県の知事が介護保険の給付対象となる施設介護サービスを提供できる施設としたものを「（指定）介護老人福祉施設」という。つまり、同一の施設であっても、老人福祉法上では「特別養護老人ホーム」、介護保険法上では「介護老人福祉施設」となり、従来から使用されている「特別養護老人ホーム」という呼び名をそのまま使用している施設が多い。実際に施設に足を運んでみると、看板などには「特別養護老人ホーム」と「介護老人福祉施設」を併記してある施設も多い。

　本節では介護保険法によるサービスを説明するため、特に理由がない限り「介護老人福祉施設」という名称を用いることにする。

❶　介護老人福祉施設の入所対象

　介護老人福祉施設への新規入所の対象者は、原則として要介護3以上の高齢者である。これは、2015（平成27）年の改正後の条件であり、それ以前では原則要介護1以上の高齢者が対象となっていた。

　ただし、要介護1・2であっても、認知症、知的障害・精神障害などにより、日常生活に支障をきたす場合、家族からの虐待等が疑われる場合、単身世帯等の場合など、特例入所が認められる場合がある。

　また、高齢者の心身の状況や家族からの虐待等などの事情により、契約による介護サービスが受けられないなどの場合には、老人福祉法上の「特別養護老人ホーム」の規定にあるように、市町村が措置として入所させることもある。

　施設への入所は、申し込み順ではなく、必要な介護の程度や介護者の状況等により、優先順位が決められ、必要性・緊急性の高い者から入所できる優先入所となる。

❷　ユニットケア

　2002（平成14）年度以降に整備される特別養護老人ホームについては、全室個室・ユニットケアが標準となっている。

　ユニットケアとは、施設の居室をいくつかのグループに分けて、それぞれを一つの単位（ユニット）として、少人数（10人以下）の家庭的な雰囲気の中でケアを行うことである。そのため、入居者のプライバシーが守られる個室（ただし夫婦が二人部屋として利用できるものも含む）が整備され、他の入居者や介護スタッフと交流する居間（共同生活室）が整備されている。これにより、一人ひとりの個性と生活リズムを尊重した個別ケアの実現をめざす。なお、これらのユニットケアの基準を満たさない特別養護老人ホームは、従来型特養などと呼ぶこともある。

　ユニットケアは、特別養護老人ホームだけではなく、介護老人保健施設、介護医療院、また有料老人ホーム等でも提供されている。

❸　利用手続きと負担金

　利用の手続きは、基本的に要介護者本人か、介護者・家族などによって入所を希望する施設と直接契約を交わすことによって利用できる。介護保険を利用することが前提であるため、要介護認定を受けている必要がある。ただし、先に挙げたように、措置入所のケースもあるため、その場合は市町村が措置する場合もある。

　介護老人福祉施設を利用する際にかかる費用は、入居後の月額費用のみであり、有料老人ホームなどのように、入居一時金などの初期費用は必要ない。表9－3に、要介護3で1割負担、ユニット型に入所した場合の月額費用の例を示した。

表9－3　要介護3でユニット型施設に入所した場合の月額費用例（1割負担の場合）

介護福祉施設サービス費	¥23,790
介護サービス加算	¥1,500
居住費	¥60,180
食費	¥43,350
その他の日常生活費	¥10,000
合計	¥138,820

　介護福祉施設サービス費は、介護を受けるための費用である。要介護度、居室のタイプによっても単位は異なっている。また、それぞれの施設が取得している介護サービス加算によっても単位は異なってくる。介護サービス加算は、施設の設備や体制、施設で対応するサービスなどにより加算されるものであり、この加算が多いほど充実したサービスが提供されると考えられるが、その分費用も高くなってくる。これらは介護保険の適用なるため、本人の所得に応じて利用者は1割～3割を負担する。

　居住費（いわゆる家賃）と食費については、施設と利用者との契約により決められるが、施設の平均的な費用として基準費用額が厚生労働大臣により定められている。これらについては、利用者は基本的には実費を支払うが、所得や資産等に応じて負担限度額を超えた分については介護保険から支給される、特定入所者介護サービス費という制度がある。特定入所者介護サービス費は、表9－4のように所得に応じた区分が設定されており、市区町村に申請して負担限度額認定を受けて利用することができる。各施設の負担限度額については表9－5に示した。

❹　看取り介護加算

　看取り介護加算は、医師が回復の見込みがないと判断した利用者に対して、人生の最期までその人らしい暮らしができるようにと、2006（平成18）年の介護報酬改定の際に加えられた加算である。

　看取り介護加算の対象となる利用者については、以下の通りである。

・　医師が医学的知見に基づき回復の見込みがないと診断した者。

・　医師、看護職員、ケアマネジャー等が共同で作成した介護計画について説明を受け、その計画に同意している者。

・　看取りに関する指針に基づき、入所者の状態または家族の求め等に応じて随時、医師等の相互の連携の下、介護記録等入所者に関する記録を活用して行われる介護について説明を受け、同意した上で介護を受けている者。

　看取り介護加算（Ⅰ）の要件は以下の通りである。

表 9 − 4　所得に応じた特定入所者介護サービス費の区分設定

設定区分	対象者		預貯金額 （夫婦の場合）
第 1 段階	生活保護受給者等		要件なし
	世帯全員が市町村民税非課税で、老齢福祉年金受給者		1,000万円 （2,000万円）
第 2 段階	世帯全員が市町村民税非課税で、本人の公的年金収入額（※）＋その他の合計所得金額が80万円以下		650万円 （1,650万円）
第 3 段階 ①	世帯全員が市町村民税非課税で、本人の公的年金収入額（※）＋その他の合計所得金額が80万円〜120万円以下		550万円 （1,550万円）
第 3 段階 ②	世帯全員が市町村民税非課税で、本人の公的年金収入額（※）＋その他の合計所得金額が120万円超		500万円 （1,500万円）
第 4 段階	市区町村民税課税世帯		

※：非課税を含む。
出典：厚生労働省ウェブサイト「介護保険の解説【サービスにかかる利用料】」一部改変

表 9 − 5　各入所施設の特定入所介護サービス費
【介護老人福祉施設、短期入所生活介護の特定入所介護サービス費】

		基準費用額（日額）	負担限度額（日額）			
			第 1 段階	第 2 段階	第 3 段階①	第 3 段階②
食費		1,445円	300円	390円 【600円】	650円 【1,000円】	1,360円 【1,300円】
居住費	ユニット型個室	2,006円	820円	820円	1,310円	1,310円
	ユニット型個室的多床室	1,668円	490円	490円	1,310円	1,310円
	従来型個室	1,171円	320円	420円	820円	820円
	多床室	855円	0円	370円	370円	370円

【介護老人保健施設、介護医療院、短期入所療養介護の特定入所介護サービス費】

		基準費用額（日額）	負担限度額（日額）			
			第 1 段階	第 2 段階	第 3 段階①	第 3 段階②
食費		1,445円	300円	390円 【600円】	650円 【1,300円】	1,360円 【1,300円】
居住費	ユニット型個室	2,006円	820円	820円	1,310円	1,310円
	ユニット型個室的多床室	1,668円	490円	490円	1,310円	1,310円
	従来型個室	1,668円	490円	490円	1,310円	1,310円
	多床室	377円	0円	370円	370円	370円

注：【　】はショートステイの場合
出典：厚生労働省ウェブサイト「介護保険の解説【サービスにかかる利用料】」一部改変

1 少子高齢社会
2 高齢者の理解
3 高齢者の生活
4 取り巻く環境
5 施策の変遷
6 老人福祉法
7 介護保険制度
8 居宅等サービス
9 施設サービス
10 高齢者医療確保法
11 権利擁護
12 環境整備
13 雇用・介護休業
14 連携
15 相談援助

- 常勤の看護師を1名以上配置し、当該施設の看護職員、または病院、診療所もしくは指定訪問看護ステーションの看護職員との連携により、24時間連絡できる体制を確保していること。
- 看取りに関する指針を定め、入所の際に、入所者またはその家族等に対して、当該指針の内容を説明し、同意を得ていること。
- 医師、看護職員、介護職員、介護支援専門員、生活相談員、その他の職種の者による協議の上、当該施設における看取りの実績等を踏まえ、適宜、看取りに関する指針の見直しを行うこと。
- 看取りに関する職員研修を行っていること。
- 看取りを行う際に個室または静養室の利用が可能となるよう配慮を行うこと。

　看取り介護加算（Ⅱ）の要件は、加算（Ⅰ）の要件に加えて、配置医師緊急時対応加算が取得できる体制であることとされている。

　配置医師緊急時対応加算における要件は、以下の通りである。

- 入所者に対する緊急時の注意事項や病状等についての情報共有の方法及び曜日や時間帯ごとの医師との連絡方法や診察を依頼するタイミングなどについて、配置医師と施設の間で、具体的な取り決めがなされていること。
- 複数名の配置医師を置いていること、もしくは配置医師と協力医療機関の医師が連携し、施設の求めに応じて24時間対応できる体制を確保していること。
- 上記の内容につき、届出を行っていること。
- 看護体制加算（Ⅱ）を算定していること。

　なお、看取り介護加算（Ⅱ）については、入所者の死亡場所が当該施設内であった場合に限り算定できる。

2　介護老人福祉施設のソーシャルワーカーに求められること

　介護老人福祉施設は、利用者にとって終の棲家となることも少なくない。その場合、本人や家族が死別の準備・心構えができるよう支援することが必要になる。

▶1　デスエデュケーション
日本語では「死への準備教育」と訳される（健康な人に対しても自分の生き方を問う目的で行われる）。死に直面した人や高齢者、またその家族等を対象とする場合、死に対する話題を取り上げ、いざという時の対応方法、葬儀や遺産のことなど話し合うことなども含む。

　介護老人福祉施設に限らず、高齢者福祉施設におけるソーシャルワークは、相談員が担っており、多くの相談員が社会福祉士を基礎資格としてもっている。

　介護老人福祉施設の相談員は、生活相談員と呼ばれることもある。生活相談員は、施設の入退所の手続き、利用者や家族への相談援助、ケアマネジャー、病院、地域、他機関等との連絡・調整業務、施設内の連絡・調整業務、個別援助計画の作成・ケアプラン作成の援助等、様々な仕事がある。

少子高齢社会 1
高齢者の理解 2
高齢者の生活 3
取り巻く環境 4
施策の変遷 5
老人福祉法 6
介護保険制度 7
居宅等サービス 8
施設サービス 9
高齢者医療確保法 10
権利擁護 11
環境整備 12
雇用・介護休業 13
連携 14
相談援助 15

　介護老人福祉施設は、在宅復帰をめざす利用者もいるが、看取り加算という制度があることからもわかる通り、そこで最期を迎える利用者も少なくない。そのような場合、家族が死別の準備・心構えができるよう、医師や看護職員、介護職員等と共同して、デスエデュケーション▶1を実施する必要がある。また、利用者や家族に対して随時、十分な説明を行い、介護に関する合意を得ながら支援を進めていく必要がある。看取り後においても、残された家族の悲嘆反応をとらえ、悲嘆からの回復をサポートできるようグリーフケアなど実施することが求められる。グリーフケア▶2は死別前後のほかにも、四十九日法要や一周忌の頃にも実施することが望ましい。

▶2　グリーフケア
家族や親しい人と死別した人に対し、深い悲しみから精神的に立ち直り、社会に適応できるよう支援すること。グリーフ（grief）は深い悲しみや悲嘆を意味する。

コラム

QODの概念

「私は何のために介護をしているのだろうか。」

　筆者は特別養護老人ホームで介護職をしていたとき、この疑問にぶち当たった。在宅復帰をめざす、ADL（Activities of Daily Living：日常生活動作）の向上をめざす、という利用者であれば、その方を介護する意義は見出しやすいだろう。しかし、当時私がいた特養は、半分以上は寝たきりで全介助が必要な方であり、コミュニケーションをとることが難しい方も多かった。そのような方を介護しながら、上記のような疑問が起こった。どんなに良い介護を提供しても、回復の見込みはなく、最期の時を迎えることになる。では、その方たちへの介護は何をめざすべきなのだろうか。

　その答えの一つが、QOD（Quality of Death）の概念ではないかと考える。QODとは、死のあり方、死にゆく過程における全般的な質を意味する。

　上記のような利用者は、人生の終末期であろう。映画でいえば、ラストシーンに相当する。私たち支援者は、そのラストシーンに、役者として、あるいは演出家として関わらせてもらえる、と考えることができるかもしれない。人生の最期をどのように迎えるのか、これは当の利用者本人はもちろん、利用者の家族にとっても、とても重要なことである。

　このように考えれば、ご本人やご家族が納得できる最期をめざして支援することは、それはとても意義のある仕事ではないだろうか。

3．介護老人保健施設

1　介護老人保健施設の特徴

　介護保険法に規定され、看護、医学的管理の下における介護及び機能訓練その他必要な医療並びに日常生活上の世話を行うことを目的とする施設。心身の機能の維持回復を図り、家庭への復帰をめざす施設である。

　介護老人保健施設（通称「老健」）は、**表9－2**の説明にある通り、病状が安定期にある方を対象として、在宅復帰に向けたリハビリを提供する施設である。利用者の中には、事故や病気等で入院し、退院したが在宅に復帰をすることが難しく、在宅での生活をめざして介護老人保健施設に入所し、リハビリ等を行う者も多い。また、医師の配置も義務づけられており、介護老人福祉施設と比べて、より高度な医療的ケアも提供できる。

　在宅復帰をめざす施設であるため入所期間は限定的であり、原則として入所期間は3〜6か月が想定されており、3か月ごとに入所継続が判断される。リハビリの進捗状況であったり、家庭の状況等によっては、入所期間が延長することもある。

　次節で挙げる介護療養型医療施設の廃止案が出されたことを受けて、介護療養型老人保健施設（通称「新型老健」）が2008（平成20）年より創設された。これは、従来の介護老人保健施設と比較して医療ケアの体制がより強化されており、廃止される介護療養型医療施設の転換先として期待されている。

❶　介護老人保健施設の入所対象

　介護老人保健施設の入所対象者は要介護1〜5であり、入院の必要はないが、自宅での生活には不安があるという者である。経管栄養の処置を受けている者も入所対象となる。

❷　利用手続きと負担金

　利用の手続きは、基本的に要介護本人か、介護者・家族などによって入所を希望する施設と直接契約を交わすことによって利用できる。介護保険を利用することが前提であるため、要介護認定を受けている必要がある。

　介護老人保健施設を利用する際にかかる費用は、介護福祉施設と同様、介護保健施設サービス費（介護福祉施設サービス費に該当）、居住費、食費、その他日常生活費となる。介護老人保健施設の代表的な加算として、短期集中リハビリテーション実施加算、在宅復帰・在宅療養支援機能加算などがある。介護老人福祉施設の費用と同様に、特定入所者介護

サービス費の制度もある（前出**表9-5**参照）。

2　介護老人保健施設のソーシャルワーカーに求められること

介護老人保健施設は、入所・退所に関わる業務が、介護老人福祉施設と比較して多い。

　介護老人保健施設の相談員は、支援相談員と呼ばれることもある。介護老人保健施設は、施設の特徴から利用者の入所・退所が、介護老人福祉施設と比較すると多くなり、支援相談員もこれに関わる業務の比重が多くなってくる。

　入所については、多くの場合、病院のソーシャルワーカーから相談を受け、入所についての判定会議を経て入所となるが、その入所判定の材料を集めてくるのは支援相談員の役割であることが多いだろう。本人や家族からの聞き取りなどはもちろん、病院等からも情報を得る必要がある。特に、介護老人保健施設が介護保険に請求する報酬の中に、入所者の投薬や注射等の医療に関わる費用も含められており、医療保険に別に請求できない包括払い方式となっている。そのため、入所者の薬等にかかる費用は、全額施設負担となっており、利用者が使用している薬などの情報も入所前に検討する必要がある。

　退所については、退所後、本人が在宅で生活するのであればリハビリの進捗状況、そして家庭の状況等をみて、在宅での生活が可能かどうか判断していくことが必要である。必要に応じて、住宅改修や訪問サービスを利用するなど、在宅での生活環境を整えていくこともソーシャルワーカーに求められることである。介護老人保健施設は原則、一時的に過ごすための施設であるため、利用者の入所後すぐに在宅復帰に向けた支援を開始することになる。また、退所後も必要に応じて、生活に問題がないか確認していくことも必要である。在宅復帰が困難である場合は、介護や医療サービス等を受けられる施設の情報など、本人や家族に紹介して、施設への入居を仲介することなども重要な業務となる。

　また、介護老人福祉施設と比較すると、看護師等の医療スタッフやリハビリスタッフと連携する機会も多いため、医学・リハビリに関する知識も多く求められる。

145

4．介護医療院

1　介護医療院の特徴

　　介護保険法に規定され、療養上の管理、看護、医学的管理の下における介護及び機能訓練その他必要な医療並びに日常生活上の世話を行うことを目的とする施設。長期的な医療と介護の両方を必要とする高齢者のための施設。

　　介護医療院は、長期的な医療と介護の両方を必要とする高齢者のための施設であり、「長期的な」という意味で、介護老人保健施設とは大きく異なる。また、医師の配置も義務付けられており、介護老人福祉施設と比べて、より高度な医療的ケアも提供できる。

　　介護医療院は、2018（平成30）年の介護保険法改正によって、介護療養型医療施設に代わる施設として新設され、介護療養型医療施設は2023（令和5）年度末で完全廃止となり、多くは介護医療院へと移行することが想定されている。

❶　介護医療院の種類

　　介護医療院には、Ⅰ型とⅡ型があり、Ⅰ型は「介護療養病床相当」と位置づけられ、「重篤な身体疾患を有する者」や「身体合併症が生じている認知症高齢者等」を入居者として想定している。一方、Ⅱ型は「介護老人保健施設相当」と位置づけられ、Ⅰ型よりも容体が安定している高齢者を入居者として想定している。そのため、人員配置も異なっており、例えばⅠ型は入居者48人あたり1人以上の医師、Ⅱ型は入居者100人あたり1人以上の医師を配置することになっている。その他の職種の人員配置基準もⅠ型とⅡ型とで異なる。

❷　介護医療院の入所対象

　　介護医療院の入所対象者は要介護1〜5であり、長期的な医療と介護の両方を必要とする者である。また先述の通り、Ⅰ型とⅡ型とで、想定している利用者は異なる。例えば、胃ろうを造設している者、糖尿病でインスリン注射が必要な者、看取りや終末期医療が必要な者などが対象となる。

❸　利用手続きと負担金

　　利用の手続きは、基本的に要介護者本人か、介護者・家族などによって入所を希望する施設と直接契約を交わすことによって利用できる。介護保険を利用することが前提であるため、要介護認定を受けている必要がある。

　　介護医療院を利用する際にかかる費用は、介護福祉施設と同様、介護医療院サービス費（介護福祉施設サービス費に該当）、居住費、食費、

その他日常生活費となる。介護医療院の代表的な加算として、ターミナルケア加算、長期療養生活移行加算などがある。介護老人福祉施設の費用と同様に、特定入所者介護サービス費の制度もある（**表9－5**）。

2　介護医療院のソーシャルワーカーに求められること

介護医療院は、介護老人福祉施設と同様に、利用者にとって終の棲家となることも少なくない。その場合、本人や家族が死別の準備・心構えができるよう支援することが必要になる。さらに、医学等に関わる知識も求められる。

介護医療院は、病院に併設されていることも多く、介護医療院の相談員は、医療相談員と呼ばれることもある。介護医療院の前身となる介護療養型医療施設では、多くのソーシャルワーカーは病院等と兼務しているという結果もあり[3]、介護医療院専任のソーシャルワーカーは現状少ないかもしれない。しかし、2021（令和3）年現在、多くの介護療養型医療施設が介護医療院に転換して増えていくことから、その様相も変化する可能性が高い。

介護医療院の特徴として、長期的な医療ケア、介護サービスの提供という機能と共に生活の場としての機能も求められている。これが介護療養型医療施設と大きく違う点であり、例えば床面積は1人当たり8.0㎡以上（介護療養型医療施設は6.4㎡以上）、プライバシーを守るためパーテーションや間仕切りを設置することなどが義務付けられている。病院ではなく、生活の場であることを意識した支援が必要となるであろう。

介護医療院は、医療的なケアを提供する施設である。特にターミナルケアなどは介護医療院の特徴であり、本人や家族に意向を確認する場合、ソーシャルワーカーであっても、医学的な知識が求められる。

考えてみましょう

〇施設サービスで適用される加算の目的や条件などについて調べてみましょう。そして、それぞれの加算の意義について考えてみましょう。

【引用文献】
1）厚生労働省「2019年　国民生活基礎調査の概況」2020年
2）内閣府『令和3年版高齢社会白書』2021年
3）田中結香・望月宗一郎「介護療養型医療施設の看護師・医療ソーシャルワーカーの業務に関する認識─専門職連携に焦点を当てて─」『日本保健医療福祉連携教育学会学術誌・保健医療福祉連携』第6巻第1－2号　日本保健医療福祉連

1 少子高齢社会
2 高齢者の理解
3 高齢者の生活
4 取り巻く環境
5 施策の変遷
6 老人福祉法
7 介護保険制度
8 居宅等サービス
9 施設サービス
10 高齢者医療確保法
11 権利擁護
12 環境整備
13 雇用・介護休業
14 連携
15 相談援助

携教育学会　2013年　pp.2−10.

【参考文献】
厚生労働省「令和元年介護サービス施設・事業所調査の概況」2021年
国土交通省「サービス付き高齢者向け住宅に関する懇談会　第4回配布資料」2020
　年

少子高齢社会 1

高齢者の理解 2

高齢者の生活 3

取り巻く環境 4

施策の変遷 5

老人福祉法 6

介護保険制度 7

居宅等サービス 8

施設サービス 9

高齢者医療確保法 10

権利擁護 11

環境整備 12

雇用・介護休業 13

連携 14

相談援助 15

第10章 高齢者医療確保法

高齢者医療確保法

●キーポイント

　高齢化が進行している中で高齢者医療の課題も大きくなっている。高齢者医療における制度では、1973（昭和48）年老人福祉法の一部改正による老人医療費の無料化から1982（同57）年老人保健法、2008（平成20）年高齢者医療確保法と変遷してきている。高齢者にかかる医療費が増え続けている状況の中で、制度を持続させ高齢者が医療を継続的に受けることができるようにすることが喫緊の課題になっている。

　高齢者医療確保法では、高齢期における健康の保持を図るための適切な保健サービスを受けることができるようにするとともに、国民が高齢者の医療に要する費用を公平に負担することを基本理念としている。内容としては、医療費適正化の推進、健康診査等による高齢期の健康保持、後期高齢者医療制度による医療の保険給付が含まれている。高齢者が健康を保持するために必要な医療を受けることができる体制を制度として保障している。

　しかし近年、高齢者が医療にかかった際の自己負担は増加傾向にある。1973（昭和48）年に無料化とされた高齢者医療の費用負担が、現在では1割（所得に応じて3割）負担となっている。今後も高齢化が進行していく中で、高齢者の医療にかかる費用負担をどのようにしていくのか、国民として考えていくべき課題となっている。

1. 高齢者医療の変遷

高齢者医療の変遷

　近年の国民医療費の増加が高齢者医療に影響を及ぼしている。国民皆保険制度を堅持するため、高齢者の医療制度に変化が求められ、高齢者医療は老人福祉法、老人保健法、高齢者医療確保法と変化していった。医療にかかる高齢者の費用負担も変化し続けている。

❶ 国民医療費の増加とその影響

　近年、国民皆保険制度の堅持が課題になっている。保険証1枚で医療機関を受診することができる国民皆保険制度を堅持していくことが、日本の医療における課題になっているのである。その背景に国民医療費の増加が影響している。

　国民医療費とは、「当該年度内の医療機関等における保険診療の対象となり得る傷病の治療に要した費用を推計したもの」[1]のことである。2018（平成30）年度の国民医療費は43兆3,949億円、人口一人当たりの国民医療費は34万3,200円となり、いずれも前年を上回っている。国民医療費の推移（**表10-1**）をみても、近年増加していることがわかる。1965（昭和40）年度の1兆1,224億円と2018年度の43兆3,949億円を比較

しても、53年間で約40倍に増加している。

　国民医療費が増加している背景として、医療の高度化と高齢化が挙げられる。医療の高度化は、医療技術の進歩に合わせて医療保険制度で対応していくことになれば、必然的に国民医療費の増加につながってくる。高齢化は、人口１人当たりの国民医療費は2018（平成30）年において34万3,200円であるが、年齢別で見ていくと65歳未満で18万8,300円、65歳以上で73万8,700円となっている。国民医療費と後期高齢者医療費の推移（**図10－１**）をみると、後期高齢者医療制度が施行された2008（同20）年度において、後期高齢者医療費が11.4兆円で、国民医療費に占める割合は32.8％であった。2018（同30）年度では後期高齢者医療費が

表10－１　国民医療費の推移

	国民医療費総額 （億円）	人口１人当たり国民医療費 （千円）
1955（昭和30）年度	2,388	2.7
1965（昭和40）年度	11,224	11.4
1975（昭和50）年度	64.779	57.9
1985（昭和60）年度	160,159	132.3
1995（平成７）年度	269,577	214.7
2005（平成17）年度	331,289	259.3
2018（平成30）年度	433,949	343.2

資料：厚生労働省「国民医療費」

図10－１　国民医療費と後期高齢者医療費の推移

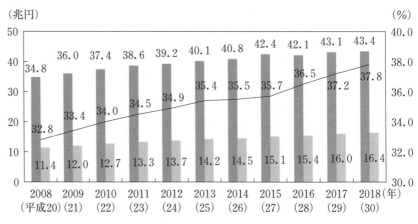

出典：厚生労働省「第124回社会保障審議会医療保険部会資料」2020年を一部改変

16.4兆円で、国民医療費に占める割合が37.8％と10年間で増加し続けている。

2025（令和7）年には65歳以上人口が3,677万人、高齢化率30％になると予測されており、高齢化が進むことで、国民医療費は今後も増加していくことが予想される。国民皆保険制度を堅持するために、国民医療費の増加を抑制していくことが課題になる。そのための方法として、高齢者医療のあり方が問われている。

❷　老人福祉法の一部改正と老人保健法

①老人医療費の無料化

高齢者医療の変遷において欠かせないのが1973（昭和48）年に老人福祉法改正において実施された老人医療費支給制度、いわゆる「老人医療費の無料化」である。日本は1970（同45）年に高齢化率が7％を超えて高齢化社会に突入し、高齢化が課題になり始めた時でもあった。老人医療費支給制度は、当時の田中角栄内閣のもと「福祉元年」[1]をスローガンに実現した政策である。70歳以上の医療費の自己負担分を公費でまかなうものであった。この制度は高齢者の受診を促進する効果があった一方、無料であることから過剰な診療が行われる、医療費の増加につながるなどのマイナス面も生じた政策であった。

また、当時は特別養護老人ホームがまだ不足し、在宅介護サービスの整備も遅れている状況から、高齢者のみを入院させる病院、いわゆる「老人病院」が急増していった。医療ではなく介護が必要な高齢者が病院に入院せざる得ない状況だったのである。これにより社会的入院[2]が増加し、その後の高齢者医療に大きな影響を与えた。

②老人保健法の成立

老人福祉法改正において実施された老人医療費支給制度は、医療費の増加を招いた等の課題から見直しすることとなった。しかし無料化した制度を再び負担を強いる政策に変更することは容易ではなかった。そのため、老人医療費支給制度から10年経た1982（昭和57）年に制度は廃止、老人保健法を新設し、1983（同58）年2月に施行された。老人保健法は「国民の老後における健康の保持と適切な医療の確保を図る」ことを目的とし、高齢者の医療費の支給だけではなく、40歳以上の者を対象とする予防を重視した保健事業[3]も含まれている。基本理念として「老人の医療に要する費用を公平に負担するもの」とし、高齢者が受診した際に一部費用を負担することとなった。

1986（昭和61）年の老人保健法改正では、老人保健施設が創設され、在宅と病院の中間施設として位置付けられ、社会的入院の解消を図っていった。また、1991（平成3）年には老人訪問看護制度が創設され、在

▶1　福祉元年
1973（昭和48）年に、当時田中角栄内閣が福祉国家の実現を目指し、老人医療費の無料化や年金給付水準の引き上げ等を実施し、福祉元年と宣言した。

▶2　社会的入院
病状が安定していて入院の必要はないが、介護者がいない等の理由で医療機関に入院すること。

▶3　保健事業
老人保健法に基づいて行われる保健事業のことで、医療にかかる給付が行われる医療等と40歳以上を対象にした生活習慣病の予防等を行う医療等以外の保健事業がある。

1 少子高齢社会
2 高齢者の理解
3 高齢者の生活
4 取り巻く環境
5 施策の変遷
6 老人福祉法
7 介護保険制度
8 居宅等サービス
9 施設サービス
10 高齢者医療確保法
11 権利擁護
12 環境整備
13 雇用・介護休業
14 連携
15 相談援助

宅の寝たきり高齢者等が老人訪問看護ステーションから訪問看護サービスを受けることができるようになった。

その後、2000（同12）年4月から介護保険法が施行され、老人保健施設は介護老人保健施設として老人医療費ではなく、介護保険からの給付となった。また、訪問看護においても介護保険法に基づき、要支援者・要介護者に対して訪問看護を実施するようになった。介護保険での利用を基本としながらも、末期の悪性腫瘍患者等の頻回に訪問看護が必要な患者は、老人保健法による老人訪問看護を利用するようになった。

❸ 老人保健法から高齢者医療確保法への移行

高齢化が進行し老人医療費も増加していく中で、高齢者の自己負担も増加していくことになった。2001（平成13）年1月には、老人医療費の一部負担金をそれまでの定額負担から1割負担に改正された。2002（同14）年10月には老人保健で医療を受けられる対象年齢が70歳以上から75歳以上に引き上げられた。老人医療費の定額制度が全て廃止され、定率1割負担になった。また、一定以上の所得のある者は2割負担になった。

2006（平成18）年10月には、前年10月に実施された介護保険施設の食費・居住費自己負担化[4]に合わせて、医療療養病床に入院する65歳以上の高齢者の一部に入院時生活療養費が導入され、食費・居住費の一定額を自己負担することとなった。また、75歳以上の現役並み所得のある者の自己負担割合が2割から3割になった。

このように高齢化が進行し老人医療費も増加していく中で、高齢者の自己負担も増加することとなり、制度の見直しの必要性が出てきた。従来の老人保健制度では、高齢者と若者の費用負担が不明確だったこと、また高齢者が家族の被扶養者になると保険料の支払いがない[5]等の不公平感があり、75歳以上を対象とした保険制度を設けて世代間の負担を明確にしていくことが求められるようになった。そして2008（平成20）年度に「高齢者の医療の確保に関する法律」（高齢者医療確保法）が施行されることとなった。

2．高齢者の医療の確保に関する法律

高齢者の医療の確保に関する法律

2008（平成20）年度に施行された高齢者医療確保法は、医療費適正化の推進と後期高齢者医療制度の2つの柱で構成されている。医療費適正化の推進は、国において医療費適正化基本指針を、都道府県では医療費適正化基本計画を作成することになっている。

❶ 目的及び基本理念

「高齢者の医療の確保に関する法律」（以下「高齢者医療確保法」）は、

「高齢者の医療について、国民の共同連帯の理念等に基づき、前期高齢者に係る保険者間の費用負担の調整、後期高齢者に対する適切な医療の給付等を行うために必要な制度を設け、もつて国民保健の向上及び高齢者の福祉の増進を図ることを目的」（第1条）としている。

基本理念を以下のように規定している。

（基本的理念）
第2条　国民は、自助と連帯の精神に基づき、自ら加齢に伴つて生ずる心身の変化を自覚して常に健康の保持増進に努めるとともに、高齢者の医療に要する費用を公平に負担するものとする。
2　国民は、年齢、心身の状況等に応じ、職域若しくは地域又は家庭において、高齢期における健康の保持を図るための適切な保健サービスを受ける機会を与えられるものとする。

この目的・基本理念を実現するために、国、地方公共団体、保険者、医療の担い手等の責務をそれぞれ規定している（第3条〜第6条）。高齢化が進む中で、高齢者医療をどのように負担していくかについて、若者と高齢者の費用負担を明確にしたのである。

高齢者医療確保法の内容は、医療費適正化の推進と後期高齢者医療制度の2つの柱で構成されている。

❷　医療費適正化の推進

高齢者医療確保法の1つ目の柱である医療費適正化の推進については、以下のように定めている。国民の高齢期に適切な医療の確保を図る観点から、医療に要する費用の適正化を推進していくために、国において医療費適正化基本方針を定めるとともに、都道府県において医療費適正化計画を定めることとしている。厚生労働大臣は、医療費適正化基本方針と6年を1期とする全国医療費適正化計画を定めること（第8条）とし、都道府県には国の定めた医療費適正化基本方針に即して、都道府県医療費適正化計画を策定することが義務づけられている（第9条）。都道府県医療費適正化計画では、住民の健康の保持の推進に関し達成すべき目標、医療の効率的な提供の推進に関し達成すべき目標、目標を達成するために都道府県が取り組むべき施策等を掲げることとなっている（第9条の2）。

これまで第一期医療費適正化計画（2008（平成20）〜2012（同24）年度）、第二期医療費適正化計画（2013（同25）年〜2017（同29）年度）、第三期医療費適正化計画（2018（同30）〜2023（令和5）年度）が策定されている。

①第一期医療費適正化計画

特定健康診査・特定保健指導の実施率、メタボリックシンドローム

（内臓脂肪症候群）の該当者及び予備群の減少率に関する数値目標、療養病床の病床数、平均在院日数の数値目標を都道府県において達成すべき目標とした。

②第二期医療費適正化計画

第一期医療費適正化計画の取組実績を踏まえ、各都道府県において特定健康診査・特定保健指導の実施率、メタボリックシンドロームの該当者及び予備群の減少率を設定することとした。また、介護療養型医療施設の転換期限が延長した[6]ことから療養病床の削減に関する目標は削除され、平均在院日数については、都道府県が定める医療計画における基準病床数等を踏まえ、独自に設定することとした。

③第三期医療費適正化計画

第一期、第二期では5年ごとに実施していたが、6年を1期とすることになった。第三期医療費適正化計画では、入院医療費と外来医療費についての目標を設定している。入院医療では、都道府県医療計画（地域医療構想）[7]に基づく病床機能の分化・連携の推進の成果を反映させて推計し、外来医療費は糖尿病の重症化予防、特定健診・保健指導の推進、後発医薬品の使用促進、医薬品の適正使用による、医療費適正化の効果を織り込んで推計することとなっている。

❸　特定健康診査と特定保健指導

特定健康診査・特定保健指導は、老人保健法において実施されていた保健事業を再編したものである。厚生労働大臣は特定健康診査及び特定保健指導の適切かつ有効な実施を図るための基本的な指針である特定健康診査等基本指針を定めることになっている（第18条）。保険者[8]は特定健康診査等基本指針に即して、6年を1期とした特定健康診査等実施計画を定めることになっている（第19条）。

特定健康診査は、保険者が40歳以上の保険加入者に対して行うこととされている（第20条）。特定健康診査の目的は、メタボリックシンドロームや高血圧、糖尿病、脂質異常症などの生活習慣病の予防を図るため、早期発見、早期対応に結び付けることである。保険者は、特定健康診査の結果、メタボリックシンドロームに該当する者及びその予備軍に対して、医師等による特定保健指導を行うこととされている（第24条）。

特定保健指導には、メタボリックシンドローム該当者に行われる「積極的支援」と、予備軍に行われる「動機づけ支援」、全ての受診者を対象にした「情報提供」がある。「積極的支援」は、医師・保健師・管理栄養士が面接を行い、特定保健指導支援計画を作成し生活習慣の改善を図ることができるよう、3か月以上の継続的な支援を行う。「動機づけ支援」は、医師・保健師・管理栄養士が一度面接を行い、対象者本人自

▶6　介護療養型医療施設の転換延長
介護保険施設の1つである介護療養型医療施設は、介護保険制度の見直しにより2012年3月で廃止とされていた。しかし介護老人保健施設等への転換が進まず、2018年3月まで延長された。さらに2018年4月に転換先の1つである介護医療院が新設され、廃止は2024年3月まで延長された。

▶7　地域医療構想
2025年までに地域における医療需要と必要病床量について高度急性期・急性期・回復期・慢性期ごとに推計し、効率的な医療医提供体制を構築する取り組み。

▶8　保険者
高齢者医療確保法における保険者は、医療保険各法の規定により医療に関する給付を行う政府、健康保険組合、市町村（特別区）、国民健康保険組合、共済組合又は日本私立学校振興・共済事業団のことである。

らが目標を設定し行動に移すことができるよう支援していく。「情報提供」は、生活習慣を見直すきっかけとし、継続的に健診を受ける必要性を認識してもらうため、特定健康診査を受診した者全員に行っている。

　特定健康診査の受診率・特定保健指導の実施率は**表10－2**の通りである。特定健康診査の受診率は、2019（平成31）年度で55.6%であり、制度施行当初である2008（同20）年度38.9%の約1.4倍増加している。特定健康診査受診者のうち、特定保健指導の対象者になった者の割合は、2008年度19.9%が2019年度では17.4%と微減している。特定保健指導の対象者で、特定保健指導を終了した者の割合は2019年度23.2%となり、2008年度7.7%の約3倍増加している。

　特定健康診査の受診率・特定保健指導の実施率は年々増加しているが、第一期医療費適正化計画（2008～2012年度）で達成すべき目標としていた特定健康診査受診率70%以上、特定保健保健指導の実施率45%には、2019年度実績でいずれも到達できていない状況である。

表10－2　特定健康診査の受診率・特定保健指導の実施率

	特定健康診査の受診率	特定保健指導対象者割合	特定保健指導の実施率
2008（平成20）年度	38.9%	19.9%	7.7%
2009（平成21）年度	41.3%	18.9%	12.3%
2010（平成22）年度	43.2%	18.3%	13.1%
2011（平成23）年度	44.7%	18.2%	15.0%
2012（平成24）年度	46.2%	17.7%	16.4%
2013（平成25）年度	47.6%	16.9%	17.7%
2014（平成26）年度	48.6%	16.8%	17.8%
2015（平成27）年度	50.1%	16.7%	17.5%
2016（平成28）年度	51.4%	17.0%	18.8%
2017（平成29）年度	53.1%	17.2%	19.5%
2018（平成30）年度	54.7%	17.3%	23.2%
2019（平成31）年度	55.6%	17.4%	23.2%

資料：厚生労働省「2019年度特定健康診査・特定保健指導の実施状況について」2020年

1 少子高齢社会
2 高齢者の理解
3 高齢者の生活
4 取り巻く環境
5 施策の変遷
6 老人福祉法
7 介護保険制度
8 居宅等サービス
9 施設サービス
10 高齢者医療確保法
11 権利擁護
12 環境整備
13 雇用・介護休業
14 連携
15 相談援助

3．後期高齢者医療制度

後期高齢者医療制度

　　後期高齢者医療制度は、75歳以上の後期高齢者を対象とした独立した医療保険制度である。費用負担は被保険者が納付する保険料だけではなく、公費（約5割）と現役世代からの支援金（約4割）で賄われている。現役世代が支えている保険制度になっている。

❶　後期高齢者医療制度の概要と仕組み

　　後期高齢者医療制度は、医療費適正化の推進に続く高齢者医療確保法の2つ目の柱として、「高齢者の疾病、負傷又は死亡に関して必要な給付を行う」（第47条）としている。後期高齢者医療制度の実施主体は、各都道府県のすべての市町村が加入する後期高齢者医療広域連合である。しかし保険料の徴収、被保険者資格の管理、医療給付申請の受付等の業務は市町村で行っている。そのため各都道府県にある後期高齢者医療広域連合と市町村が保険業務を共同して行っているのである。

　　被保険者は、後期高齢者医療広域連合の区域内に住所を有する、①75歳以上の者と、②65歳以上75歳未満の者であって、一定の障害があり後期高齢者医療広域連合の認定を受けた者である（第50条）。75歳以上になると、それまで加入していた各医療保険（国民健康保険等）から離脱し、後期高齢者医療制度に強制加入することとなる。

　　保険料は、後期高齢者医療制度の被保険者全員が納付することになっている。後期高齢者医療制度の被保険者となる前に、被用者保険の被扶養者となっていた場合には保険料を納付していないため、75歳以上になった際に保険料の納付が生じることになる。保険料の支払いは、口座振替や納付書が届いて金融機関等に支払いを行う普通徴収と年金から天引きされる特別徴収の2種類がある。特別徴収は年金額が年額18万円以上の者が対象になるが、申請により口座振替での納付（普通徴収）への変更も可能である。

❷　後期高齢者医療制度の流れと費用負担

　　後期高齢者医療制度にかかる費用は、医療機関を受診した際の窓口負担を除く医療給付費の内訳として、公費（国・都道府県・市町村）約5割と現役世代からの支援金（後期高齢者支援金）約4割、被保険者の保険料約1割になる。被保険者が医療機関を受診した際の自己負担は1割負担（現役並み所得は3割負担）である（図10-2）。

　　公費負担の内訳としては、国12分の4、都道府県12分の1、市町村12分の1、調整交付金12分の1となっている。現役世代からの支援金は、各種健康保険等の保険者が後期高齢者支援金として一括して納付するこ

とになっている。前期高齢者（65歳以上75歳未満）は国民健康保険に加入している割合が多いことから、加入者数が少ない各被用者保険から徴

図10−2　後期高齢者医療制度の費用負担

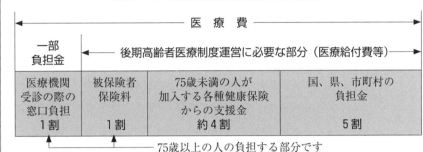

出典：静岡県後期高齢者医療広域連合「後期高齢者医療制度の概要」

図10−3　医療保険制度の財源構成（医療給付費・令和３年度予算ベース）

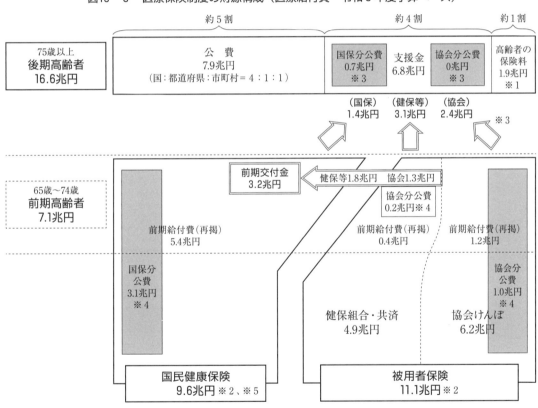

※１：後期高齢者の保険料は、低所得者等に係る軽減分を考慮していない（保険料軽減措置や高額医療費の支援等の公費0.5兆円を含む）。

※２：国民健康保険（9.6兆円）及び被用者保険（11.1兆円）は、各制度の給付費を示しており、他制度への納付金や支援金を含まない。

※３：各医療保険者が負担する後期支援金及び当該支援金に係る公費は、後期支援金に係る前期財政調整を含む。

※４：国保分公費は、保険料軽減措置等に係る公費を除き、協会分公費は減額特例措置（▲609億円）を除く。

※５：上記の他、国民健康保険には経過措置である退職者医療に係る退職者交付金がある。

出典：厚生労働省ウェブサイト「我が国の医療保険について」

https://www.mhlw.go.jp/stf/seisakunitsuite/bunya/kenkou_iryou/iryouhoken/iryouhoken01/index.html

収した財政を交付金として支給し、費用負担を調整することになっている（**図10－3**）。

　後期高齢者医療制度は75歳以上の高齢者を対象とした独立した保険制度であるが、その費用負担は公費と現役世代からの支援金で支えられている制度になっている。

❸　後期高齢者医療制度の保険給付

　後期高齢者医療制度の保険給付は、療養の給付、入院時食事療養費、入院時生活療養費、保険外併用療養費、療養費、訪問看護療養費、特別療養費、移送費、高額療養費、高額介護合算療養費の支給、並びに後期高齢者医療広域連合の条例で定めるところにより行う給付となっている（第56条）。

　高額介護合算療養費は後期高齢者医療制度が施行されたことにより追加された保険給付で、1年間にかかった医療保険と介護保険の自己負担を合算した額が自己負担限度額を超えた場合に支給される。自己負担限度額は所得に応じて変わってくる。2018（平成30）年度から自己負担限度額が見直されて、現役並み所得者の細分化、上限額の引き上げが行われた（**表10－3**）。

表10－3　高額介護合算療養費の自己負担限度額

		高齢者医療制度＋介護保険制度 自己負担限度額
現役並み所得Ⅰ	課税所得690万円以上	212万円
現役並み所得Ⅱ	課税所得380万円以上	141万円
現役並み所得Ⅲ	課税所得145万円以上	67万円
一般		56万円
区分Ⅱ	世帯員全員が住民税非課税であり、区分Ⅰに該当しない者	31万円
区分Ⅰ	世帯員全員が住民税非課税であり、所得が一定以下の者	19万円

❹後期高齢者医療制度の方向性

　後期高齢者医療制度の運用状況として、2021（令和3）年度予算ベースで18兆円（給付費16.6兆円・患者負担1.4兆円）、保険料額は全国平均約6,400円となっている。対象者である75歳以上の高齢者は、約1,820万人としている[2]が、今後は2025年：2,180万人、2030年：2,288万人、2035年：2,260万人、2040年：2,239万人と増加していくことが予測されている[3]。今後も後期高齢者人口が増加する中で、後期高齢者医療制度における医療費も増加していくことが予測される。

1 少子高齢社会

2 高齢者の理解

3 高齢者の生活

4 取り巻く環境

5 施策の変遷

6 老人福祉法

7 介護保険制度

8 居宅等サービス

9 施設サービス

10 高齢者医療確保法

11 権利擁護

12 環境整備

13 雇用・介護休業

14 連携

15 相談援助

　このような状況の中で、2020（令和）２年12月に「後期高齢者（75歳以上。現役並み所得者は除く）であっても一定所得以上の方については、その医療費の窓口負担割合を２割とし、それ以外の方については１割とする」[4]ことが閣議決定された。一定以上の所得とは、課税所得が28万円以上かつ年収200万円以上（単身世帯の場合。複数世帯の場合は、後期高齢者の年収合計が320万円以上）としている（2022（令和４）年10月１日施行予定）。これにより、現状では１割負担の者が２割負担に増加する者が出てくることになる。

　高齢者医療は1973（昭和48）年の老人福祉法一部改正による老人医療費支給制度から50年が経過し、その間保険料も含めて高齢者の費用負担は増加の一途をたどっている。今後も75歳以上の後期高齢者人口は増加し、後期高齢化率も伸び続けることが予測される中で、高齢者が健康を保持し続けることができるよう、高齢者医療をどのようにしていくかが大きな課題となっている。高齢者医療の費用負担を含めた後期高齢者医療制度の方向性が、改めて問われているのである。

考えてみましょう

〇今後、高齢化が更に進行していく中で、高齢者が医療にかかる自己負担額も増加傾向にあります。高齢者が医療を継続的に受けることができるようにするために、どのようにしていけばいいでしょうか？

【引用文献】
1）厚生労働省ウェブサイト「国民医療費：統計の概要」
　　https://www.mhlw.go.jp/toukei/saikin/hw/k-iryohi/18/dl/kekka.pdf
2）厚生労働省ウェブサイト「我が国の医療保険について」
　　https://www.mhlw.go.jp/content/12400000/000768312.pdf
3）総務省統計局ウェブサイト「統計からみた我が国の高齢者　高齢者の人口」
　　http://www.stat.go.jp/data/topics/topi1261.html
4）厚生労働省「全世代型社会保障改革の方針」2020年

【参考文献】
伊藤周平『社会保障入門』筑摩書房　2018年　pp.104-110
島崎謙治『医療政策を問い直す―国民皆保険の将来―』筑摩書房　2015年　pp.56-61
小山秀夫「老人病院の歩みと個室・ユニットケア」福岡痴呆ケアネットワーク・NPO法人全国抑制廃止研究会監『個室・ユニットケアの老人病院―21世紀に生き残るための選択―』法研　2003年　pp.59-81

コラム

被保険者証が行方不明？

　75歳になったときに、これまで加入していた医療保険を離脱し、後期高齢者医療制度に加入することになる。そのときには後期高齢者医療制度による新しい被保険者証が被保険者に届くことになる。しかし、75歳になったら後期高齢者医療制度に変更されることを知らない、もしくは忘れてしまっていたら、新しい保険証が届いてもそのままどこかに放置してしまうこともあり得る。

　この世代の人たちは、後期高齢者医療制度だけではなく、介護保険被保険者証の交付も受けている。さらに医療保険の限度額適用認定証や介護保険の負担限度額認定証等の交付を受けている者もいる。これだけたくさんの重要書類が市町村から届いたら、例えば被保険者証を紛失することも十分あり得るだろう。

　筆者が居宅介護支援事業所の介護支援専門員をしていたとき、高齢者宅を訪ねる際には、介護保険被保険者証だけではなく、後期高齢者医療制度の被保険者証についても説明するように心がけていた。高齢者には正式名称ではなく「ピンクの保険証」（介護保険の被保険者証）や「水色の保険証」（後期高齢者医療制度の被保険者証）と色で呼ぶ方が理解してもらえていた※。

　75歳以上の単独世帯、夫婦二人暮らし世帯が増加している現状の中で、高齢者に届く重要な書類もわかりやすくしていくことがより一層求められる。必要なときに保険証が行方不明、ということがないようにしておくことが必要である。

※
被保険者証の色は保険者によって違いがある。

少子高齢社会 1

高齢者の理解 2

高齢者の生活 3

取り巻く環境 4

施策の変遷 5

老人福祉法 6

介護保険制度 7

居宅等サービス 8

施設サービス 9

高齢者医療確保法 10

権利擁護 11

環境整備 12

雇用・介護休業 13

連携 14

相談援助 15

第*11*章

高齢者の権利擁護

●キーポイント

> 　21世紀になって高齢者の人権や権利を守ることは何よりも重要なテーマの一つである。本章では上記のような問題意識から、なぜ、高齢者の権利擁護や人権について学ばなければならないのかから始め、高齢者の権利を保護ないし擁護するためにはどのような制度があるのかについて概観したい。その概要は以下の通りである。
> 　第1節では高齢者と権利擁護の概念から始まり、なぜ、高齢者の権利擁護が重要なのかについて高齢者の尊厳と人権という観点から着目する。その後、高齢者の権利擁護にはどのような組織や団体が関わっているかについて検討する。第2節では高齢者の権利擁護のアプローチとして国連が高齢者の人権に対する動向を検討した後、日本で行ってきた権利擁護の具体的な制度について記述する。第3節では高齢者の人権と関連した「高齢者虐待防止、高齢者の養護者に対する支援等に関する法律」を中心に防止や対策などについて概観する。そして第4節では主に成年後見制度についてその内容を法定後見人と任意後見人に分け、なぜこの制度が高齢者の権利を守るために重要なのかを指摘する。

1. 高齢者の権利擁護とは

1　高齢者の権利擁護とは

日本国憲法で定められる生存権と関連し、高齢者を支援する上で、その権利擁護は重要事項である。

　日本国憲法は「国民は、すべての基本的人権の享有を妨げられない」、また「すべて国民は、個人として尊重される。生命、自由及び幸福追求に対する国民の権利については、公共の福祉に反しない限り、立法その他の国政の上で、最大の尊重を必要とする」と規定している。

　しかし、高齢になれば、ひとり暮らしで生活困難、判断力の低下、認知症などといった理由により、人権や権利が侵害されやすい状況におかれる場合が多い。特に、判断力の低下した高齢者は、虐待や悪質商法[1]の被害などの権利侵害になりやすいという特性がある。

　このように高齢者に降りそそぐ権利侵害から、「生命」をはじめ、その人がもつ様々な権利、「自由権」「社会権」「参政権」「財産権」「幸福追求権」などを守り、高齢者の尊厳を保持し、その人らしく暮らし続けていくことができるようにすることが権利擁護である。具体的には、高齢者の生活・権利をその人の立場に立って代弁し、あるいは本人が自ら自分の意思を主張し、権利行使ができるように支援することである。

▶1　悪質商法
販売者が不当な利益を得るような、社会通念上問題のある商売方法の通称だが、警察庁では、一般消費者を対象に、組織的・反復的に敢行される商取引で、その商法自体に違法又は不当な手段・方法が組み込まれたものを指している。

認知症であったり、生活を家族や周囲の人々に依存しているといった場合は、自身に人権の侵害や虐待、不適切なケアがあっても、「助けてほしい」「止めてほしい」と主張しがたいものである。こういった負の状況を解消し、高齢者の権利を擁護することが大切である。

2 高齢者の尊厳と人権

高齢者の尊厳と人権を守るために、成年後見制度や、日常生活自立支援事業などがある。

高齢者の人権や財産等の権利を守ることは、超高齢社会において強く求められる。今後、ひとり暮らし高齢者の増加が予測されること、さらに認知症や失語症など、コミュニケーションが困難な状態や判断能力が低下した場合にも、家族や後見人の支援が必要である。

また、地域の支援活動等も重要となる。成年後見制度は高齢社会への対応及び知的障害者・精神障害者等の福祉の充実の観点から、自己決定の尊重、残存能力▶2の活用、ノーマライゼーション▶3等の新しい理念と従来の本人の保護の理念との調和を旨として、柔軟かつ弾力的な利用しやすくする必要がある。

それでは高齢者の尊厳ある人生とはどんなことなのか？ それは高齢者が自己決定できること、認知症になっても家族や地域が支えることで自分らしい人生が全うできること、さらには他者から人権や財産を侵されないことである。

行政的には2005（平成17）年の介護保険法の改正によって、2006（同18）年度から市町村が設置する地域包括支援センター▶4において相談窓口が置かれ、公的にも「権利擁護」に対する積極的な支援を受けられる体制がある。その中でも、成年後見制度や、日常生活自立支援事業の利用の支援等が重要となる。

3 高齢者の権利擁護の必要性と方法

高齢者自らの権利を守るためには様々な方法があり、それぞれが対策を講じる必要がある。

高齢になり、日常生活を家族や周囲の人々に依存するようになると、自身の権利が侵害されたり、ケアに不満がある場合でもなかなか「助けて欲しい、止めて欲しい」とは言えない場合が多い。このような状況を解消し、高齢者が助けを求められるようにするためにもマクロレベルで制度的な措置が必要となる。

高齢者自ら権利を守るための方法にはどのようなものがあるか。第一に、自分の権利が侵害されたと思えばただちに専門機関に相談をする。どんな小さなことでも構わないので、近くの地域包括支援センターや、地域の担当関係の窓口に相談をすることが重要である。福祉施設や介護

▶2 残存能力
障害のある人が残された機能を用いて発揮することができる能力のこと。
▶3 ノーマライゼーション
障害のある者とない者とが平等に生活する社会を実現させる考え方のこと。

▶4 地域包括支援センター
本書第8、14章参照。

サービスの事業所でも相談を受け付けているため、一人で悩まずに介護や福祉の専門家を頼って問題を解決する。

　対して、介護者が高齢者の権利を侵害しないために自ら対策を講じる必要もある。一人で抱え込まず、介護や福祉のサービスを利用することも必要である。介護の方法や生活環境、本人の状況に合わせたサービスの利用を図ることで、介護の負担を減らしていくことが、ひいては高齢者を守ることにつながる。

　そして、周囲の人にも協力を得ることである。介護をしている状況は、周りの人には伝えにくいかもしれないが、家族や親戚、地域の人に介護をしていることを知ってもらうだけでも気持ちが楽になる。

　さらには同じ境遇の人々と情報交換をすることである。家族の会などに参加し、同じように介護をしている家族の人と情報交換をし、介護の大変さや思いを分かちあうだけでもリフレッシュできるのである。

4　権利擁護に関わる組織・団体

高齢者の権利擁護に関わる組織や団体には、地域包括支援センターなど、様々なものがある。

　権利擁護の具体的な制度としては、成年後見制度や福祉権利擁護制度、オンブズマン制度などがある。これらの制度には、家庭裁判所、法務局、社会福祉協議会、市町村、児童相談所、地域包括支援センターなど様々な組織・団体が関わっている。

❶　家庭裁判所

　家庭裁判所は家庭の平和と親族共同生活の維持を図る目的として設立され、家庭または親族間の紛争などに対応する。人事訴訟事件、家事審判事件、家事調停、その他家庭に関する事件を担当している。裁判所には判事や判事補以外に心理学や社会学、医学などの専門知識を有し、事件と関連した事実を調査する調査官がおかれている。

　家庭裁判所は成年後見制度の主務機関として成年後見人の選任や後見監督事務をはじめ、事件の判決・審判のみならず、調停といった当事者の合意に基づく解決方法に重点をおきながら紛争解決の役割を図っている。特に調査官は、後見事件について後見監督に関する事務を担当、また、社会福祉機関との調整などの権限をもち、成年後見制度と深く関わっている。

❷　法務局

　法務局は法務省の地方支分部局であり、国籍、戸籍、登記、公証や人権擁護に関する事務を担当している。

　この中でも人権擁護局は、国民の基本的な人権の擁護を目的とする部局として、人権侵犯事件に関わる調査、または被害の救済や予防などの

1 少子高齢社会
2 高齢者の理解
3 高齢者の生活
4 取り巻く環境
5 施策の変遷
6 老人福祉法
7 介護保険制度
8 居宅等サービス
9 施設サービス
10 高齢者医療確保法
11 権利擁護
12 環境整備
13 雇用・介護休業
14 連携
15 相談援助

人権擁護事務を担当している。人権擁護委員は人権相談に対応し、事件の救済のための必要な情報収集や調査をし、その結果を法務大臣に報告、関係機関への勧告など適切な処罰を講じることができる。また、人権思想に関する啓蒙活動をなすことなどを職務とする。

❸　市町村

市町村は2006（平成18）年から実施されている、「高齢者虐待の防止、高齢者の養護者に対する支援等に関する法律」（以下「高齢者虐待防止法」）に基づき、地域住民から虐待の通報を受けた際、調査し、必要に応じて入所措置や成年後見の申立てを行う。

同法律が施行されて10年以上が経過しているが、虐待の件数は増加傾向にある。市町村は同法律の内容または成年後見制度の利用などに関する広報や普及活動に積極的に取り組むなど、虐待の防止への積極的な働きが求められている。

❹　社会福祉協議会

社会福祉協議会▶5はその事業、または地域や関係機関からの情報を受けたアウトリーチによる問題の早期把握や権利擁護関連業務を通した本人への包括的な支援を実施している。また、支援者・機関のネットワークによる分野を超えた支援、関係者間での知恵の結集による制度・サービスの枠を超えた個別問題への対応を行っている。さらに問題の予防、早期発見・早期解決と、支援を要する人の自立を支えることに特徴があるといえる。地域住民のほか、民生委員・児童委員、社会福祉施設・社会福祉法人等の社会福祉関係者、保健・医療・教育など関係機関の参加・協力のもと、地域の人びとが住み慣れたまちで安心して生活することのできる「福祉のまちづくり」の実現を目指した様々な活動を行っている。

社会福祉協議会が取り組む権利擁護とは、虐待、経済的被害、差別等から本人を守るという権利侵害からの権利擁護だけではなく、本人が地域社会の中で様々な人に支えられ、自分の存在が価値あるものと認識でき、自身が主体となって生きていくことを支えることである。

❺　地域包括支援センター

地域包括支援センターは、介護保険法に基づき高齢者の生活サポートに関する地域の相談窓口として市区町村に設置され、基本的には役所の職員、または委託を受けた事業者の職員が活動している。役所の中以外にも、地域にある高齢者施設の中、民間の貸しビルの一角など、様々な所に設置されているため、高齢者に関するサービスの相談や手続きのために役所まで行かなくてもよいという利点がある。

地域包括支援センター設置以前は、主に社会福祉協議会が高齢者の権利擁護に関する事業を担っていた。

▶5　社会福祉協議会
民間の社会福祉活動を推進することを目的とした営利を目的としない非営利組織。1951（昭和26）年に制定された社会福祉事業法（現：社会福祉法）に基づき設置された。

以下、地域包括支援センターの担う高齢者の権利擁護の業務を「財産」と「虐待」の２つに分けてみていく。

①財産を守る

「財産」を守る業務とはつまり、加齢や認知症などにより判断能力が衰えた高齢者本人の財産を守る業務をいう。例えば、異常な数量の商品の購入、悪質業者とのリフォームの契約といった被害により、高齢者が財産を失わないよう、警察署と協力して注意喚起をしたり、消費生活センターにつなげる。また、精神疾患や認知症の悪化などにより自分の日常の金銭管理ができない場合は、市区町村と相談して成年後見人制度の説明や手続きのサポートも行っている。

②虐待から守る

高齢者虐待防止法が施行されても残念ながら高齢者への虐待は増加傾向にある。虐待というと、叩く、蹴るといった暴力による虐待というイメージがあるかもしれないが、それ以外にも言葉の暴力や、無視や大きな音をだして高齢者を委縮させる精神的な暴力、年金や預貯金を搾取する経済的虐待、介護が必要な状態にもかかわらず家族が一切面倒を見ない「ネグレクト」、人前で裸にさせる「性的虐待」などがある。こういった虐待を受けている本人や、虐待行為を知った人からの通報を受け、地域包括支援センターのスタッフと市区町村の職員が協力して、高齢者を虐待から守る役割も果たしている。

❻　成年後見支援センター

成年後見制度は、様々な理由により正常な判断能力に欠ける人の自立や親亡き後の生活において第三者が本人の代わりに財産の管理や福祉サービス利用の契約手続きなどを行うものである（後述参照）。

成年後見支援センターとは、成年後見制度の利用推進や利用者または後見人の相談を受け、裁判所やその他医療施設、福祉施設などの関連施設と連携を取りながら制度利用を支援していく成年後見制度専門の相談支援機関である。多くの成年後見支援センターは市町村からの委託を受け、社会福祉協議会や税理士会が運営していることが多く各地域に設置されている。その役割を以下に挙げる。

①相談支援

制度を利用する人や後見人からの相談を受け、関連機関と連携して解決に向けての支援をする。本人や親族、ケアマネージャー等からの相談対応や成年後見制度の説明を行う。事情により窓口に来られない場合には、施設や病院への訪問相談を行うこともある。また、法律的な問題に関しては弁護士や司法書士のアドバイザーと連携して支援を行っている。

もう一つの業務として成年後見支援センターが発端となる家族や関係

1 少子高齢社会
2 高齢者の理解
3 高齢者の生活
4 取り巻く環境
5 施策の変遷
6 老人福祉法
7 介護保険制度
8 居宅等サービス
9 施設サービス
10 高齢者医療確保法
11 権利擁護
12 環境整備
13 雇用・介護休業
14 連携
15 相談援助

機関を集めて行う「チーム会議」の設定がある。本人を含めた各機関の顔合わせの機会を作り現状確認や今後の支援方針、役割分担などを検討する。高齢者によっては関係機関となかなか連携が取れない場合も多く、コンタクトを取れていないケースがあるため、大切な会議となっている。

②申立支援

　成年後見制度の申立には多くの必要書類や記入しなければいけない書類があり、申請場所も普段足を運ぶことの少ない家庭裁判所のため、不安を覚える人が多い。そうした人への書類の記入方法や必要書類の説明、提出前の記入内容の確認などの支援を行う。また、市役所や裁判所と連携した会議を通して後見人の候補者の調節も行っている。

③法人後見

　法人後見とは、審議で該当した人に成年後見支援センター自体が後見人になることである。これは誰にでもなるというわけではなく、法人後見人になる基準が記載してある法人後見受任ガイドラインに従い、財産の関係や候補者や親族がいないなどの特定の事情がある人が受任調整会議で該当した場合に限る。もちろん、この受任調整会議も裁判所や市役所を含めての会議になり、最終決定権は裁判所にある。

④啓発

　成年後見制度の講座やイベントを開催し制度の理解と利用を促進するといった啓発活動を行う。一般の人や関係機関の担当者を対象に成年後見制度の説明会や講義、イベントを開催し認知上昇を図る。

　またセンターによっては、エンディングノートの書き方講座などを開催したり、移動講座を行うなど、気軽に参加できるものも多い。

2．高齢者の権利擁護のアプローチ

1　高齢者の人権に対する国連の動き

　世界人権宣言をはじめ、国連ではいち早く高齢者の人権問題について取り組み、世界に働きかけている。

❶　世界人権宣言（1948年）

　1948年12月10日第3回、国連総会で世界人権宣言が採択された。この宣言では「すべての人間は、生れながらにして自由であり、かつ、尊厳と権利とについて平等である」（第1条）「自己及び家族の健康及び福祉に十分な生活水準を保持する」（第25条）と述べられている。

❷　第1回高齢化に関する世界会議（1982年）

　地球規模で進む高齢化について、国連が本格的に取り組み始めたのは、1982年にオーストリアのウィーンで開かれた「高齢化に関する世界会議」

である。会議では各国政府、国連、市民社会が高齢化に対応する際の指針となる「高齢化に関する国際行動計画」が策定された。行動計画は序説で、高齢化が注目されるようになった背景として、「20世紀になって世界の多くの地域で乳幼児死亡率が抑制され、出生率が低下し、栄養状態が改善され、基礎的なヘルス・ケアや伝染病の抑制が行われてきた結果、寿命の長い人の数や割合が増加することになった」と述べている。

❸　国際人権規約（1988年）

1988年に国連が国際人権規約を採択したが、これは人権に関連する歴史の中で重要な位置を占めている。この規約には、経済的、社会的及び文化的権利に関するＡ条約と市民及び政治的権利に関するＢ条約がある。

❹　高齢者のための国連原則、国際高齢者年（1992年）

国際行動計画を受けて1990年の国連総会では、10月１日を「国際高齢者デー」に制定した。これは地球規模で進む高齢化への関心を高め、適切な政策の立案・実行を求めるものである。翌1991年の国連総会は「高齢者のための国連原則」を採択し、翌年には1999年を「国際高齢者年」とする決議が採択された。これは、「高齢者のための国連原則」を促進し、具体化することを目的とする。その内容をみると、高齢者は「自立」「参加」「ケア」「自己実現」の機会が与えられるともに「尊厳」を保障されるべきであると規定されている。

❺　2002年　第２回高齢化に関する世界会議

ウィーン会議から20年後の2002年、国連はスペインのマドリッドで第２回高齢化に関する世界会議を開いた。高齢化に関する国連の積極的な動きに加え、途上国でも出生率の低下や寿命の延伸によって、高齢化が身近な課題になり始めていたため、多くの途上国政府代表は一般演説の中でいかに高齢化に取り組んでいるかを表明した。貧困やエイズが高齢者の生活を圧迫していることや、伝統的な高齢者扶養システムが崩壊しているなど厳しい現状も訴えられた。会議は政治宣言をまとめ、さらにウィーン会議の国際行動計画を見直して、「高齢化に関するマドリッド行動計画」を策定した。行動計画は前文で「世界は開発途上国を中心に急速な高齢化に直面しているが、高齢者の社会参加の実現、健康と福祉を改善することは資金的、技術的に可能である」と述べ、各国政府、国際機関、非政府組織（NGO）▶6などが「高齢者と開発」「高齢に至るまでの健康と福祉の創造」「支援環境の整備」の３つの優先的課題に取り組むよう117項目に上る具体的な勧告を行った。また、基本的な考え方は、高齢者を社会に支えられる弱い存在ではなく、社会に貢献することのできる「社会の資源」としてとらえるべきであり、行動計画自体が「すべての世代のための社会」の創造を推進するためのものだとしている。

▶6
Non-Governmental Organizationの略称。本来は国連の経済社会理事会に対し、協議資格をもつ民間団体を指す。その基本的特徴は、政府から独立した私的団体であること（非政府性）、その構成や活動の目的が国際的であること（国際性）、多国籍企業と異なり営利を目的あるいは配分しないこと（非営利性）などである。今日では、国連に関係なく、地球的視野の問題解決に非政府・非営利の立場で取り組んでいる市民主導の組織を一般にNGOと総称している。

1 少子高齢社会
2 高齢者の理解
3 高齢者の生活
4 取り巻く環境
5 施策の変遷
6 老人福祉法
7 介護保険制度
8 居宅等サービス
9 施設サービス
10 高齢者医療確保法
11 権利擁護
12 環境整備
13 雇用・介護休業
14 連携
15 相談援助

行政機関に対する市民の苦情を処理するための福祉オンブズマン制度は、日本でも1990年代以降に取り入れられた。

福祉オンブズマンとは、政府や自治体等の行政機関に対する市民の苦情を処理するために、政府や自治体、議会が設置した第三者機関としての行政監察官を意味する。これは、1809年にスウェーデンで最初に設置された議会の行政監察官制度を起源とする。

日本では公的オンブズマンに対して、市民団体が「いずれの党派にも加担しないで、市民の立場から行政や企業などを監視しよう」という目的で、自ら市民オンブズマンを名乗る団体などがある。日本では、1980（昭和55）年に大阪で初めて市民オンブズマンが結成された。1990年代以降に福祉オンブズマン制度として取り入れられ始めたものの、日本において行政自身が行政監視型オンブズマンを設置する例はまだ少なく、また、各議会もオンブズマン設置に積極的に取り組むケースは少ないため、市民団体等が主体となってオンブズマン活動を行う場合が多いというのが実情である。

住民に代わって福祉サービス活動を調査、または、福祉サービスに関する苦情等の処理にあたっている機関を福祉オンブズマンと呼ぶ。保健福祉サービスに関する利用者、または利用希望者からの苦情を中立で公正な第三者の機関を通して迅速に処理する。そして利用者等の権利及び利益を保護し、保健福祉サービスの質を落とさないように努力するとともに公正で信頼される保健福祉行政を推進するという目的をもって設置されている。

3 日常生活自立支援事業

認知症高齢者などの判断能力が不十分な人を対象に、社会福祉協議会が中心となって日常生活自立支援事業が行われている。

日常生活自立支援事業とは認知症高齢者、知的障害者、精神障害者等のうち判断能力が不十分な人が、地域において自立した生活を送れるよう、利用者との契約に基づき、福祉サービスの利用援助等を行うものである。実施主体は都道府県や指定都市社会福祉協議会であるが、窓口業務等は市町村の社会福祉協議会等で実施されている。

❶ 対象者

認知症高齢者、知的障害者、精神障害者等であって日常生活を営むのに必要なサービスを利用するための情報の入手、理解、判断、意思表示を本人のみでは適切に行うことが困難な人が対象になっている。または

本事業の契約の内容について判断し得る能力を有していないと認められる人が事業の対象者になっている。

❷　援助の内容

支援事業として、福祉サービスの利用援助をはじめ、苦情解決制度の利用援助、住宅改造、居住家屋の貸借、日常生活上の消費契約及び住民票の届出等の行政手続に関する援助等がある。また、上記に伴う援助の内容は預金の払い戻し、預金の解約、預金の預け入れの手続等利用者の日常生活費の管理（日常的金銭管理）、定期的な訪問による生活変化の察知なども行う。

❸　サービスの利用手続きの流れ

まず利用希望者は実施主体に対して申請（相談）を行い、実施主体は、利用希望者の生活状況や希望する援助内容を確認するとともに、本事業の契約の内容について判断し得る能力の判定を行う。その後、実施主体は利用希望者が本事業の対象者の要件に該当すると判断した場合には、利用希望者の意向を確認しつつ、援助内容や実施頻度等の具体的な支援を決める「支援計画」を策定し、契約が締結される。なお、支援計画は、利用者の必要とする援助内容や判断能力の変化等利用者の状況を踏まえ、定期的に見直されることになっている。

❹　その他

契約内容や本人の判断能力等の確認を行う契約締結審査会▶7及び適性な運営を確保するための監督を行う第三者的機関である運営適正化委員会▶8を設置することにより、契約による事業の信頼性や的確性を高め、利用者が安心して利用できる仕組みとなっている。

サービスの利用料は実施主体が定め、利用者が負担しなければならない。訪問1回あたり利用料：平均1,200円であるが、契約締結前の初期相談等に係る経費や生活保護受給世帯の利用料については無料となっている。

▶7
日常生活自立支援事業の契約締結審査会は学識経験者・医師・弁護士・福祉関係者・行政関係者の5名で構成され、このサービス（日常生活支援事業）を本人が利用できるかどうかの審査を行う審査会である。

▶8　運営適正化委員会
福祉サービス利用者の苦情などを適切に解決し利用者の権利を擁護する目的で、2000年6月の社会福祉法改正後に全国でスタートした。

3．高齢者の虐待を防止するためには

1　高齢者虐待防止法制定の背景

高齢者の人権を守り、また虐待を防止する目的から、高齢者虐待防止法が制定された。

「高齢者虐待の防止、高齢者の養護者に対する支援等に関する法律」（高齢者虐待防止法）は2005（平成17）年11月に制定され、翌年4月から施行された。この法律の成立背景には、国外要因と国内要因という2側面がある。まず、国外的な要因として、アメリカを中心に人権というものが社会における重要な価値の一つとして強調されることになったこ

1 少子高齢社会
2 高齢者の理解
3 高齢者の生活
4 取り巻く環境
5 施策の変遷
6 老人福祉法
7 介護保険制度
8 居宅等サービス
9 施設サービス
10 高齢者医療確保法
11 権利擁護
12 環境整備
13 雇用・介護休業
14 連携
15 相談援助

とが挙げられる。次に、国内的な要因としては高齢社会の到来とともに、特に介護保険制度施行後から、家庭・施設において高齢者に対する虐待問題が大きな社会問題になったといえる。

　実際、2003（平成15）年度に厚生労働省の委託を受けて高齢者虐待に関する調査が行われ、虐待の実態が深刻な状況であることがわかった。こうした流れの中で、同年に高齢者虐待防止学会が設立され、同学会を中心に法律制定のため積極的に取り組んできた影響もあった結果、2005（同17）年11月に議員立法として誕生した。この法律の成立により、高齢者の人権や権利擁護問題に対して公的責任において対応することになった。

2　高齢者虐待の発生要因

虐待の発生には、虐待者側や被虐待者側などの様々な要因がからみ合っている。

　高齢者虐待は様々な要因が絡み合って起こる。その要因を見ると虐待者本人からの要因とそれ以外のものに区分することができるが、総括してみると次のようなことが挙げられる。

> ① 高齢者の認知症の発症や悪化、著しい身体機能の低下が、虐待の引き金になることがある。また、養護者が心身の疾病などにより精神的に不安定な場合に、介護負担とあいまって虐待につながることがある。
> ② 養護者の失業や収入が不安定な状況が長期化、あるいは多額の借金による生活苦などの経済的困窮が、とりわけ経済的虐待につながることがある。また、養護者自身の健康問題などから将来不安を募らせる中で、虐待に至ることもある。
> ③ 養護者の高齢者に対する恨みなど、高齢者と養護者との人間関係が悪い場合や養護者が高齢者を受容できない過去の経緯が虐待の発端となっていることがある。家庭環境の中に常に暴力が存在してきた場合には、高齢者に対してもためらうことなく暴力を振るうことになりかねない。特に、養護者が高齢者から暴力を振るわれて育ってきた場合には、高齢者の心身機能の低下とともに力関係が逆転し、高齢者への恨みが虐待となって表れる場合もある。
> ④ 高齢者が要介護状態になって介護が必要になった場合や、日常生活機能が著しく低下したり介護が長期化してきた場合、あるいは介護してきた家族が亡くなったり、その他の親族の協力が得られなくなって一人で介護しなければならなくなった場合に、養護者の介護疲れやストレスが増大し、負担感が限界に達したときに虐待につながることがある。
> ⑤ 世帯の転移ということで、家庭の中で両親が祖父母を虐待することを経験した子は成人になると被養護者を虐待する傾向がある。
> ⑥ 虐待者や被虐待者の虐待に対する認識の不充分や個人的な人格の特性が原因で虐待が発生する。

表11-1　高齢者虐待の主な発生要因

区分	主な要因	
高齢者側	・身体的自由度の低さ ・人格や性格 ・認知症による言動の混乱	・疾病や障害 ・生活困窮
虐待者側	・介護疲れ ・人格や性格 ・疾病や障害 ・金銭や財産ねらい	・排せつ介助の困難さ ・生活困窮 ・介護知識や経験の不足
人間関係	・家庭内の折り合いの悪さ ・家庭内の経済的、精神的依存関係がおかしくなること	
社会環境	・社会的孤立や希薄な近隣関係 ・家族や周囲の人の介護に関する無関心 ・老老介護や単身介護の増加	

筆者作成

3　高齢者虐待防止法の仕組み

　高齢者虐待防止法は、総則、虐待の種類、虐待発生時の対応システム、雑則・罰則といった項目で構成されている。

　　　高齢者虐待防止法は全文で30条と、他の法律と比べ短いものであり、次のような構成になっている。

　　　第1章の総則にはこの法律を制定した目的とともに法律の施行にあたり、国や地方公共団体および国民の責務などについて定められている。第2章では、養護者による高齢者虐待の防止、養護者に対する支援等家庭における養護者による高齢者虐待に対する具体的な対応システム、例えば、市町村は相談や指導を行う一方、立入調査後、必要によってその措置を取るべきであるとしている。

　　　第3章では、養介護施設従事者等による高齢者虐待の防止等における高齢者虐待に対する対応システムとして、研修や虐待の通報義務などについて定めている。第4章は雑則、最後の第5章には罰則の仕組みについて規定している。罰則は、①守秘義務に違反した者は1年以下の懲役または100万円以下の罰金、②正当な理由がなく立入調査を拒む・妨げる・忌避する、または規定の質問に対して答弁をしない・虚偽の答弁をする、あるいは高齢者に答弁をさせなかったり、虚偽の答弁をさせた者は、30万円以下の罰金を処すことを定めている。

1　少子高齢社会
2　高齢者の理解
3　高齢者の生活
4　取り巻く環境
5　施策の変遷
6　老人福祉法
7　介護保険制度
8　居宅等サービス
9　施設サービス
10　高齢者医療確保法
11　権利擁護
12　環境整備
13　雇用・介護休業
14　連携
15　相談援助

4　高齢者虐待の防止や対策

高齢者虐待を防止するためには、早期発見や早期対応など様々な対策がある。

❶　支援体制の確立

高齢者に対する虐待の発生予防から、虐待を受けた高齢者が安定した生活を送れるようになるまでの各段階において、高齢者の権利擁護を理念とする切れ目ない支援体制が必要である。

❷　高齢者自身の意思の尊重

高齢者自身の意思を尊重した対応（高齢者が安心して自由な意思表示ができるような支援）を行うことが重要である。

❸　虐待を未然に防ぐための積極的なアプローチ

高齢者虐待の問題では、虐待を未然に防止することが最も重要な課題であるが、そのためには、家庭内における権利意識の啓発、認知症等に対する正しい理解や介護知識の周知などのほか、介護保険制度等の利用促進などによる養護者の負担軽減策などが有効である。

❹　養介護施設従事者に対する研修の実施

法に基づく対応状況等調査結果では、養介護施設従事者等における高齢者虐待の主な発生要因が教育・知識・介護技術等に関する問題となっており、高齢者虐待防止や認知症ケアに対する理解を高める研修の実施を促すなど、管理者と職員が一体となった取組を推進していくことが大事である。

❺　虐待の早期発見・早期対応

高齢者虐待への対応は問題が深刻化する前に発見し、高齢者や養護者・家族に対する支援を開始することが重要である。民生委員や自治会・町内会等の地域組織との協力連携、地域住民への高齢者虐待に関する啓発普及、保健医療福祉関係機関等との連携体制の構築などによって、仮に虐待が起きても早期に発見し対応できる仕組みを整えることが必要である。

❻　高齢者本人とともに養護者を支援

市町村は、養護者による高齢者虐待の防止を目的に、養護者に対して相談、指導及び助言を行うとともに、養護者の負担軽減のため、養護者に対して必要な措置を講ずるとされている。

❼　関係機関の連携・協力によるチーム対応

高齢者虐待の発生には、家庭内での長年の経緯を基にした人間関係や介護疲れ、金銭的要因など様々な要因が影響しており、支援にあたっても高齢者や養護者の生活を支援するための様々な制度や知識が必要となる。

1 少子高齢社会

2 高齢者の理解

3 高齢者の生活

4 取り巻く環境

5 施策の変遷

6 老人福祉法

7 介護保険制度

8 居宅等サービス

9 施設サービス

10 高齢者医療確保法

11 権利擁護

12 環境整備

13 雇用・介護休業

14 連携

15 相談援助

そのため、発生予防から通報等による事実確認、高齢者の生活の安定に向けた支援にいたる各段階において、複数の関係者（介護保険、高齢者福祉、障害、医療、生活保護の担当部局等）が連携を取りながら高齢者や養護者の生活を支援できる体制が必要である。

❽　介護保険サービスの活用

介護を一人や家族だけで抱え込まず、介護保険サービス（ホームヘルプ、デイサービス、ショートステイ）などを利用し、介護者が自分の時間が持てるようにするなどで介護負担を減らすことが大切である。

❾　介護者の孤立を防ぐ

虐待は介護者が孤立している場合に起こりやすいので、地域包括支援センターなど専門機関への相談や、介護のストレスや悩み事を話し合える当事者の会や交流会に参加することも大事である。

❿　認知症の正しい理解の普及

認知症の方の中には徘徊や暴言、昼夜逆転などの症状が出る方もいる。こういった症状は介護者の負担が増えるため虐待の要因となる。認知症を正しく理解し、適切な対応や接し方をしたり、適切な支援を受けることで介護負担を減らすことができる。

また、地域住民の方々が認知症を正しく理解し、認知症の方や家族をあたたかく支えるような社会づくりが必要である。

4．成年後見制度とは

1　成年後見制度の背景と定義

成年後見制度は、認知症など判断能力が不十分な成年者に対して、成年後見人等が代わりとなり、財産管理などを行う制度である。

成年後見制度とは認知症、知的障害、精神障害のある者など、判断能力が不十分な成年者の財産管理や身の回りの世話の手配を代理権や同意権が付与された成年後見人等が代わりに行う制度である。例えば、認知症などで自分自身の財産管理や介護の手配ができなくなったとき、成年後見人に通帳、年金、不動産の管理、税金、公共料金の支払いなどの財産管理、要介護認定の申請、介護サービスの契約、老人ホームの入居契約などの介護・生活面の手配を行ってもらう制度である。

過去に、精神障害や薄弱によって判断能力が不十分な人に対して、権利を守るために実施されていた禁治産者▶9、準禁治産者▶10制度を廃止し、法定後見人制度と任意後見人制度へと改正された。

この制度ができた背景には2000（平成12）年4月から実施された介護保険制度に起因する。それまでの日本は、福祉サービスの利用は行政処

▶9
成年後見制度以前の禁治産・準禁治産宣告制度の下で、「禁治産者」は「心神喪失の常況」（精神に障害があって、ときに正常に復することはあっても、おおむね正常な判断能力を欠く状態）にあるため、家庭裁判所から禁治産の宣告を受け、まだその宣告が取り消されていない者を指していた。新制度導入に伴い、差別的な印象を与える表現であるとして「成年被後見人」という用語に改められた。

▶10　準禁治産者
心神耗弱者（心神喪失ほどではないが正常な判断能力を欠く者）または浪費癖のある者で、一定の手続きに従い家庭裁判所で準禁治産の宣告を受けた者を指す。

▶11　措置制度
福祉サービスを受ける要件を満たしているかを判断し、また、そのサービスの開始・廃止を法令に基づいた行政権限としての措置により提供する制度をいう。

分である措置制度▶11によるものであった。しかし、介護保険制度により、サービス利用方式が措置から利用者の選択へと変わり、利用者の判断能力が重要になってきた。そこで既存の制度では対応できなくなったことから成年後見制度ができた。この制度は介護保険制度の施行と同時に2000（平成12）年4月からスタートしている。

2　法定後見制度

> 法定後見制度は、法律によって選任された後見人などが、本人の代わりに法律行為を行うことをいう。本人の判断能力により、後見、保佐、補助という段階がある。

成年後見制度は、あくまで本人の判断能力を尊重した上で、本人の行動を代行するものである。同制度は大きく法定後見制度と任意後見制度がある。法定後見制度は家庭裁判所の審判によって、本人の行為能力が制限されるとともに、選任された成年後見人などに、一定の権限（採算管理権、代理権、取消権など）が付与される法定の後見制度である。本人の判断能力のレベルによって、後見（成年後見人）、保佐（保佐人）、補助（補助人）と構成されており、それぞれの権限、役割や職務などを有する。

❶　後見人

後見人（成年後見人）は、支援される人（被成年後見人）に代わって、あらゆる契約を結ぶことができる。また、被成年後見人が自分自身で、自分にとって一方的に不利益な内容の契約を結んでしまった場合には、成年後見人はその契約を取り消すことができる。3つの法定後見制度の中、後見の成年後見制度によって選ばれた成年後見人は最も権限が大きい。

被成年後見人は、自分の意思では財産を管理したり処分したりすることが全くできない人、具体的には重度の知的障害者・精神障害者・認知症高齢者などで常に判断能力がなく、自分だけで物事を決定することが難しく、日常的な買い物も一人ではできない人が対象になる。

❷　保佐人

支援される人（被保佐人）が、自分にとって一方的に不利益な内容の契約を結んでしまった場合、その契約が法律で定められた一定の重要な行為であれば、保佐人はその契約を取り消すことができる。また、家庭裁判所が被保佐人にとって利益になると認めたことについて、代わって契約を結ぶことができる。例えば、いずれ介護施設に入居しなければいけないような人の場合には介護施設の入居についての契約を代理することができ、後見人とは異なり、被保佐人それぞれにあった内容で保佐人に代理する権限が与えられる。

被保佐人は、重要な財産（土地や車など高額な物）を管理したり処分したりするには、常に援助が必要な人で、具体的には、知的・精神的障害のある人、認知症がある程度進行している高齢者など、判断能力が著しく不十分で、日常的な買い物くらいは自分でできるが、重要な契約などは難しいという人が対象になる。

保佐人が選任されると被保佐人の同意は原則的には不必要であるが、家庭裁判所によって保佐人に一定の代理する権限が認められたという場合には、その権限の悪用を防ぐため、この場合にのみ被保佐人の同意が必要である。

❸　補助人

補助人は、申立時に選択した特定の法律行為を代理し、また申立時に選択した重要な法律行為に同意したり取消したりすることができる。被補助人の対象者は、精神上の障害等により判断能力が不十分な人、すなわち、判断能力が不十分ながらも自分で契約等ができるかもしれないが、適切に判断できるかどうか心配があるため、第三者に手伝ってもらったり、代理してもらう方がよい人が対象者となる。

3　任意後見制度

任意後見制度は、法定後見人制度と異なり、本人の契約によって後見を行う制度である。

任意後見制度は、本人が契約の締結に必要な判断能力を有している間に、将来自己の判断能力が不十分になったときの後見事務の内容を後見する人（任意後見人）を、自ら事前の契約によって決めておく制度である。法定後見が家庭裁判所の審判によるものであるのに対し、任意後見は契約であることが後見人の選任方法において大きく異なる。

したがって、後見人候補者（受任者）と本人が契約当事者であり、この契約は、公正証書によって行われる。将来後見人となることを引き受けた者を「任意後見受任者」といい、任意後見が発効すると任意後見人となる。任意後見人の行為は、定期的に裁判所の選任する任意後見監督人により監督を受けるようになっているとともに、任意後見監督人は裁判所に報告することになっている。

法定後見が民法上の制度であるのに対し、任意後見は民法の特別法である「任意後見契約に関する法律」に定められている。任意後見制度は次のようなプロセスを経て行われる。

① 現時点では元気であり、自分で物事を決められるが、将来、認知症になったときのことが心配される人、すなわち、現時点では判断能力に問題ない人のみ利用することができる（すでに判断能力が不十分な人は法定後見制度を利用）。

1 少子高齢社会
2 高齢者の理解
3 高齢者の生活
4 取り巻く環境
5 施策の変遷
6 老人福祉法
7 介護保険制度
8 居宅等サービス
9 施設サービス
10 高齢者医療確保法
11 権利擁護
12 環境整備
13 雇用・介護休業
14 連携
15 相談援助

② 信頼できる人（家族、友人、弁護士・司法書士等の専門家等）と任意後見契約を締結してから公証人役場で公正証書を作成し、法務局にその旨を登記する。
③ 認知症の症状がみられるようになったら家庭裁判所に申し立てると、任意後見監督人が選任され、同時に当該任意後見契約が発効する。
※任意後見は法定後見に優先するため、任意後見契約が締結されているときに、法定後見の開始申立てをしても、原則として法定後見が開始することはない。これは、成年後見の理念が本人意思の尊重であり、本人意思により締結された契約を裁判所による行為である審判に優先させるという考えに基づくものである。しかし、任意後見制度は任意代理との違いがある。

　任意後見契約が通常の委任契約と異なる点として、公正証書によるという要式契約である点、任意後見監督人が後見人を監督する点等が挙げられる。特に後者は、任意代理契約との比較上、重要な差異である。
　任意後見契約では、本人の判断能力が十分な場合は代理人の行動を本人が監督でき、もし代理人の行動に権限のオーバー等の問題があれば、原則としていつでも解除できる。しかし、契約発効後に本人の判断能力が不十分となった場合は当然本人からの監督は期待できないにもかかわらず判断能力を欠くことは契約終了の事由ではないため契約は継続してしまう。このように、後見人が代理権を有するまま、監督者不在で法律行為を行い、本人の保護が十分になされないといったことがないよう、任意後見監督人が置かれるのである。

4　成年後見人などの義務

　後見人はその職務の性質上、被後見人と対等な立場ではない。その中で被後見人の権利が守られるよう、善管注意義務、自己執行義務などが課されている。

　成年後見制度はノーマライゼーション、自己決定の尊重、残存能力の活用といった理念によって支えられている。
　業務上、後見人と被後見人は対等な関係ではない。また、契約の依頼者と被後見人が別である場合が多い。よって、主務機関である家庭裁判所は、被後見人の生活や財産の状況、後見人候補者と被後見人との関係、後見人候補者の状況など様々な事情を考慮した上、被後見人のために誠実かつ責任をもってその職務を果たすことができる人を後見人に選任する。ただし、被後見人の財産が高額であったり、財産の状況が複雑、また、親族の間で療養看護や財産管理の方針が食い違っているなどの場合には、弁護士、司法書士、社会福祉士等の専門家を後見人に選任することもある。
　選任された成年後見人の仕事は大きく分けて「財産管理」と「身上監護」がある。財産管理は、被後見人に代わって財産の管理を行い、財産を維持すること、あるいは処分することも含まれ、その内容は日常生活

の金銭管理から重要財産の処分まで多岐である。身上監護は、被後見人の生活や健康に配慮し、安心した生活が送れるように契約などを行うものである。あくまで法律行為によるものであり、直接介護や看護などを行うことは含まれていない。

このような職務を行うため成年後見人には善管注意義務[12]（業務の執行に当たっては善良なる管理者の注意をもって行う）、自己執行義務（被後見人と信頼関係に基づいて自ら事務を行う）、本人の意思尊重義務、身上配慮義務（その心身の状態及び生活の状況に配慮しながら職務を行う）などを定めている。もし、規定を違反し被後見人に損害を与えた場合、後見人は損害賠償を負わなければならない。

> [12]　善良な管理者の注意義務（善管注意義務）
> 業務を委任された人の職業や専門家としての能力、社会的な地位などから考えて通常期待される注意義務を言う。

5　日常生活自立支援事業と成年後見制度の違い

日常生活自立支援事業と成年後見制度は、高齢者等の権利を擁護するための制度であることは共通するが、担当機関やその内容には、様々な相違点がある。

ここまで学んだように、判断の能力が不十分な人に対する援助制度には、日常生活自立支援事業と成年後見制度がある。両制度は高齢者の権利を擁護するための制度である点では共通している。反面、日常生活自立支援事業が、福祉サービスの利用援助や日常的な金銭等の管理に限定していることに対して、成年後見制度は、日常的な金銭に留まらないすべての財産管理や福祉施設の入退所など生活全般の支援に関する契約等の法律行為を援助することができること、担当の機関が社会福祉協議会または地域包括支援センターと家庭裁判所が担当しているという相違点がある。

ケースによってはこれら両方の制度を併用することもある。日常生活自立支援事業は福祉サービスの利用援助を目的とした生活支援であるため、利用契約者の日常的な範囲でのサービス提供が想定されており、その範囲を超えた支援は困難である。したがって、次のような場合には成年後見制度への移行、または併用が必要となる。

① 高額な財産の管理、不動産や有価証券の売買など日常的金銭管理を超え法律行為が必要になった場合。

② 居所の変更が必要となる施設入所等の代理による契約が必要になった場合。

③ 消費契約上のトラブルの解決のため取消権の行使が予測される場合、親族や知人らによる財産侵害など虐待の被害があり、明確な財産保全の必要性が高くなった場合。

④ 日常生活自立支援事業による支援だけでは生活の継続が困難となった場合。

1　少子高齢社会
2　高齢者の理解
3　高齢者の生活
4　取り巻く環境
5　施策の変遷
6　老人福祉法
7　介護保険制度
8　居宅等サービス
9　施設サービス
10　高齢者医療確保法
11　権利擁護
12　環境整備
13　雇用・介護休業
14　連携
15　相談援助

⑤　身上監護に関連して、将来にわたっての支援のキーパーソンが必要とされる場合。

⑥　日常生活自立支援事業と成年後見制度の併用ができる場合とできない場合。

　日常生活自立支援事業のサービス内容の多くは後見業務の範囲に含まれるため、成年後見人が選任されたら、基本的には日常生活自立支援事業は解約を検討することになる。しかし、両制度を併用することで、制度的に互いに補完し、支援を重層化できる場合もある。そのような場合には、両制度の併用が認められるが、併用を認めるかどうかの具体的な指標は、各都道府県の社会福祉協議会によって異なる。ここでは大阪府社会福祉協議会による指標を紹介したい。

①　権利侵害、虐待等をうける恐れがあり、権利侵害防止を図る観点から、日常的な見守り体制が必要な場合。

②　同居者や親族が何らかの生活課題を抱えており、本人の生活を支援するために、ファミリーソーシャルワークの観点から同居者や親族を含めた見守り体制が必要な場合。

③　精神的な問題等により、本人からの頻繁な訴えに対してきめ細かな対応が必要であり、複数の機関での関わりが必要な場合。

④　本人にとって、新しい人間関係を形成することが難しく、日常生活自立支援事業の支援がなくなることが本人にとって大きな不利益となることが想定される場合は両制度の併用が認められている。

考えてみましょう

○日本は高齢者の虐待を防止あるいは軽減させる目的で2006（平成18）年から高齢者虐待防止法を施行されている。しかし、本文でも言及したように、施設従事者による虐待は12年間10倍程度増えている現状である。今後も要介護高齢者の増加により、虐待される高齢者の数も増えることが予測されるが、どうすれば高齢者の人権が守られ、虐待の防止や軽減ができるかについて考えてみましょう。

【引用文献】
1）杉本敏夫・橋本有理子編『学びを追究する高齢者福祉』教育情報出版社　2020年　pp.78-79
2）大和田猛編『新・社会福祉士養成課程対応　高齢者への支援と介護保険制度［第2版］』みらい　2015年　pp.99-100
3）厚生労働省ウェブサイト「地域包括支援センターの手引きについて」

　　　　　https://www.mhlw.go.jp/topics/2007/03/tp0313-1.html

4 ）日本社会福祉士会『市町村・地域包括支援センター・都道府県のための養護者による高齢者虐待対応の手引き』中央法規出版　2011年　p.15

5 ）長寿科学振興財団ウェブサイト「高齢者の人権」

　　　　　https://www.tyojyu.or.jp/net/kaigo-seido/jinken/index.html

6 ）岩浅正幸、柳平サカン編著『人間の安全保障の諸政策』法律文化社　2012年　pp.105 − 106

【参考文献】

石田一紀偏『新エッセンシャル　老人福祉論［第 3 版］』みらい　2019年

ウィルオブ・ワークウェブサイト「いろはにかいご」

　　　https://1682-kaigo.jp/service/000894/

鎌倉新書ウェブサイト「遺産相続ガイド」

　　　http://sansouzoku-guide.jp

1 少子高齢社会
2 高齢者の理解
3 高齢者の生活
4 取り巻く環境
5 施策の変遷
6 老人福祉法
7 介護保険制度
8 居宅等サービス
9 施設サービス
10 高齢者医療確保法
11 権利擁護
12 環境整備
13 雇用・介護休業
14 連携
15 相談援助

木のお皿

ある所に、おじいさんと息子夫婦と孫の四人が暮らしていました。

おじいさんは、年をとって目がかすみ、耳も遠くなり、力もなくなっていました。スプーンもしっかり持っていられないほどで、食卓の上によくこぼしているありさまでした。息子夫婦は、それを見るのが嫌で、おじいさんの食卓は部屋の隅にテーブルを置いて、そこで食事をさせていました。

ある時、おじいさんの手からお皿が床に落ちて、粉々に割れてしまったのです。息子夫婦は小言を言いましたが、おじいさんは、なにも言わずにため息をついていました。それ以後、おじいさんには安い木の皿があてがわれ、それで食べることに決められました。

あるとき、四歳になる子供が外遊びから帰ってくると、小さな板切れを集めてきました。お父さんが子供に尋ねました。「その小さな板は、なにをするの？」四歳の子供は答えて言いました。「木のお皿をつくるの。お父さんとお母さんに食べさせてあげるの。」

これを聞いた夫婦は、しばらく顔を見合わせていましたが、おじいさんを食卓へ戻し、少しくらいこぼしても、何も言わなくなりました。

クリム童話集より

グリム童話の中の『木のお皿』という作品である。物語として楽しむのはもちろんだが、本章を学んだみなさんに、この物語の教訓を考えてほしいと思う。

少子高齢社会 1

高齢者の理解 2

高齢者の生活 3

取り巻く環境 4

施策の変遷 5

老人福祉法 6

介護保険制度 7

居宅等サービス 8

施設サービス 9

高齢者医療確保法 10

権利擁護 11

環境整備 12

雇用・介護休業 13

連携 14

相談援助 15

第12章

高齢者のための
さまざまな環境の整備

● キーポイント

> 高齢者が老後の不安を抱えながらも、地域の中で自己の可能性を最大限に生かして自分らしく生きていくためには、さまざまな環境の整備が必要である。そして、住居や街のさまざまなバリア（障壁）を一つひとつ取り除き、ユニバーサルデザインに変えていくことで、障害の有無や年齢にかかわらず、誰もが住みやすく自己実現しやすい福祉社会の実現につながっていく。

1. ノーマライゼーションとバリアフリー

1　ノーマライゼーションと環境の整備

誰もが「普通」の生活を送れるというノーマライゼーションの理念から、バリアフリー、ユニバーサルデザインという考え方が生まれた。

　ノーマライゼーションはデンマークで制定された1959年法に取り入れられた思想である。ノーマライゼーションは知的障害児・者の人権尊重、施設改善運動から始まった運動であった。その後、すべての子ども、障害者、高齢者などの人権尊重にかかわる思想として世界中に広がりをみせた。

　現在の福祉を根底から支えるノーマライゼーションの理念は、環境さえ整えれば人間は誰でも自己の可能性を最大限に生かすことができ、自己実現できるという確信に裏づけられている。

　つまり、ノーマライゼーションの理念は、それまでさまざまな事情で「普通」の生活をあきらめなければならなかった人たちも、環境を整備することによって「普通」の生活ができるようにしようというものである。そして、それまで地域社会から離れていた人たちも、地域社会の一員として「普通」に生活できる社会こそ「普通」の社会だと考えられたものである。したがってノーマライゼーションの理念は、住居・街・社会・国家全体が高齢者や障害者の視点によって整備されているかを問うことからはじめて、やがては障害の有無や年齢にかかわらず、誰もが暮らしたい場所で、その人らしく安心して住み続けることができる福祉社会になっていることを目指すのである。このようなノーマライゼーションの実現への過程で生まれてきた言葉が、バリアフリーとユニバーサルデザインである。

2　バリアフリーとユニバーサルデザインの意味

障壁を取り除くバリアフリーと、はじめから障壁をつくらないユニバーサルデザイン。

　　さて、それまで普通の住宅に住めなかった人や街に外出できなかった人が実際に「普通」に生活しようとすると、さまざまな障壁（バリア）があることに気づく。それを一つひとつ取り除いてその障壁のない状態、障壁に拘束されない自由な状態になること（フリー）がバリアフリーである。具体的には、段差をなくしたりエレベーターを設置するなどの物理的なバリアフリーと、それまで「普通」の生活ができなかったことへの偏見を取り除く精神的なバリアフリー、障害の有無により就職、資格などが制限されることを取り除く制度的バリアフリーなどがある。

　　そして次第に、商品を製造したり建物を設計する段階からバリアをつくらない、共用品、または最近ではユニバーサルデザインと呼ばれるものが普及してきた。

　　ユニバーサルデザインとは、すべての人が利用しやすい普遍的なデザイン（設計）という意味で、福祉が普遍化していくと同時にデザインも普遍化していくことを示している。つまり、一部の人達への救貧的で恩恵としての福祉から、すべての人が必要に応じて利用できる普遍的福祉への変遷を意味し、さらにはそこに生活するすべての人が安心して暮らせるまちづくり、自立した生活ができる環境づくりの実現のためにユニバーサルデザインの普及を図るのである。

2．住環境と高齢者福祉との関係

1　住環境が高齢者に与える影響

住環境は高齢者の生き方を変える。

　　ユニバーサルデザインが浸透し、福祉そのものが普遍化していくことが求められる背景には、社会の高齢化がある。2025年には65歳以上の高齢者が全人口の30％を超えると推計されているが、高齢者の割合が高くなるということは、それだけさまざまなバリアの除去を求める人たちが増えることを意味する。誰もが年をとり、日常生活において何らかの不自由を感じることが予想されるなかで、その不自由さをなるべく感じることのないデザインが普及し、積極的に活動できるバリアフリー環境が整備されることは非常に重要なことである。

　　特に、どのような住宅に住み、どのような地域に住んでいるかが高齢者の生活、ひいては生き方自体に影響を及ぼす可能性がある。とりわけ高齢者は住環境の影響を受けやすく、自ら住環境を変えようという意欲

1 少子高齢社会
2 高齢者の理解
3 高齢者の生活
4 取り巻く環境
5 施策の変遷
6 老人福祉法
7 介護保険制度
8 居宅等サービス
9 施設サービス
10 高齢者医療確保法
11 権利擁護
12 環境整備
13 雇用・介護休業
14 連携
15 相談援助

▶1
2019年の、65歳以上の高齢者の家庭内での不慮の事故による種類別死亡者数は、溺死及び溺水が5,310人、その他の不慮の窒息が2,747人、転倒・転落・墜落が2,088人となっている（厚生労働省「人口動態統計」2019年）。

▶2
交通事故による死者の数では、65歳以上の高齢者の割合は、交通事故死亡者数全体の57.3%を占めている（警察庁「令和2年上半期における交通死亡事故の発生状況」2020年）。

や能力も低下する傾向にあるために、劣悪な住環境に甘んじてしまったり、環境を変えることに抵抗を感じたりするようになってしまうのである。

　高齢者の住環境としてまず重要なのは安全性である。高齢者の家庭内での溺死や転倒・転落などによる事故死は多く▶1、実際に浴室の設備や住宅内の段差等に対して支障を感じている高齢者は多い（**表12-1**）。また外出時の障害としては、道路の段差・階段や、公共交通機関の不便さ、交通事故▶2への不安などがあげられている（**図12-1**）。

　このような住環境に対する不安が、自宅に住み続けることへの不安につながり、自立して生活することへの自信を喪失させてしまうのである。高齢者だけの生活、あるいはひとり暮らしになったときの不安が先行して、自分本来の生き方を選択できなくなってしまう高齢者も多い。

表12-1　高齢者が感じる住宅の構造・設備上の支障

(%、複数回答)

年齢階級	総数（人）	玄関などに段差があり、昇り降りしにくい	部屋、浴室、トイレの入り口などに段差がある	階段があり、昇り降りしにくい	廊下や階段が滑りやすい	廊下や階段に手すりなど掴まるところがない	トイレが使いにくい（遠い、狭い、寒い、暗い、手すりがないなど）
総　数	3,501	6.9	4.0	5.3	0.9	2.5	4.1
60〜64歳	890	4.8	3.1	3.9	0.7	1.7	4.3
65〜69	880	4.8	3.1	4.9	0.6	2.0	3.6
70〜74	723	7.3	3.7	5.4	1.1	3.7	4.0
75〜79	564	9.8	5.0	7.4	1.2	3.0	3.4
80〜84	312	9.9	6.1	6.1	1.0	2.9	5.8
85歳以上	132	12.1	9.1	6.8	1.5	2.3	5.3

年齢階級	浴室が使いにくい（狭い、寒い、暗い、手すりがなく入浴しづらいなど）	台所が使いにくい（流し台の高さが合わないなど）	掃除しにくい場所がある	窓、扉の開閉がしにくい	玄関から道路までに段差があり、外に出づらい	その他	特にない	回答計
総　数	4.8	3.3	3.3	2.5	3.2	1.6	76.0	118.7
60〜64歳	5.1	4.5	3.5	2.6	2.7	1.9	76.6	115.7
65〜69	3.6	3.1	2.7	1.9	1.9	1.5	79.0	112.7
70〜74	5.5	3.2	3.2	3.3	3.9	1.5	75.7	121.7
75〜79	4.4	3.0	4.1	2.7	4.6	1.6	73.8	123.9
80〜84	6.1	1.6	3.8	1.9	3.8	1.9	73.4	124.4
85歳以上	6.1	3.0	1.5	2.3	4.5	－	69.7	125.0

（注）調査対象は、全国の60歳以上の男女。

資料：内閣府「平成21年度高齢者の日常生活に関する意識調査結果」2010年

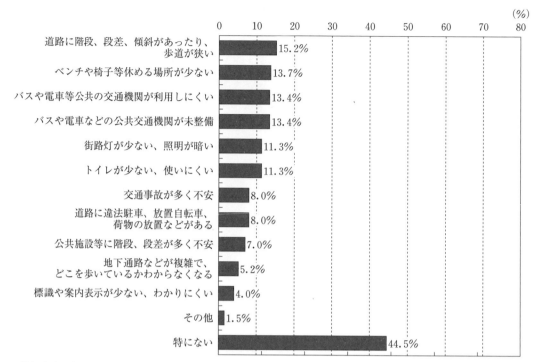

図12－1　高齢者の外出時の障害

(注) 調査対象は全国の60歳以上の男女
資料：内閣府「平成26年度高齢者の日常生活に関する意識調査結果（全体版）」2015年

2　高齢者が安心して暮らせる住環境の必要性

高齢者の住環境を考えることは日本の高齢者福祉にとどまらず、日本の社会や文化全体について考えることにつながる。

　　子どもとの同居を願う高齢者には子どもの援助や介護をあてにしなければならない不安があり、さまざまな事情で介護老人福祉施設などへ入所した高齢者の多くは、自分の力ではどうにもならないという無力感とともに、入所した施設の質により自分の生活や生き方が大きく左右される不安定な立場に身を置くことになる。いずれにしても、高齢者が自分本来の生き方を全うするための確かな保障がないということになる。

　　人間が自分の人生を自分らしく生きるためには、本人の意志が重要なのはいうまでもないが、高齢者の場合、本人の意志を萎えさせる「老い」の力を差し引いてもなお、余りあるほど確かな環境の整備が求められるのである。その環境の整備のなかでも最も重要なのが住環境の整備である。寝たきりの生活や、自宅での生活をあきらめる日を最大限遠ざけるような住環境が、すべての高齢者に保障されているかどうかが高齢者福祉の根幹に関わる問題なのである。

　　さらにいうならば、高齢者の住環境の整備を徹底させるには、高齢者

1
少子高齢社会

2
高齢者の理解

3
高齢者の生活

4
取り巻く環境

5
施策の変遷

6
老人福祉法

7
介護保険制度

8
居宅等サービス

9
施設サービス

10
高齢者医療確保法

11
権利擁護

12
環境整備

13
雇用・介護休業

14
連携

15
相談援助

の生存権の本質を見直す作業が必要になり、その作業を通して、日本の住宅政策全体を見直さざるを得なくなる。また、老後の不安を理由に子どもとの同居を願う高齢者が減らないとすると、日本の前近代的な家族制度を温存することにもなりかねない。高齢者の住環境を考えることは、日本の高齢者福祉にとどまらず日本の社会や文化全体について考えることになるのである。

3．日本における高齢者のための環境整備

1　高齢者や障害者の自立を支える環境の整備

ゴールドプランで「寝たきり老人ゼロ作戦」がはじまり、さまざまな福祉機器や介護用品が開発されるようになった。

▶3
朝日新聞の大熊由紀子論説委員によって、1985年敬老の日に掲載された。後に『「寝たきり老人」のいる国いない国』（大熊由紀子　ぶどう社　1990年）が出版されている。

▶4
詳しくは第5章を参照。

いわゆる「寝たきり老人」がいる国といない国がある、ということに日本が気づきはじめたのは1985年のことである。ハンガリー、オーストリア、旧西ドイツ、スウェーデン、デンマークの国々で「寝たきり老人」という概念も言葉さえも存在しないことを伝える記事が、大きな反響を呼んだのである[3]。以後、「寝たきり」を前提とした日本の老人医療・老人福祉が見直され、ノーマライゼーションの理念が障害者福祉から高齢者福祉へと広まっていった。

そして、1989（昭和64）年に策定された「高齢者保健福祉推進十か年戦略」（ゴールドプラン）[4]では、「在宅福祉の推進」とともに「寝たきり老人ゼロ作戦」が提唱されたのである。

人間は普通、昼間は立ったり座ったりして活動し、夜は横になって休むことによって身体の各機能が正常に保たれ、健康を維持することができる。ところが「寝たきり」の高齢者や障害者は、一人で立ったり座ったりできないのだから仕方がないと見過ごされてきてしまった。それを、道具や人手、環境を整備することによって、人間が人間らしくいられる「普通」の状態に近づけることができると考えるのがノーマライゼーションの考え方である。

そこでまず、日常生活をするうえで有効な姿勢や、治療的にみて効果のある（ありそうな）姿勢を見つけだし、その姿勢を保持するための道具としてさまざまな「姿勢保持具（装置）」が開発されている[5]。

▶5
光野有次『バリアフリーをつくる』「寝たきりの人を起こす」岩波書店1998年　p.17

さらに、寝たきりの人を起こす道具としては移動用リフトや車いす、歩行支援用具などがあり、排せつしたり入浴するための補助具などがある。しかし、自治体によって利用者の条件がさまざまに規定され、必ずしもすべての高齢者のためのものとはなっていない。

また最近では、手が多少不自由でも一人で食べられる食器や、シャン

プーとリンスが触っただけで区別できるような凹凸がついている商品などが知られるようになってきた。これらは、高齢者や障害者にとってのバリアを排除したバリアフリーデザインであると同時に、すべての人が利用しやすいように改良されたユニバーサルデザインとして普及しつつある。

2 移動環境などの整備に向けたバリアフリー新法の成立

さらなる移動環境などの整備に向け、建築物のバリアフリーを定めたハートビル法と、交通機関のバリアフリーを定めた交通バリアフリー法が統廃合されて、バリアフリー新法が成立した。

人間が寝たきりにならず、起きて、食事や入浴、排せつをするためには、さまざまなバリアを除去しなければならない。自宅内のバリアフリーはもちろん、普通に地域社会に参加するためには地域全体のバリアフリーが必要となる。

このような動きが日本で本格化するのは、1994（平成6）年に制定された「高齢者、身体障害者等が円滑に利用できる特定建築物の建築の促進に関する法律」、いわゆる「ハートビル法」からである。これは、百貨店やホテルなど不特定多数が利用する建築物を建築する際に、高齢者や身体障害者が円滑に利用できるような配慮を行うよう定めたものである。出入り口や廊下、階段などに最低限必要とされる「利用円滑化基準」と、望ましい基準である「利用円滑化誘導基準」の2つが定められ、所管行政庁の認定によって補助金や税制上の特例措置が講じられた。そして、2002（平成14）年の改正により、特別特定建築物等に関する基準への不適合や認定建築物における不当な表示について罰則規定が設けられ、法的拘束力が増した。

さらに、1996（平成8）年に閣議決定された「高齢社会対策大綱」では、高齢期の身体機能の低下に対応し自立や介護に配慮した住宅の普及促進を図る[6]とともに、公共交通機関、歩行環境、公的的建築物等のバリアフリー化を図ることにより、高齢者に配慮したまちづくりを総合的に推進する方針が示され、2000（平成12）年「高齢者、身体障害者等の公共交通機関を利用した移動の円滑化の促進に関する法律」（交通バリアフリー法）が成立した。

この法律の目的は次のようにまとめられる。

① 鉄道駅等の旅客施設及び車両等の構造・設備のバリアフリー化の推進

② 旅客施設を中心とした一定の地区における、周辺の道路、駅前広場、通路等のバリアフリー化の推進

具体的には、公共交通事業者に対し、鉄道駅等の旅客施設の新設・改

[6]
具体的には、公的住宅におけるバリアフリー化の推進や高齢者同居世帯の一階入居など、自宅の新築時やリフォーム時にバリアフリー化工事を行う場合の優遇措置、高齢者同居世帯が住宅購入する場合の優遇措置などがある。

築、車両の新規導入の際、この法律に基づいて定められる「移動円滑化基準」への適合が義務付けられた。また、公共交通事業者等が推進する事業として、エレベーター・エスカレーター等の設置、使いやすい券売機の設置、低床バスの導入、歩道の段差解消、視覚障害者用信号機の設置などがあげられる。

　そして、2006（平成18）年には、ハートビル法と交通バリアフリー法を一体化させた「高齢者、障害者等の移動等の円滑化の促進に関する法律」（バリアフリー新法）が成立した。同法の目的は、第1条に「高齢者、障害者等の自立した日常生活及び社会生活を確保することの重要性にかんがみ、公共交通機関の旅客施設及び車両等、道路、路外駐車場、公園施設並びに建築物の構造及び設備を改善するための措置、一定の地区における旅客施設、建築物等及びこれらの間の経路を構成する道路、駅前広場、通路その他の施設の一体的な整備を推進するための措置その他の措置を講ずることにより、高齢者、障害者等の移動上及び施設の利用上の利便性及び安全性の向上の促進を図り、もって公共の福祉の増進に資することを目的とする」とされている。これにより、「移動」と「施設の利用」におけるバリアフリーが総合的に推進されていくことが期待される。これにより、高齢者等の移動等の円滑化に向けて、国、地方公共団体、施設設置管理者等、国民のそれぞれの立場における責務が明記された。中でも公共交通、道路、路外駐車場、公園、建築物の施設設置管理者等は、移動等円滑化のための必要な措置を講ずるように努めなければならないとされ、バリアフリー化の推進に向けた施設等の移動等円滑化基準の適合について、新設は義務、既存は努力義務となっている。

　また、2019（令和元）年の同法改正により、地域における重点的、一体的なバリアフリー化の推進に向けて、ハード整備に関する各特定事業及び「心のバリアフリー」に関する教育啓発特定事業を位置づけることで、関係者による事業の実施状況を促進するなど、バリアフリーの街づくりに向けた地域における取り組み強化が図られている。

3　高齢者の居住の安定確保に関する法律

高齢者の生活上の安心・安定を確保する目的で定められた。

　2001（平成13）年に「高齢者の居住の安定確保に関する法律」が施行された。同法の目的は、第1条に「高齢者が日常生活を営むために必要な福祉サービスの提供を受けることができる良好な居住環境を備えた高齢者向けの賃貸住宅等の登録制度を設けるとともに、良好な居住環境を備えた高齢者向けの賃貸住宅の供給を促進するための措置を講じ、併せて高齢者に適した良好な居住環境が確保され高齢者が安定的に居住する

1 少子高齢社会
2 高齢者の理解
3 高齢者の生活
4 取り巻く環境
5 施策の変遷
6 老人福祉法
7 介護保険制度
8 居宅等サービス
9 施設サービス
10 高齢者医療確保法
11 権利擁護
12 環境整備
13 雇用・介護休業
14 連携
15 相談援助

ことができる賃貸住宅について終身建物賃貸借制度を設ける等の措置を講ずることにより、高齢者の居住の安定の確保を図り、もってその福祉の増進に寄与することを目的とする」とされている。この目的のもと、高齢者円滑入居賃貸住宅の登録・閲覧制度、高齢者向け優良賃貸住宅の供給促進、終身建物賃貸借権の確立、高齢者の持ち家のバリアフリー化支援のための特別な融資制度の創設などが設けられ、居住の安定確保等が図られた。

　また、2005（平成17）年には、高齢者の単身・夫婦世帯にもっぱら賃貸する集合住宅として高齢者専用賃貸住宅の運営が開始されていた。

　厚生労働省は高齢者向け住宅の制度整備と併せて、2008（平成20）年から「安心住空間創出プロジェクト」の推進をはじめている。

　その後、2011（平成23）年に高齢者の居住の安定確保に関する法律等が一部改正され、高齢者円滑入居賃貸住宅・高齢者専用賃貸住宅の登録制度および高齢者向け優良賃貸住宅の供給計画の認定制度を廃止し、サービス付き高齢者向け住宅の登録制度の創設などが行われた。従来は高齢者向け賃貸住宅が複数存在し、利用しづらくわかりづらい制度となっていたため、それら3つを廃止し、サービス付き高齢者向け住宅に一本化されたのである。サービス付き高齢者向け住宅は、高齢者の居住の安定を確保することを目的として、バリアフリー構造等を有し、高齢者を支援するサービスを提供する住宅である。その他にも終身建物賃貸借制度の認可基準の見直し、高齢者居住支援センターの指定制度廃止などが行われ、高齢者にとってわかりやすく使いやすい制度に向けた改善が図られている。

4　人間らしく住む権利

人間にふさわしい住宅に住むこと、移動することは人権である。

　一般に、どこでどのような家に住むかは個人の自由である。しかし、住居が生存の基盤であることを考えれば、住む権利は生存権として国が保障していかなければならない社会権である。

　日本はこれまで持ち家政策を掲げ、住宅を個人の責任に押しつけてきたが、ここにきて高齢者への住宅政策において公的責任を免れなくなってきている。ヨーロッパでは資本主義国であっても、国家の責任として国民の住居に対して強力な公的介入を行ってきた。その住宅政策を支える「不良な住宅は人権をそこなう」という認識が日本の住宅政策には絶対的に欠けているのである[7]。

　たとえばスウェーデンでは、1960年代にすべての国民が質の高い住宅に住めるような住宅政策がはじまり、1970年代にはバリアフリーの住宅

[7]
早川和男『住宅貧乏物語』「住宅貧乏文化」岩波書店　1979年　p.188

1 少子高齢社会

2 高齢者の理解

3 高齢者の生活

4 取り巻く環境

5 施策の変遷

6 老人福祉法

7 介護保険制度

8 居宅等サービス

9 施設サービス

10 高齢者医療確保法

11 権利擁護

12 環境整備

13 雇用・介護休業

14 連携

15 相談援助

▶8
スウェーデンの政策については、白石真澄『バリアフリーのまちづくり』（『ヨーロッパのまちづくり』日本経済新聞社1995年　p.207～）を参考にした。

（またはバリアフリーに改造できる住宅）でなければ建築を許可しないという法律ができた。個人の住宅に対する強力な公的介入である。さらに1970年代後半から1980年代前半にかけて公共交通機関のバリアフリーが義務づけられ、専門の監視機関が監視を続けている。住む権利に加えて、移動する権利が人権として確立していることを裏づける政策である[8]。

　こうした人権尊重の社会・文化のなかでスウェーデンの在宅福祉は推進されたのである。

　人間らしく住む権利、移動する権利は、最大限尊重されなければ人間としての尊厳が保たれない「人権」である。この人権という認識が確立されていないと、本章冒頭で記したようにノーマライゼーションの理念も実現されないし、高齢者のための環境整備も進まない。人権を守らなければならないからこそ、国はそれにかかる財源を確保しなければならない。

　人権が尊重される社会に住み、バリアフリーの環境に住むということは、福祉が普遍化して、すべての人間に安心を保障することであるということを忘れてはならない。

　住宅は生活の基盤をなすものであり、高齢者等のすべての人が生涯を通じて安心・安全に生活ができ、安定したゆとりある住環境が求められている。そのためにも、今後は住宅と福祉の施策のさらなる連携強化が必要である。

　高齢期は、加齢に伴い様々な心身の変化が生じる。しかし、それらの状態にかかわらず、一人一人の高齢者が望む自分らしい日々の生活の実現に向けて、高齢者の視点に立った住まいや移動等の様々な環境整備が今後ますます重要となる。この取り組みは、高齢者の社会参加を助長し、人生の完成における自己実現に向けた基盤整備につながる。

【参考文献】

石田一紀編『新・エッセンシャル老人福祉論［第3版］』みらい　2015年
大熊由紀子『「寝たきり老人」のいる国いない国』ぶどう社　1990年
白石真澄『バリアフリーのまちづくり』日本経済新聞社　1995年
内閣府編『平成26年版高齢社会白書』2014年
早川和夫『住宅貧乏物語』岩波書店　1979年
早川和夫『居住福祉』岩波書店　1997年
光野有次『バリアフリーをつくる』岩波書店　1998年

考えてみましょう

○みなさんが住む地域にはどのような地域環境上の特徴があるでしょうか。また、高齢者がより快適な地域生活を送る上で、どのような環境整備が必要となるかについて考えてみましょう。

1 少子高齢社会
2 高齢者の理解
3 高齢者の生活
4 取り巻く環境
5 施策の変遷
6 老人福祉法
7 介護保険制度
8 居宅等サービス
9 施設サービス
10 高齢者医療確保法
11 権利擁護
12 環境整備
13 雇用・介護休業
14 連携
15 相談援助

第13章　高齢者の雇用安定と家族の就労上の介護休業支援

●キーポイント

わが国は少子高齢化の急速な進展に伴う人口減少を背景に、年齢にかかわらず意欲と能力に応じて働くことができる生涯現役社会をめざしている。

本章では、特に高年齢者がその能力を発揮し、社会で活躍できる環境を整備するための法律である高年齢者雇用安定法の概要と改正の経緯について理解する。また、育児や介護を担いながらも働き続けている労働者がいる。そこで育児や介護を担いながらでも働き続けられる雇用環境や再就職の促進を図り、仕事と家庭を両立することを目的とした育児・介護休業法の概要や沿革についても理解する。最後に育児や介護を続けながら仕事と家庭を両立するために、育児・介護休業法の現状を把握した上で、その課題についても考える。

1. 高年齢者雇用安定法

1 高年齢者雇用安定法の成立・改正の背景

わが国は少子高齢化が進展し、人口が減少に転じている。このような状況の中、経済活動の維持、活性化を図るために働く意欲のある誰もが働き続けることのできる生涯現役社会の実現がめざされている。ここでは特に、高年齢者が活躍できる労働環境を整備するために制定されている高年齢者雇用安定法の目的や成立背景を理解する。

❶ 高年齢者雇用安定法とは

わが国は少子高齢化が進展し、人口が減少していく社会に転じている。このような社会の中で、経済活動を維持するためには、労働力の確保が喫緊の課題であり、働く意欲のある誰もが年齢にかかわらず、意欲と能力を発揮して働くことができる生涯現役社会の実現が求められている。

ここでは、高年齢者が社会で活躍できる環境を整備するために制定された「高年齢者等の雇用の安定等に関する法律」（以下「高齢年齢者雇用安定法」）を理解する。この法律の第1条には、「定年の引き上げ、継続雇用制度の導入による高年齢者の安定した雇用の確保の促進、高年齢者等の再就職の促進、定年退職者その他の高年齢退職者に対する就業の機会の確保等の措置を総合的に講じ、もつて高年齢者等の職業の安定その他福祉の増進を図るとともに、経済及び社会の発展に寄与する」と目的が明記されている。また、公共職業安定所によって高年齢者等の再就職の促進を図ることや、定年退職者その他高年齢退職者の希望に応じて、臨時的かつ短期的な就業の機会を確保するためのシルバー人材センター等についても規定されている。

191

❷　高年齢者雇用安定法の背景

　高年齢者雇用安定法の前身は、1971（昭和46）年に制定された中高年齢者の雇用対策を目的とした「中高年齢者等の雇用の促進に関する特別措置法」（中高年齢者雇用促進法）である。

　この法律は、戦後の高度経済成長によって、労働力需給の改善がみられたものの就労意欲の高い中高年齢者の雇用対策が取り残されていたことに対応するために制定されたものである。その後、1986（昭和61）年に現在の高年齢者雇用安定法に法律名が改称されている。高年齢者雇用安定法が改正され、現在の法律となった背景としては、以下のことが考えられる。

　第1は、少子高齢化の進展に伴う人口減少社会において、働く意欲がある高年齢者の雇用を維持することによって、労働人口を確保し、経済の活力を維持するためである。

　第2は、高年齢者の高い就労意欲に応えるためである。内閣府「令和元年度高齢者の経済生活に関する調査結果」によれば、収入のある仕事をしている60歳以上の者の36.7％が「働けるうちはいつまでも」働きたいと回答している。70歳くらいまでもしくはそれ以上の回答を合わせると約9割であり、高齢期にも高い就業意欲を持っていることが伺える。また、全体では70歳ぐらいまでもしくはそれ以上の回答を合わせると、約6割になっている（**図13－1**）。

　第3は、公的年金と雇用の調整を図るためである。具体的には、2013（平成25）年から老齢厚生年金の報酬比例部分の支給開始年齢が段階的に引上げられることになった（**表13－1**）。これによって、60歳で定年

図13－1　高齢者の就労意欲

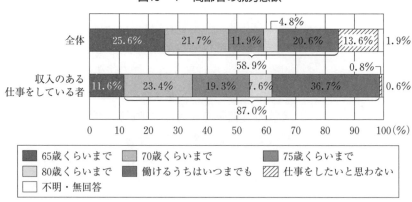

注1：調査対象は、全国の60歳以上の男女。
注2：四捨五入の関係で、足し合わせても100％にはならない場合がある。
資料：内閣府「令和元年度高齢者の経済生活に関する調査」2019年
出典：内閣府『令和3年版高齢社会白書』2021年　p.25

表13－1　老齢厚生年金の報酬比例部分の支給開始年齢

2013（平成25）年4月1日から2016（平成28）年3月31日まで	61歳
2016（平成28）年4月1日から2019（平成31）年3月31日まで	62歳
2019（平成31）年4月1日から2022（平成34）年3月31日まで	63歳
2022（平成34）年4月1日から2025（平成37）年3月31日まで	64歳

資料：厚生労働省ウェブサイト「高年齢者雇用安定法Q&A（高年齢者雇用確保措置関係）」を一部改変
https://www.mhlw.go.jp/general/seido/anteikyoku/kourei 2 /qa/

を迎えると、年金受給までの期間、無収入になる可能性が生じる。そのため、60歳から65歳までの期間に希望者がその意欲と能力に応じて働くことができるように、65歳まで継続した雇用を支援する制度が必要になった。また、2020（令和2）年の改正において、2021（同3）年からは65歳から70歳までの就業機会の確保が努力義務になっている。

2　高年齢者雇用安定法の改正

　高年齢者雇用安定法の主な改正内容を経年的に概観することで、高年齢者が働き続けることができるように、また経済活動の担い手として活躍できるための環境がどのように整備されてきたのかを理解する。

　1986（昭和61）年に高年齢者雇用安定法に法律名が改称されて以降、高年齢者が活躍できる環境を整備するために改正が重ねられている。

　ここでは少子高齢化が進行する中、労働意欲のある高年齢者が就労機会を得て活躍するために、どのように制度が改正され、現在の高年齢者雇用安定法につながっているのかについて、主な改正内容を経年的に概観しながら辿りたい（**表13－2**）。

　1990（平成2）年の改正においては、定年を迎えた人の65歳までの継続雇用の推進、1994（同6）年の改正では、60歳定年の義務化と65歳までの継続雇用が努力義務となった。その後、60歳定年の義務化は社会的に認識され進行したが年金支給開始年齢の上限である65歳までの雇用機会の確保については課題が残った。そのため2004（同16）年の改正では、2006（同18）年から事業主に、①65歳までの定年引き上げ、②65歳までの継続雇用制度等の導入、③定年の定めの廃止のうちいずれかの措置を講じることが義務づけられることになった。

　2012（平成24）年の改正では、継続雇用制度の対象者を限定できる仕組みを廃止し、希望者全員を制度の対象とすることが義務化された。また、継続雇用制度の対象者を雇用する企業の範囲の拡大、義務違反の企業に対する公表規定の導入等が行われた。

　2020（令和2）年の改正では、現行の65歳までの雇用確保の義務に加

1 少子高齢社会
2 高齢者の理解
3 高齢者の生活
4 取り巻く環境
5 施策の変遷
6 老人福祉法
7 介護保険制度
8 居宅等サービス
9 施設サービス
10 高齢者医療確保法
11 権利擁護
12 環境整備
13 雇用・介護休業
14 連携
15 相談援助

表13-2　これまでの高年齢者雇用安定法の主な改正内容

法改正年	高年齢者雇用安定法
1986年 （昭和61年）	○中高法改正—高年齢者の雇用就業対策に関する総合的な法律に抜本改正 ①題名を「高年齢者等の雇用の安定等に関する法律」（高年齢者雇用安定法）に改正 ②60歳定年の努力義務化（1986（昭和61）年10月１日施行） ③定年引上げの要請、定年引上げに関する計画の作成命令、計画の変更・適正実施勧告等 ④再就職援助の努力義務化、再就職援助計画の作成要請等 ⑤高年齢者雇用安定センター、シルバー人材センターの指定等
1990年 （平成２年）	○65歳までの継続雇用の推進 ①高年齢者等職業安定対策基本方針の策定 ②定年到達者が希望する場合の定年後の再雇用の努力義務化、再雇用の前提となる諸条件の整備に関する公共職業安定所長による勧告
1994年 （平成６年）	○60歳定年の義務化 ①60歳定年の義務化（定年を定める場合、60歳を下回ることができない）（1998（平成10）年４月１日施行） ②継続雇用制度の導入等に関する計画の作成指示、計画の変更・適正実施勧告 ③高齢者に係る労働者派遣事業の特例 ④高年齢者職業経験活用センター等の指定等
1996年 （平成８年）	○シルバー人材センター事業の発展・拡充 ・シルバー人材センター連合の指定等
2000年 （平成12年）	○再就職援助計画制度拡充 ①定年の引上げ等による高年齢者雇用確保措置導入の努力義務化（2000（平成12）年10月１日施行） ②再就職援助計画の個別交付・対象者の拡大（45歳以上） ③シルバー人材センターの業務の拡大
2004年 （平成16年）	○雇用確保措置法的義務化 ①定年の引上げ等による高年齢者雇用確保措置導入の法的義務化（2006（平成18）年４月１日施行）（※義務化年齢を2013（平成25）年度までに段階的に引上げ） ②募集・採用時に年齢制限を設ける場合の理由提示を義務化 ③求職活動支援書の作成・交付の義務化等 ④シルバー人材センターの労働者派遣事業の特例（許可を届出とする） ⑤高年齢者職業経験活用センターの指定法人制度を廃止
2012年 （平成24年）	○継続雇用制度の対象者を限定できる仕組みの廃止 ①継続雇用制度の対象者を限定できる仕組みの廃止（2013（平成25）年４月１日施行） ②継続雇用制度の対象者を雇用する企業の範囲の拡大 ③義務違反の企業に対する公表規定の導入 ④高年齢者雇用確保措置の実施及び運用に関する指針の策定 ⑤厚生年金（報酬比例部分）の受給開始年齢に到達した以降の者を対象に、基準を引き続き利用できる12年間の経過措置を設けるほか、所要の規定の整備
2020年 （令和２年）	○70歳までの就業機会の確保（2021（令和３）年４月１日施行） ①高年齢者就業確保措置の新設 ②高年齢者就業確保措置の実施及び運用に関する指針の策定 ③事業主に対して高年齢者就業確保措置の実施について必要な指導及び助言、当該措置の実施に関する計画作成の勧告等 ④70歳未満で退職する高年齢者について、事業主が再就職援助措置を講ずる努力義務及び多数離職届出を行う義務の対象とする。 ⑤事業主が国に毎年１回報告する「定年及び継続雇用制度の状況その他高年齢者の雇用に関する状況」の内容において、高年齢者就業確保措置に関する実施状況を報告内容に追加

出典：厚生労働省『平成28年版厚生労働白書』2016年　p.40を一部改変

えて、65歳から70歳までの就業機会を確保するために高年齢者就業確保措置を講じることが努力義務とされた。

　以上のように、高年齢者雇用安定法の改正を概観してきた。ここからみえることは、全ての年代の人々が経済活動の担い手として活躍できるとともに、働く意欲のある高年齢者が経済活動において、その持てる力を発揮しながら社会で活躍できるための労働環境づくりが進められていることが伺える。

3　現行の高年齢者雇用安定法の要点

　高年齢者雇用安定法の一部が改正され、2021年（令和3）年4月1日から施行している。ここでは、高年齢者就業確保措置を中心にその改正された内容の要点について理解する。

　ここでは、2020（令和2）年に改正され、2021（同3）年4月1日から施行されている高年齢者雇用安定法の要点を整理しておきたい。

　これまでの高年齢者雇用安定法においては、65歳までの雇用を確保するための高年齢者雇用確保措置として、①65歳までの定年引き上げ、②65歳までの継続雇用制度等の導入（特殊関係事業主（子会社・関係会社等）によるものを含む）、③定年廃止のうちいずれかの措置を講じることが義務づけられている。今回の改正では、これらに加えて、個々の労働者の多様なニーズを考慮しながら65歳から70歳までの就業機会を確保するための高年齢者就業確保措置が努力義務として新設された（表13-3）。具体的には、①70歳までの定年引き上げ、②定年廃止、③70歳までの継続雇用制度（再雇用制度・勤務延長制度）の導入（特殊関係事業主に加えて、他の事業主によるものを含む）、④70歳まで継続的に業務委託契約を締結する制度の導入、⑤70歳まで継続的に次の事業に従事できる制度の導入（a．事業主が自ら実施する社会貢献事業、b．事業主が委託、（資金提供）等する団体が行う社会貢献事業）のいずれかの措置を行うことが事業主の努力義務とされた。

　上記の①～③は、今までの制度の維持または延長したものであるが、④⑤は創業支援等措置として新しく制度化されたものである。創業支援等措置とは、雇用によらない措置のことである。簡潔に言えば、従業員ではなく、業務委託契約で働く仕組み（フリーランス）のことである。また、この措置は過半数労働組合等の同意を得た上で導入される。

　このような高年齢者就業確保措置の努力義務を負うのは、定年を65歳以上70歳未満に定めている事業主、または65歳までの継続雇用制度（70歳以上まで引き続き雇用する制度を除く）を導入している事業主である。

表13－3　高年齢者就業確保措置

＜高年齢者就業確保措置＞ （新設・70歳まで・努力義務）	創業支援等措置（雇用によらない措置） （過半数労働組合等（※）の同意を得て導入）
①70歳までの定年引き上げ	④高年齢者が希望するときは、70歳まで継続的に業務委託契約を締結する制度の導入
②定年廃止	⑤高年齢者が希望するときは、70歳まで継続的に以下の事業に従事できる制度の導入 　ａ．事業主が自ら実施する社会貢献事業 　ｂ．事業主が委託、出資（資金提供）等する団体が行う社会貢献事業
③70歳までの継続雇用制度の導入 （特殊関係事業主に加えて、他の事業主によるものを含む）	

資料：厚生労働省 ハローワーク「高年齢者雇用安定法改正の概要～70歳までの就業機会の確保のために事業主が講ずるべき措置（努力義務）等について～」2021年　p.2を一部改変

2．育児・介護休業法

1　育児・介護休業法の概要

育児・介護休業法は、子の養育や家族の介護を担う労働者の雇用の継続や再就職の促進を図るために、仕事と家庭の両立を支援することを目的とした法律である。ここでは、この法律の目的と沿革を中心に理解する。

「育児休業、介護休業等育児又は家族介護を行う労働者の福祉に関する法律」は、子の養育や家族の介護を担う労働者の雇用の継続や再就職の促進を図り、仕事と家庭の両立を支援することを目的としている。また、子の養育又は家族の介護を担う労働者が職業生活の全期間を通じて、その能力を発揮できるとともに、育児や介護の役割を家族の一員として果たすことを基本理念としている。

この法律の沿革を簡単にみると、1975（昭和50）年に女性公務員の一部を対象とする育児休業法が成立している。その後、1991（平成3）年に民間の労働者を対象とした「育児休業等に関する法律」（育児休業法）が成立している。この法律が制定された背景には、核家族化の進展、女性の社会進出、少子化に伴う労働力不足の懸念等があった。一方、高齢化が進展し、介護と仕事の両立等の課題が顕在化し始めたことによって、1995（同7）年に「育児休業等に関する法律」が改正され、「介護休業等育児又は家族介護を行う労働者の福祉に関する法律」（育児・介護休業法）が新設された。これにより育児の支援だけでなく、家族の介護を担う労働者の就労と家庭の両立を支援することを含めた法律となった。

1999（平成11）年には、名称が現行の「育児休業、介護休業等育児又は家族介護を行う労働者の福祉に関する法律」（以下「育児・介護休業法」）となり、介護休業の義務化や深夜業制限が創設された。その後も育児期・

介護期に労働者が仕事と家庭の両立を円滑に図るために生じる課題に対応し、労働者が働き続けられるように改正が行われて現在に至っている。最も新しい改正は、2021（令和3）年6月に行われた男性の育児休業取得の促進を柱としたものである。施行は、2022（同4）年4月1日から段階的に行われることになっている。

2　育児休業

　育児休業とは、育児・介護休業法に定められた「子を養育する労働者が法律に基づいて取得できる休業」のことである。具体的には、労働者が原則としてその1歳に満たない子を養護するために取得する休業である。

❶　育児休業の対象労働者

　現行の法律において、育児休業の対象となる労働者は原則1歳に満たない子を養護する男女の労働者である。また、有期契約労働者は、①引き続き雇用された期間が1年以上である者、②子が1年6か月に達成する日までに、その労働契約（更新される場合には、更新後の契約）の期間が満了することが明らかでない者の2つの要件を満たせば育児休業を取得できることになっている。しかし、日々雇い入れられる労働者は対象にはなっていない。

　2021（令和3）年6月の育児・介護休業法の改正において、上記内容のうち、①の記載が削除された。これは有期雇用労働者と無期雇用労働者で育児休業の対象となる労働者の要件の異なりを雇用形態にかかわらず取得しやすくすることが目的である。この有期雇用労働者の取得要件緩和の施行日は2022（同4）年4月1日である。

❷　育児休業の対象となる子の範囲

　育児休業の対象となる子の範囲は、労働者と法律上、親子関係にある子（養子も含む）である。また、①特別養子縁組のための試験的な養育期間にある子を養育している場合、②養子縁組里親に委託されている子を養育している場合、③当該労働者を養子縁組里親として委託することが適当と認められるにもかかわらず、実親等が反対したために、当該労働者を養育里親として委託された子を養育する場合についても、育児休業の対象になる。

❸　育児休業の期間と取得回数

　現行の育児休業は、原則子どもが出生した日から1歳に達する日（誕生日の前日）までである。女性労働者は労働基準法で産後8週間の産後休業が認められているため、育児休業はその終了後から取得可能になる。男性労働者は、子が出生した日から育児休業を取得することができる。また、特例としてパパ・ママ育休プラスがある。これは夫婦が共に育児

1 少子高齢社会
2 高齢者の理解
3 高齢者の生活
4 取り巻く環境
5 施策の変遷
6 老人福祉法
7 介護保険制度
8 居宅等サービス
9 施設サービス
10 高齢者医療確保法
11 権利擁護
12 環境整備
13 雇用・介護休業
14 連携
15 相談援助

休業を取得している場合に1歳2か月に達するまで延長するものである。さらに、子が1歳に達する時点において、休業することが雇用継続に必要であると認められる特別な事情がある場合は、子が1歳6か月に達する日までを限度に事業主に申請することで延長できる。なお、1歳6か月までの育児休業を取得しても更に休業することが雇用継続に必要と認められる特別な事情がある場合は、子が2歳に達するまでの期間を限度として事業主に申請することで延長できる。特別な事情とは、保育所の入所を希望し申し込みをしているが入所できない時や、子を養育する予定であった配偶者が死亡、負傷・疾病、離婚等によって子を養育することができなくなった場合である。

　現行の育児休業の取得回数は、原則1人の子について1回のみ取得できる。また、申し出ることができる休業は、初日と終了日を示した連続した1つの期間である。ただし、配偶者の死亡、負傷、疾病等により養育が困難な状態になった場合や、子の負傷、疾病、身体上もしくは精神上の障害によって2週間以上の世話が必要になった場合、保育所に入所の申し込みをしているが入所できない場合等は再度育児休業の取得が認められている。また、パパ休暇もある。これは出生後8週間以内に育児休業を取得し、子の出生後8週間以内に育児休業が終了していることを要件に2回目の育児休業を取得できるものである。

　2021（令和3）年6月に育児・介護休業法が改正されている。この改正では、男性の育児休業の取得を促進するために上記内容の一部が見直されている。パパ休暇は、出産直後の時期に柔軟に育児休業が取得できるように出生時育児休業（以下「産後パパ育休」）を新しく創設し移行することになった。この産後パパ育休は、子の出生日の日から起算して8週間を計画する日の翌日までの期間内に4週間以内の期間を定めて取得する休業である。申し出期限は原則休業の2週間前までとし、分割して2回取得が可能になる。ただし、出生日（出産予定日後に出生した時は出産予定日）以降に産後パパ育休の日数が28日（4週間）に達している場合は2回目を申し出ることはできない。また、1歳に満たない子の通常の育児休業も改正後は、現行の原則1回から原則2回まで取得可能となる。なお、産後パパ育休、及び育児休業の分割取得は2022（同4）年10月1日施行予定である。

❹　育児休業の手続き

　事業主は要件を満たした労働者の育児休業の申し出を拒むことはできない。現行の育児休業は、原則として子が出生した日から1歳に達する（誕生日の前日）までの間で、労働者が育児休業開始日を決めて事業主に申し出る必要がある。労働者が希望通りの日から育児休業を開始する

ためには、原則休業を開始予定日の１か月前までに申し出る必要がある。また、１歳以降の休業は２週間前までに申し出る必要がある。

　2021（令和３）年６月の育児・介護休業法の改正では、男性の育児休業の取得を促進するために上記内容のうち、原則１か月前の申し出を原則２週間前に短縮している。

❺　復職後にも利用できる制度

①子の看護休暇

　子の看護休暇とは、養育する労働者が小学校就学前の子が負傷や疾病にかかった場合の世話や、予防接種や健康診断等を受ける際、事業主に申し出ることによって取得できる。具体的には、小学校就学前までの子が１人であれば１年度において５日、２人以上であれば10日を限度として看護休暇が取得できる。2021（令和３）年１月からは、時間単位で取得することが可能になっている。

②深夜業の制限と時間外労働の制限

　事業主は、小学校就業前までの子を養育する労働者の請求により、午後10時から午前５時までの深夜において労働をさせてはならない。また、小学校就学前までの子を養育する労働者が請求した場合は、１か月で24時間、１年で150時間を超える時間外労働をさせることはできない。

③短時間勤務制度と所定外労働（残業）の制限

　事業主は、３歳に達するまでの子を養育する労働者が希望すれば利用できる短時間勤務制度を義務づけている。短時間勤務制度とは、１日原則６時間とする措置を含むとされている。また、所定外労働（残業）についても、３歳に達するまでの子を養育する労働者が請求した場合は、事業の正常な運営を妨げない場合を除いて所定労働時間を超えて労働させてはならない。

3　介護休業

　介護休業とは、要介護状態（負傷、疾病または身体上もしくは精神上の障害により、２週間以上の期間にわたり常時介護を必要とする状態）にある対象家族を介護するための休業である。また、介護休業中の経済的支援として、雇用保険の被保険者で一定の要件を満たす人に対して、介護休業期間中に介護開始時賃金の月額67％の介護休業給付金が支給される。

❶　介護休業

①介護休業の対象となる労働者

　対象となる労働者は、要介護状態にある対象となる家族を介護する男女の労働者である。期間を定めて雇用される有期契約労働者については、申し出の時点で、①引き続き１年以上雇用されている者、②介護休業の開始予定日から起算して93日を経過する日から６か月を経過する日まで

1 少子高齢社会
2 高齢者の理解
3 高齢者の生活
4 取り巻く環境
5 施策の変遷
6 老人福祉法
7 介護保険制度
8 居宅等サービス
9 施設サービス
10 高齢者医療確保法
11 権利擁護
12 環境整備
13 雇用・介護休業
14 連携
15 相談援助

に、労働契約が満了することが明らかでない者が対象になる。なお、日々雇い入れられる労働者（日雇い労働者）は対象にならない。

2021（令和3年）6月の育児・介護休業法の改正では、上記内容のうち、①の記載が削除された。これは育児休業同様に、有期雇用労働者と無期雇用労働者で介護休業の対象となる労働者の要件の異なりを、雇用形態にかかわらず取得しやすくすることが目的である（2022（同4）年4月1日施行）。

②介護休業の対象となる家族

対象となる家族とは、配偶者（事実婚を含む）、父母、子、配偶者の父母、祖父母、兄弟姉妹、孫である。

③介護休業の期間と取得回数

介護休業の期間は、対象となる家族1人につき通算93日までの範囲内で3回まで分割して取得できる。

④介護休業の手続き

労働者は、介護休業を開始しようとする日の2週間前までに書面等で事業者に申請する。事業主は介護休業の申し出に対し、介護休業開始予定日及び介護休業終了予定日等を書面等で労働者に通知しなければならない。また、労働者は休業終了予定日の2週間前までに申し出ることによって、93日の範囲内で申し出ごとに1回に限って、休業終了予定日を繰り下げ変更し、延長することができる。

❷　介護休暇

介護休暇は、要介護状態にある家族の介護や世話を行う労働者が休暇を取得しやすく、介護を続けながら働き続けるための制度である。

介護休暇を取得できる日数は、対象家族が1人であれば1年度（使用者が特に定めない場合は、毎年4月1日から翌年3月31日）について5日である。対象となる家族が2人以上の場合は10日を限度に取得できる。取得できる単位は、2021（令和3）年1月から1日単位または時間単位での取得が可能になっている。これにより家族介護者は、通院の付き添い、各種必要な手続き、ケアマネジャー（介護支援専門員）との面談等を仕事の合間にできるようになっている。また、介護休暇は労働基準法上の年次有給休暇とは別に取得できる。

❸介護のための時間外労働の制限

事業主は、要介護状態にある対象家族を介護する労働者が請求した場合、1か月に24時間、1年に150時間を超えて労働時間を延長することが禁止されている。ただし、継続して雇用された期間が1年に満たない者、1週間の所定労働日数が2日以下の者は請求できない。

❹深夜業の制限

　事業主は、要介護状態にある対象家族を介護する労働者が請求した場合、午後10時から午前5時まで（深夜）において労働をさせてはならない。ただし、継続して雇用された期間が1年に満たない者、深夜においてその対象家族を常態として介護することができる同居の家族がいる者、1週間の所定労働日数が2日以下の者、所定労働時間の全部が深夜にある者は請求できない。

❺介護のための所定労働時間の短縮等の措置

　事業主は、労働者が就業しながら要介護状態にある対象家族の介護ができるように、短時間勤務の制度、フレックスタイムの制度、時差出勤の制度、労働者が利用する介護サービスの費用の助成、その他これに準ずる制度のうち、いずれかの措置を講じなければならない。

4　育児・介護と仕事の両立支援に向けた課題

　育児・介護休業法の主な改正、育児休業、介護休業の内容を概観してきた。最後に育児休業や介護休業がどのような課題を抱えているのかについて触れ、就労しながら育児や介護を継続し続けるためには何が必要なのかを考える。

❶育児と仕事の両立支援の課題

　育児休業の課題は、男女間の育児休業取得率の差が生じていることであろう。2019（令和元）年度の雇用均等基本調査をみると、女性の育児休業取得率は、2007（平成19）年度に89.7％と80％台を超えて以降80％台を割ることなく現在まで推移している。ピークは2008（平成20）年度の90.6％である。また、2020（令和2）年版厚生労働白書をみると、2015（平成27）年度の女性の第1子出産後の継続就業割合が53.1％となっている。これは出産前に職を有していた女性の約5割が出産後に仕事を退職していることを示している。したがって、出産後も仕事と育児が両立できるように就労継続を図るための両立支援策の検討と充実が必要であろう。

　男性の育児休業取得率は、近年、上昇しているが、2019（令和元）年度においても7.48％であり、低い水準にとどまっている。2021（令和3）年1月18日に報告された労働政策審議会「男性の育児休業取得促進策等について（建議）」には、育児休業の利用を希望していた男性労働者のうち、利用できなかった者の割合が4割とある。これは育児休業を希望しても現実として利用することの難しさをあらわしているのではないだろうか。また、育児休業を取得できない理由としては、業務の都合や職場の雰囲気等が考えられる。男性の育児休業を促進するためには、業務と調整しやすい制度設計や育児休業を取得できる職場環境の整備、出生

直後の時期に育児休業を取得しやすくする等の充実した仕組みが必要であろう。2021（令和3）年に改正された育児介護休業法はこれらの内容についても含まれているため、現実的に男性が育児休業を取得しやすくなるように期待したい。

❷介護と仕事の両立支援の課題

　2025（令和7）年に第1次ベビーブーム世代（団塊の世代）が後期高齢者を迎える。2040（同22）年には、第2次ベビーブーム世代（団塊ジュニア世代）が前期高齢者となり、65歳以上の人口がピークを迎える。また、要支援者や要介護者数も増加することから就労しながら介護を担う労働者が介護離職をしないように職場環境の充実がますます必要になるだろう。介護離職の状況を2017（平成29）年就業構造基本調査の結果の概要にみると、2016（同28）年10月から2017（同29）年9月に介護や看護を理由にした離職者数は9万9,000人である。そのうち男性が2万4,000人、女性が7万5,000人であり、全体の約75.8％が女性の介護離職となっている。今後も離職者数の増加が懸念されている。

　厚生労働省「令和3年版　高齢社会白書」では、家族を介護するために仕事を離職する中高年の労働者数が高止まりしていることが指摘されている。そして、このような現状に対して、企業向けセミナーの開催、介護離職を予防するための両立支援モデルの普及促進、介護プランナーにより介護に直面した労働者の介護休業の取得や職場復帰等の両立支援制度の利用と働き方の調整等を個々に行うための介護支援プランの普及啓発の促進に取り組む必要性が示されている。

　このように就労しながら介護を担う労働者に対しては、本人への支援や職場の働き方改革により多様な介護ニーズに対応できる柔軟な働き方の提供、介護で仕事が休める職場風土づくり等が必要であろう。また、介護は先の見通しが立てにくく、長期化することがある。ヤングケアラーや若者の介護者、ダブルケア、老老介護、遠距離介護等、家族による介護のかたちも多様化し、ますます個別性が高まっている。これら多様化する介護のかたちから生じる課題に対応するためにも現行の介護休業を継続的に検討し、介護を担いながらでも働き続けられるように制度の充実を考える必要がある。

┌─ 考えてみましょう ──────────────

○あなたが40代になった時、親の介護を担う立場になったと仮定します。
　次の３つの選択肢から一つを選び、なぜそれを選択したのか。また、
　その選択した理由を考え、グループワークを通じて意見交換を行い、
　考えを広げましょう。
　①仕事を辞めて介護に専念する。
　②介護をしながら仕事を継続する。
　③①②以外の選択肢にする。
　　（具体的に：　　　　　　　　　　　　　　　　　　　　　）

└────────────────────────

【参考文献】

岡田良則・桑原彰子『育児介護休業の実務と手続き［第２版］』自由国民社　2020年

厚生労働省『平成28年版厚生労働白書』2016年

厚生労働省『令和２年版厚生労働白書』2020年

厚生労働省　ハローワーク「高年齢者雇用安定法改正の概要～70歳までの就業機会の確保のために事業主が講ずるべき措置（努力義務）等について～」

厚生労働省「令和元年度雇用均等基本調査の結果の概要」2021年

厚生労働省都道府県労働局雇用環境・均等部（室）「育児・介護休業法のあらまし」（令和３年１月１日施行対応版）2020年

総務省統計局「平成29年就業構造基本調査結果の概要」2018年

内閣府『令和３年版高齢社会白書』2021年

平井彩・田中朋斉『１冊でわかる！　改正早わかりシリーズ　高年齢者雇用安定法』労務行政　2020年

労働新聞社『まる分かり　令和３年施行　育児介護休業法・雇用保険法［速報版］』労働新聞社　2021年

労働政策審議会「男性の育児休業取得促進策等について（建議）」2021年

柳澤武「高年齢者雇用の法政策—歴史と展望—」『日本労働研究雑誌』2016年９月号　独立行政法人労働政策研究・研修機構　2016年　pp.66－75

山口大輔「少子高齢化に伴う高年齢者の雇用に向けた国会論議—高年齢者等の雇用の安定等に関する法律の一部改正—」参議院事務局企画調整室編『立法と調査』第334号　参議院事務局　2011年　pp.32－41

1 少子高齢社会
2 高齢者の理解
3 高齢者の生活
4 取り巻く環境
5 施策の変遷
6 老人福祉法
7 介護保険制度
8 居宅等サービス
9 施設サービス
10 高齢者医療確保法
11 権利擁護
12 環境整備
13 雇用・介護休業
14 連携
15 相談援助

高齢者と家族を支援する組織と専門職、市民の役割と連携

●キーポイント

地域包括ケアシステムの整備が進められる中で「行政機関」「施設・事業所」「市民」がそれぞれに役割を果たすことが期待されている。とりわけ福祉専門職は法制度や社会支援を必要とする人の間に入って、2000（平成12）年の社会福祉基礎構造改革で示された理念である「個人の尊厳」「自立した生活」の実現のために「自己選択の尊重」「質の高い福祉サービスの拡充」「地域生活を総合的に支援」することが求められている。

福祉に関わる行政、事業所、福祉専門職がこの実現のために果たす役割は何か。また、市民は我が事として課題をとらえるために期待される役割とは何か。そこには「気づきのネットワーク」と「支援のネットワーク」が安心して生活できる地域社会の創造に必要なことである。

1. 支援機関とその役割と連携

1 国、都道府県、市町村、国民健康保険団体連合会

社会福祉基礎構造改革で示された理念を実現するために、法制度で定められた権限によって安定的なサービス提供の実施や権利擁護を行っている。

❶ 国

①政府

▶1 法律
日本国憲法では唯一の立法機関と定めている国会においてのみ法律は制定される。ただし、法律の原案は関係省庁で作成されることが多い。

▶2 憲法
国家の成立と統治の根本規範となる基本的な原理原則を示した法規範であり、福祉分野では「幸福追求権」「生存権」を根拠とした法律が多い。

高齢者福祉に関する法律▶1として、例えば憲法▶2第13条「幸福追求権」の実現のために介護保険法等によってサービスの整備を行い、「個人の尊厳」「自己選択の自由」を実現できる仕組みを作った。また、第25条「生存権」の実現のために、国民年金、あるいは生活保護法などの整備により、安心して生活できる仕組みを作った。

わが国の超高齢社会の進展に伴い、雇用、年金、医療、福祉、教育、社会参加、生活環境等に係る社会のシステムが高齢社会にふさわしいものになるよう総合的に政策を推進するために、1995（平成7）年、「高齢社会対策基本法」が制定された。この法に基づき2018（同30）年には、高齢社会対策大綱が策定されている。

②内閣府、厚生労働省、国土交通省など

高齢社会対策基本法は省庁横断的な内容であることから内閣府の所管であって、施行令などは「政令」によって定められる。また、介護保険法や老人福祉法等の福祉分野の法律は厚生労働省が所管し、法律施行規則などの「省令」によって具体的な実行方法が示される。例えば「指定

居宅サービス等の事業の人員、設備及び運営に関する基準等の一部を改正する省令」などが該当する。

❷　都道府県

①介護保険法

介護保険法第5条において、「介護保険事業の運営が健全かつ円滑に行われるように、必要な助言及び適切な援助をしなければならない」とされており、介護保険事業の保険給付が円滑に実施されるように支援するための介護保険事業支援計画を策定する。その他、財政安定化基金の設置、報告徴収の実施、事業者の指定、費用負担等、給付と負担の両面において役割を担っている。

②社会福祉法

福祉の措置の実施に関し、市町村相互間の連絡調整、市町村への情報提供、援助、助言、各市町村区域を超えた広域的実情の把握（法第6条の2）、老人福祉施設の設置（第15条）、あるいは、老人福祉施設、老人デイサービスセンター、老人短期入所施設、または老人介護支援センターの認可、廃止、休止の届出の受理（第15条の2、第16条）、養護老人ホーム及び特別養護老人ホームの設備及び運営について、条例で基準を定めること（第17条）、報告・質問・立ち入り検査の実施（第18条）、都道府県老人福祉計画の作成（第20条の9）、市町村老人福祉計画作成上の技術的事項についての助言（第20条の10）、老人健康保持事業の実施（第13条）などが規定されている。

❸　市町村

①介護保険法

運営主体としての保険者は、介護サービスの地域性や地方分権の流れを踏まえて、国民に最も身近な行政機関である市町村及び特別区（以下「市町村」）となっている（法第3条第1項）。また、特別会計を設けること（法第3条第2項）と定め、最も重要な財政運営は市町村が行うことを規定している。

市町村の主な事務は、介護保険証の発行に必要な情報（被保険者の資格管理、要支援・要介護認定など）のほか、介護認定審査会の設置、保険料の徴収、保険給付の実施、介護保険事業計画の作成、介護事業者への指導及び監査、地域支援事業の実施などである。

②老人福祉法

老人福祉法において、特別養護老人ホームへのやむを得ない事由による措置、及び養護老人ホームへの入所措置、養護受託者（第11条）、居宅における介護を委託、あるいは用具の給付、貸与等をおこなうこと（第10条の4）、老人クラブ活動、その他の老人健康保持事業への援助（第

1 少子高齢社会
2 高齢者の理解
3 高齢者の生活
4 取り巻く環境
5 施策の変遷
6 老人福祉法
7 介護保険制度
8 居宅等サービス
9 施設サービス
10 高齢者医療確保法
11 権利擁護
12 環境整備
13 雇用・介護休業
14 連携
15 相談援助

13条)、都道府県知事に届け出て老人福祉施設等の設置（第15条）、第11
条による措置を行った者が死亡した場合の葬祭（第11条）などが規定さ
れている。

❹ 福祉事務所

都道府県及び市（特別区を含む）は条例で社会福祉事務所を設置しな
ければならない（社会福祉法第14条）。このうち市町村の福祉事務所で
は社会福祉主事を置いて、①福祉事務所の所員に対し、老人の福祉に関
する技術的指導を行うこと、②必要な情報の提供、相談、調査及び指導
を行い、これらに付随する業務を行う（老人福祉法第5条の5）。

表14-1　設置団体による所管事務内容の違い

都道府県	①生活保護法、②児童福祉法、③母子及び父子並びに寡婦福祉法
市町村	①～③に追加して、④老人福祉法、⑤身体障害者福祉法、⑥知的障害者福祉法

❺ 国民健康保険団体連合会（国保連）

①介護給付費等の請求に関する審査、支払い

介護保険制度に基づき保険者から委託を受けて、居宅介護サービス費
等の請求に関する審査及び支払を行う。

②苦情解決、助言・指導

利用者等からの介護サービスの利用に対する不満や苦情・相談に対応
し、苦情申立書の提出により調査を行い、事業者等にサービスの改善に
対する指導・助言を行う。

2　指定サービス事業者、地域包括支援センター

介護保険法に基づく「指定サービス事業者」には都道府県知事あるいは市町村長の指定または許可に
より介護保険を使用してのサービスの提供が可能となる。また地域包括支援センターは予防支援事業や
包括的支援事業を担う施設である。

❶ 指定サービス事業者

①手続きと審査

介護保険法に基づく「指定サービス事業者」は7種別あり、法令等を
遵守した事業所であることを確認することは、安定的なサービス提供を
行い市民から制度全体の信頼を得るために最低限必要な手続きである。

指定を受ける場合は指定・監督をおこなう行政機関がサービスの種別
によって異なるため、対応する都道府県（中核市）、市町村に介護保険
事業者として指定（介護老人保健施設及び介護医療院については「許可」）
を受けるために申請を行う。その際、介護保険法あるいは条例等で定め

第14章　高齢者と家族を支援する組織と専門職、市民の役割と連携

1 少子高齢社会
2 高齢者の理解
3 高齢者の生活
4 取り巻く環境
5 施策の変遷
6 老人福祉法
7 介護保険制度
8 居宅等サービス
9 施設サービス
10 高齢者医療確保法
11 権利擁護
12 環境整備
13 雇用・介護休業
14 連携
15 相談援助

られた指定基準にある基本方針、人員基準、設備基準、運営基準を満たしているか審査される。

　また、事業所の設置に際して、老人福祉法、生活保護法、消防法、建築基準法、都市計画法など他法令に基づく許可、届出等が必要な場合は合わせて審査の対象となる。なお、申請者・開設者または法人役員等が刑罰の執行猶予期間、社会保険料や労働保険料に滞納がある、指定サービス事業者の指定を取り消されてから5年を経過していない場合などの欠格事由に該当する場合、指定を受けることができない。

②みなし指定

　介護保険法の指定申請を行わなくても、法令により指定されたとみなされる場合がある。これを「みなし指定」という。

> ①　老人保健施設、介護医療院の許可があったとき
> 　（介護予防）通所リハビリテーション、（介護予防）短期入所療養介護
> ②　健康保険法の保険医療機関・保険薬局に指定された医療機関・薬局
> 　（介護予防）訪問看護、（介護予防）訪問リハビリテーション、（介護予防）居宅療養管理指導、（介護予防）通所リハビリテーション、（介護予防）短期入所療養介護

❷　地域包括支援センター

①役割と体制

　地域包括ケアシステム（**図14−1**）の実現に向けて高齢者の社会参加・介護予防に向けた取り組み、配食・見守り等の生活支援体制の整備、在宅生活を支える医療と介護の連携及び認知症の方への支援の仕組みなどを一体的に推進しながら、高齢者を地域で支えていく体制を構築するため、市町村において「地域支援事業」を実施する。この中の「包括的支援事業」としてその主たる役割を担うため市町村で設置し、保健師・社会福祉士・主任介護支援専門員等を配置して、住民の健康の保持及び生活の安定のために必要な援助を行うことにより、地域の住民を包括的に支援することを目的とする施設である（介護保険法第115条の46第1項）。

　なお、このほか社会保障の充実を図るために、認知症施策の推進、在宅医療・介護連携の推進、地域ケア会議の実施、生活支援コーディネーターの配置を行うことで社会保障の充実を図る。

②家族介護者支援

　政府は「ニッポン一億総活躍プラン」において「介護離職ゼロの実現」を目標として掲げられるなど、家族介護者支援施策の充実強化の方向性を示した。生活状況の大きな変化に対応して「家族介護と仕事や社会参加、自分の生活を両立すること」「心身の健康維持と生活の質の維持・充実（ひいては人生の質の維持・充実）」が共に円滑にまわりながらも、

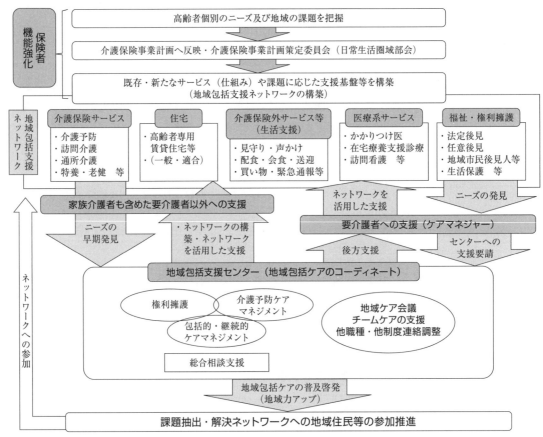

図14- 1　地域包括ケアシステムの構築

出典：厚生労働省「地域包括ケアの理念と目指す姿について」（地域包括ケア推進指導者養成研修）
https://www.mhlw.go.jp/stf/shingi/2r9852000000uivi-att/2r9852000000ujwt.pdf

要介護者の介護の質・生活・人生の質もまた同時に確保される「家族介護者支援」を推進することが重要であるとしている。

　市町村及び地域包括支援センターの総合相談支援業務をはじめとする事業に求められることは、家族介護者を「要介護者の家族介護力」としてだけではなく、多機関専門職等と連携を図って、視野を広げ相談支援活動に取り組むことによって「家族に対する介護」と「仕事」「子どもの保育や療育」「社会参加」について両立した生活と充実した人生の継続を支援することである。

③地域ケア会議

　地域包括支援センターでは、高齢者個人に対する支援の充実とそれを支える社会基盤の整備を同時に進めていく「地域包括ケアシステム」の構築に向けて、多職種協同による個別ケースのケアマネジメント支援のために実務者レベルの会議を開催する。さらに市町村では、ここで把握された有効な支援方法を普遍化すること、市町村単位での地域全体に共

図14－2　「地域ケア会議」を活用した個別課題解決から地域包括ケアシステム実現までのイメージ

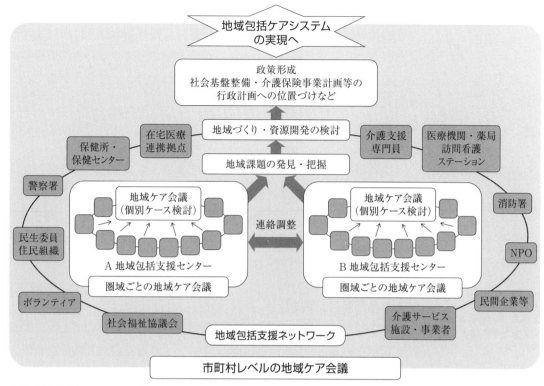

出典：厚生労働省ウェブサイト「地域包括ケアシステム」
https://www.mhlw.go.jp/seisakunitsuite/bunya/hukushi_kaigo/kaigo_koureisha/chiiki-houkatsu/dl/link 3 -1.pdf

通する課題を解決するために代表者レベルの地域会議を開催する。

　地域ケア会議を活用して個別課題の解決より始まる議論は、地域包括
ケアシステム実現に向けた社会基盤の整備や介護保険事業計画など政策
形成につなげることでより効果的な支援を実現することをめざしている
（図14－2）。

3　社会福祉協議会、ハローワーク、シルバー人材センター

地域包括ケアシステムを支える観点から見たときに、それぞれの組織が果たしている役割は多角的に
地域社会を支えるために重要な役割を果たしている。

❶　社会福祉協議会

①地域福祉の推進

　地域社会で暮らす中で人々に共通の生活課題、福祉課題に地域社会自
らが組織的に取り組み、解決に結びつけていく過程を支援し推進する役
割を担う。地域住民からの様々な相談、調査活動から地域の福祉課題を
把握し、課題解決に向けての広報や組織活動、ボランティア活動など住
民主体の福祉活動を支援する。あるいは新たな福祉サービスの企画・実

施と評価なども行うなど、その仕事は多岐にわたる。

②権利擁護に関する事業

　社会福祉法第81条に基づき日常生活自立支援事業を行うほか、法人後見を事業として取り組む社会福祉協議会が増加してきた。各都道府県において「市町村社協における法人後見業務の手引き」を発行するなど、後見人等の担い手不足への対応を進めている。

❷　ハローワーク（公共職業安定所）

①就職支援

　「生涯現役支援窓口」において特に65歳以上の高年齢求職者への再就職にも手厚い支援を実施するために、全国の主要なハローワーク（令和2年度300所）に設置している。65歳以上の就職件数は10.1万人（29年度）→11.7万人（30年度）→12.2万人（元年度）、新規求職者数は49.6万人（29年度）→55.3万人（30年度）→59.0万人（元年度）と徐々に増加している。

②高年齢者雇用安定法▶3

　企業に対して65歳までの雇用確保措置として、①定年の引上げ、②継続雇用制度の導入、③定年制の廃止、のいずれかを導入に向けた相談・指導を実施している。また、事業主支援として、「65歳超雇用促進助成金」により、助成金の活用提案などを行っている。

❸　シルバー人材センター

　原則として市町村単位に設置し、高年齢者雇用安定法に基づいて事業を行う、都道府県知事の指定を受けた公益法人である。定年退職者などの高年齢者に、そのライフスタイルに合わせた臨時的かつ短期的またはその他の軽易な業務▶4を提供する。また、ボランティア活動をはじめとする様々な社会参加を通じて、高年齢者の健康で生きがいのある生活の実現、地域社会の福祉向上、活性化に貢献することを目的としている。

　全国シルバー人材センター事業協会によれば、2019（令和元）年度は1,335団体、契約金額3,215億円である（2006（平成18）年度以降は同水準）。また、加入会員数は71万5,558人で、2004（同16）年度以降女性は1,500人程度減少し24万1,620人、男性は4万人程度減少して47万3,938人である。

4　法制度の連携

「地域における医療及び介護の総合的な確保の促進に関する法律」（医療介護総合確保促進法）では高齢者の医療、介護保険による支援、サービス制度が計画的な運営によって安心安全な社会を実現するための基盤となる。

❶　医療介護総合確保促進法

①目的と計画の連動性

　地域において効率的かつ質の高い医療提供体制を構築、地域包括ケアシステムを構築、以上の2点について促進するために、国は総合確保指針を定める。

②各法で定める計画

　医療法及び介護保険法で定める基本指針の基本となるべき事項を定め、それが都道府県における医療計画、介護保険事業支援計画、市町村における介護保険事業計画に反映される。

③市町村計画及び都道府県計画

　都道府県は総合確保方針に即して都道府県計画によって、医療介護総

図14-3　地域における医療及び介護を総合的に確保するための仕組み

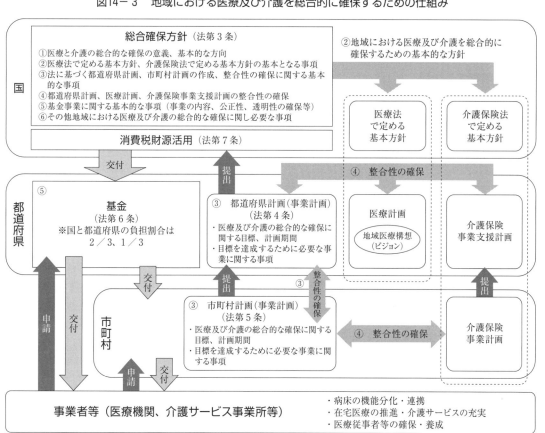

出典：厚生労働省「第1回医療介護総合確保促進会議」（資料3-1）　2014年

合確保区域ごとの医療及び介護の総合的な確保に関する目標及び計画期間を策定することができる。また、市町村も同様に地域の実情に応じて市町村計画を作成することができる。

④基金

都道府県では都道府県計画に要する経費の全部または一部を基金から支弁する。基金の財源として、国は3分の2を負担する分を消費税法の一部を改正する等の法律（平成24年法律第68号）の施行により増加する消費税の収入で充てた。

❷　医療法における医療計画

①目的

各都道府県が地域の実情に応じた医療提供体制の確保を図るために医療計画を策定する。医療提供の量（病床数）を管理するとともに、質（医療連携・医療安全）を評価し、医療機能の分化・連携（「医療連携」）を推進することにより、急性期から回復期、在宅療養に至るまで、地域全体で切れ目なく必要な医療が提供される「地域完結型医療」を推進することを目的とする。

②内容

主な記載事項として、①医療圏の設定、②地域医療構想（2025年の、高度急性期、急性期、回復期、慢性期の4機能ごとの医療需要と将来の病床数の必要量、在宅医療等の医療需要を推計）、5疾病・5事業[5]及び在宅医療に関する事項、基準病床数の算定、医療の安全の確保、医療従事者の確保である。

❸　介護保険法における介護保険事業（支援）計画

①目的

介護保険法に基づき、基本指針に即し3年を一期とする都道府県介護保険事業支援計画及び市町村介護保険事業計画を定めることとされており、医療介護総合確保促進法による基本指針は計画作成上のガイドラインの役割を果たしている。

この基本指針では、①介護給付等対象サービスを提供する体制の確保及び地域支援事業の実施に関する基本的事項、②市町村介護保険事業計画において介護給付等対象サービスの種類ごとの量の見込みを定めるに当たって参酌すべき標準などが定められる。

②内容

計画の「基本的記載事項」は、各年度の介護給付等対象サービスの種類ごとの量、及び地域支援事業の量の見込み・被保険者の地域における自立した日常生活の支援、要介護状態等となることの予防または要介護状態等の軽減若しくは悪化の防止及び介護給付の適正化への取組及び目

▶5
5疾病：がん、脳卒中、心筋梗塞等の心血管疾患、糖尿病、精神疾患、及び
5事業：救急医療、災害時における医療、へき地の医療、周産期医療、小児医療（小児救急医療を含む）を指す。

標、等である。また「任意的記載事項」として、地域包括ケアシステム構築のため重点的に取り組むことが必要な事項（在宅医療・介護連携の推進、認知症施策の推進、生活支援・介護予防サービスの基盤整備の推進、地域ケア会議の推進、高齢者の居住安定に係る施策との連携）などがある。

❹　老人福祉法における老人福祉計画

①目的

市町村は、老人居宅生活支援事業及び老人福祉施設による事業の供給体制の確保に関する計画を定め、都道府県は、市町村老人福祉計画の達成に資するため、各市町村を通ずる広域的な見地から、老人福祉事業の供給体制の確保に関する計画を定める。

②内容

市町村老人福祉計画では、事業、従事者の量及び質の確保、業務効率化及び質の向上のために都道府県と連携して実施する。その対象は老人居宅生活支援事業、老人デイサービスセンター、老人短期入所施設、特別養護老人ホーム、養護老人ホーム、軽費老人ホーム、老人福祉センター及び老人介護支援センターになる。これらの事業は介護保険サービスに指定されているものもあることから、介護保険事業（支援）計画と連動させる理由の一つとなる。

❺　社会福祉法に基づく地域福祉計画

2017（平成29）年の改正社会福祉法により、地域共生社会の実現に向けて、支援を必要とする住民（世帯）が抱える多様で複合的な「地域生活課題」について、住民や福祉関係者による把握及び関係機関との連携等による解決が図られることをめざすという「地域福祉の方法」が明記された。その推進するにあたっての「国及び地方公共団体の責務」を定め、「福祉の各分野における相談支援を担う事業者の責務」として、自らが解決に資する支援を行うことが困難な地域生活課題を把握した場合に、必要に応じて適切な支援機関につなぐことが努力義務とされた。

これらのことから、包括的な支援体制の整備などの計画的な実施や展開を図る観点などから、市町村地域福祉計画及び、都道府県地域福祉計画により、地域福祉計画の充実がなされる。

1 少子高齢社会
2 高齢者の理解
3 高齢者の生活
4 取り巻く環境
5 施策の変遷
6 老人福祉法
7 介護保険制度
8 居宅等サービス
9 施設サービス
10 高齢者医療確保法
11 権利擁護
12 環境整備
13 雇用・介護休業
14 連携
15 相談援助

2．支援を行う専門職とその役割と連携

1　国家資格及び法に定める資格

高齢者福祉のあらゆる生活部面を支援するために、資格を持つものが専門性をもって従事する。

❶　国家資格

地域包括ケアシステムの推進によってチームアプローチを積極的に行われるようになり、高齢者福祉に関わる医療、保健で厚生労働大臣の免許を受ける国家資格の専門職と連携する機会が日常的に行われるようになった。近年は虐待対応、成年後見制度の利用促進によって法律分野の専門職とも連携する機会が増加している。

❷　法令に定める資格

①社会福祉主事（社会福祉法）

任用資格は要件を満たしているものが当該職務に任用されて初めて効力を発揮する資格である。行政、福祉事務所に必置で、生活保護法、老人福祉法ほかの援護、育成、更生の措置に関する事務を司る。大学等で厚労大臣が定める社会福祉関連科目を修めて卒業した者等から任用される。定められた科目が福祉系のみならず法律、政治、政策、医療、保健分野など幅広く含まれている。

特養の施設長、生活相談員などの要件にもなっているほか、老人福祉指導主事が社会福祉主事任用資格を要件とする。

②介護支援専門員・主任介護支援専門員（介護保険法）

介護支援専門員（ケアマネジャー）は、社会福祉士等の国家資格や実務経験を有する者が「介護支援専門員実務研修」受講試験に合格したのち同研修を修了し、各都道府県で登録される。主任介護支援専門員はさらに5年以上の実務経験で受験資格を得ることができる。業務としては居宅介護支援事業所において必置であり、介護サービス計画作成、ケアマネジメント、市町村の要介護認定・要支援認定調査などになる。施設サービスにおいても施設介護計画の作成を行うものとして必置である。

2　資格と職種

市民が安心して支援を受けるために、資格所持者は高い意識と自己研鑽を継続することで信用を得ることにつなげる必要がある。

❶　介護保険サービス施設・事業所従事者

①人員基準

介護サービス施設・事業所ごとに基準があり、例えば「指定介護老人福祉施設の人員、設備及び運営に関する基準」では、医師、生活相談員、

表14-2　福祉サービス等を担う専門職

資格名（根拠法）	法に定める業務内容など	特徴、高齢者分野での業務例
社会福祉士 （社会福祉士及び介護福祉士法）	福祉サービス提供者、保健医療サービス提供者などとの連絡、調整、援助	名称独占、生活相談員、相談支援員など配置基準、地域包括支援センターに必置
介護福祉士 （社会福祉士及び介護福祉士法）	心身の状況に応じた介護及び、介護者に対して指導	名称独占、 施設サービス・居宅サービスによって加算あり
精神保健福祉士 （精神保健福祉士法）	精神障碍者の社会復帰の相談、助言、指導、訓練などの援助	名称独占 精神科病院ほかで認知症疾患での支援など
医師 （医師法）	医療及び保健指導を掌る	主治医意見書の作成や居宅療養管理指導、訪問診療
歯科医師 （歯科医師法）	歯科医療及び保健指導を掌る	居宅療養管理指導 訪問診療による居宅支援等
看護師・准看護師 （保健師助産師看護師法）	療養上の世話または診療の補助、准看護師は都道府県知事の免許	訪問看護、施設サービスの配置要件あり
保健師 （保健師助産師看護師法）	保健指導に従事 保健師及び看護師に合格が必須	地域包括支援センターに必置、保健所など
理学療法士 （理学療法士及び作業療法士法）	医師の指示のもと基本動作能力の回復を図るため運動、マッサージ等物理的手段を加える	老人保健施設等に勤務
作業療法士 （理学療法士及び作業療法士法）	医師の指示のもと応用的動作、社会適応能力の回復のため手芸、工作などの作業を行わせる	老人保健施設等に勤務
言語聴覚士 （言語聴覚士法）	医師・歯科医師の指示のもと音声、言語、聴覚障害者に言語訓練、検査、助言、指導	嚥下訓練、人工内耳の調整もできる
管理栄養士・栄養士 （栄養士法）	身体・栄養状況に応じた栄養指導、特別の配慮を要する給食管理等。栄養士は栄養指導に従事し、都道府県知事の免許	施設サービスに配置基準あり
歯科衛生士 （歯科衛生士法）	歯牙及び口腔疾患の予防措置、歯科診療の補助、歯科保健指導	居宅療養管理指導
薬剤師 （薬剤師法）	調剤、医薬品の供給、薬事衛生	居宅療養管理指導
弁護士 （弁護士法）	訴訟事件、非訟事件及び審査請求、行政に対する不服申立事件に関する行為等	成年後見人、虐待対応など
司法書士 （司法書士法）	登記、供託に関する手続き、法務局等への提出書類作成、手続き代理等	成年後見人

注：下線＝介護保険サービスの名称・種別、業務

介護職員または看護職員、栄養士、機能訓練指導員、介護支援専門員を配置することが義務づけられている。

②資格と職種

　人員基準では「医師」「栄養士」「介護支援専門員」のように資格を要件にするものと、「生活相談員」「介護職員又は看護職員」「機能訓練指導員」のように指定するいずれかの資格所有を要件にするもの、あるいは特に指定のないものとに分かれる。例えば「機能訓練指導員」は看護師、准看護師、柔道整復師、あん摩マッサージ指圧師、はり師・きゅう師が要件となっている。介護職員は介護福祉士、実務者研修修了者、初任者研修修了者、生活援助従事者研修修了者などの資格所有者でなくても従事することができる。

❷　認定社会福祉士、認定上級社会福祉士及び認定介護福祉士

①創設の背景

　社会保障審議会福祉部会報告書（2006年12月）において、職能団体が取り組むこととして「資格取得後の体系的な研修制度の充実や、より専門的な知識及び技能を有する社会福祉士、介護福祉士を専門社会福祉士あるいは専門介護福祉士（仮称）として認定する仕組みの検討」があげられた。2007年には社会福祉士及び介護福祉士法改正法成立時に衆参両院において「より専門的対応ができる人材を育成するため、専門社会福祉士及び専門介護福祉士の仕組みについて早急に検討を行う」ことが附帯決議された。

②認定社会福祉士、認定上級社会福祉士

　2011年、日本社会福祉士会など7つの参画団体によって設立された「認定社会福祉士認証・認定機構」によって認定される民間資格である。公正中立な第三者機関である機構によって資格取得の制度を運営し、資格取得の要件となる研修そのものの認証、資格認定、研修認証を運営するために必要な事業を行う。

　また、この機構によれば認定社会福祉士とは所属組織を中心にした分野における福祉課題に対し、倫理綱領に基づき高度な専門知識と熟練した技術を用いて個別支援、他職種連携及び地域福祉の増進を行うことができる能力を有することを認められた者をいう。また、認定上級社会福祉士は加えて質の高い業務を実践、人材育成において指導的役割を果たし、かつ実践の科学化を行うことができる能力を有することを認められた者、としている。

③認定介護福祉士

　認定介護福祉士の仕組みを公正中立に運営するために日本介護福祉士会、事業者団体、教育団体等によって、2015年12月に一般社団法人とし

て認定介護福祉士認証・認定機構が設立された。同機構が養成研修の認証、認定介護福祉士としての認定を行う民間資格である。この資格は介護福祉士に資格取得後の継続的な教育機会を提供し、介護福祉士の資質向上を図ることを目的としている。

　　ねらいとして、多様な生活障害を持つ利用者に質の高い介護を実践し、かつ、介護技術の指導や職種間連携のキーパーソンとなり、チームケアの質を改善することのできる人材を養成することとしている。また、①利用者のQOLの向上、②介護と医療の連携強化と適切な役割分担の促進、③地域包括ケアの推進等の介護サービスの高度化に対する社会的要請に応えていくことを上げている。

3．支援を行う市民とその役割

1　介護の社会化と市民に求められる役割

　住み慣れた地域で安心して生活できるように、専門職のみならず地域企業や市民が協働する仕組みを考える必要がある。

　　地域包括ケアシステムにおいては、「共助」も仕組みを支えるための重要な構成要素であり、市民もその役割を果たすよう求められている。社会保障としての介護保険サービスの安定的な利用とともに、市民の社会参加による介護の社会化をめざし、より多くの人の主体的な参加を求められている。しかし、単発的なボランティア活動、専門性の高いニーズへの対応だけでは、継続的に取り組むことは困難である。このため、身近な社会参加が地域支援につながる仕組みをわかりやすく構築することが求められている。

2　家族介護

　支援の対象を被介護者のみならず介護者にも広げ、介護と生活の両立に向けた支援が必要な場合をいつでも想定する必要がある。

▶6
「仕事と介護の両立に関する労働者調査」（厚生労働省、平成24年）。

　　前述において、政府は「ニッポン一億総活躍プラン」において「介護離職ゼロの実現」を目標として地域包括支援センターにおいても支援することを説明した。調査によれば▶6、離職理由として「仕事と『手助け・介護』の両立が難しい職場だったため」（男性62.1％、女性32.7％）が圧倒的に多く、次いで「自身の心身の健康状態悪化」（男性25.3％、女性32.8％）であった。家族介護について周囲の理解や協力が得られないと感じて離職を決意した人が一定割合の存在があるといえる。

　　福祉専門職としては社会的課題を認識し、例えば介護サービス事業所においても利用者支援にとどまらず家族支援についても意識を高め、身

1 少子高齢社会
2 高齢者の理解
3 高齢者の生活
4 取り巻く環境
5 施策の変遷
6 老人福祉法
7 介護保険制度
8 居宅等サービス
9 施設サービス
10 高齢者医療確保法
11 権利擁護
12 環境整備
13 雇用・介護休業
14 連携
15 相談援助

近な存在として信頼関係を構築する必要がある。介入の時期が早ければ行政機関や地域包括支援センターなどの相談機関でも早期解決につながることから、直接支援を行う専門職の意識的な対応は責務であるといえよう。

3　意思決定支援

認知症当事者の意思を尊重するための仕組みとしてガイドラインが策定された。

　最高裁判所、厚生労働省及び専門職団体（日本弁護士連合会、成年後見センター・リーガルサポート、日本社会福祉士会）をメンバーとするワーキング・グループによって2020（令和2）年、「意思決定支援を踏まえた後見事務のガイドライン」が完成した。なお、この間にも「障害福祉サービス等の提供に係る意思決定支援」（2017年）、「認知症の人の日常生活・社会生活における意思決定支援ガイドライン」（2018年）、「人生の最終段階における医療・ケアの決定プロセスに関するガイドライン」（2018年）が策定されている。

　意思決定支援を受ける人の態度、信頼関係を見極め、人的、物的環境を整備する必要がある。その上で、①意思形成支援、②意思表明支援、③意思実現支援のプロセスを経て意思決定がなされるようにする。このような協議を実施する場面として、サービス担当者会議、あるいは地域ケア会議が見込まれる。

　社会資源の利用を含めて多職種で連携して支援することで、本人の意思を尊重し、意思決定能力への配慮を行った上で決定する仕組みは、本人に限らず、その家族の心理的サポートにもつながる。

コラム

「みま～も」（東京都大田区）の
取り組み

　2008年より、地域包括支援センターの責任者が発起人となり、地域の高齢者が安心して生活できるまちづくりのしくみを作りました。「気づきのネットワーク」が「支援のネットワーク」につながるためにはお互いの信頼関係が重要で、「見守りキーホルダー」「みま～もサポーター」「地域企業や事業所の協賛金」など地域のだれもが活動を担う主体として参加できるしくみが、この取り組みの重要なポイントです。

図14－4　みま～も―支援が必要な人を見守り・支え合うネットワークとは？―

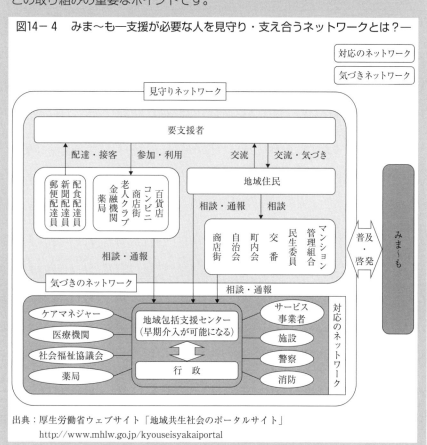

出典：厚生労働省ウェブサイト「地域共生社会のポータルサイト」
　　　http://www.mhlw.go.jp/kyouseisyakaiportal

考えてみましょう

○認知症高齢者がいる家庭に対する支援が円滑にできるために、普段か
らどのような取り組みを行うことが必要でしょうか。

【参考文献】

全国社会福祉協議会『地域共生社会の実現に向けた地域福祉計画の策定・改定ガイ
ドブック』2019年

厚生労働省「市町村・地域包括支援センターによる家族介護者支援マニュアル〜介
護者本人の人生の支援〜」2018年

厚生労働省『平成28年版厚生労働白書』2016年

三菱UFJリサーチ＆コンサルティング「平成24年度仕事と介護の両立に関する実態
把握のための調査研究事業報告書」2013年

第15章 高齢者と家族等への相談援助

●キーポイント 　高齢者が住み慣れた地域で自分らしく最期まで生活する上で、社会福祉士の役割は重要といえる。地域に暮らす高齢者は必ずしも全員が自分から相談できるわけではない。そこで、社会福祉士が地域に暮らす高齢者の介護予防と自立した生活といった視点をもちケアマネジメントしていく必要がある。また、多様化するニーズに応えるためには個別援助、集団援助、地域援助の３つの展開方法についても理解した上で状況に応じた相談援助をしていかなければならない。さらに、高齢者の様々なニーズに対応すべく認知症高齢者への支援やターミナルケアの必要な視点といったことへの理解をしておく必要もある。また、高齢者を支えている家族への相談支援についてもソーシャルワーカーとして理解し、解決できる環境づくりをしていく必要がある。

1　高齢者への相談援助の基本

1　高齢者への相談援助活動とは

　高齢者は生活において福祉サービス等が必要になった場合、必ずしも高齢者自身が福祉サービス等を理解し、自力で解決できるものではないことを理解しなければならない。ソーシャルワーカーは高齢者の思いを傾聴することで適切に関係機関と結びつけていくことが重要となる。

　　人は高齢になるほど、様々な要因から、これまでの生活でできていたことがうまくできなくなる。そのときに高齢者は福祉サービス等による支援を必要とする場合がある。しかし、高齢者が数多くの福祉サービス等の種類、内容といったことまで理解し、自分たちで選んでいくことは容易ではない。そのためにソーシャルワーカーは地域に存在するあらゆる専門的な職種や関係機関などと連携しながら高齢者と福祉サービス等を提供する関係機関を結びつけるなどの役割が必要となる。ただ結びつけるだけでは利用者にとって適切な形にはならないため、利用者それぞれの思いに耳を傾けることにより、実際の状況と照らし合わせながら生活の質を保ち、その人らしい生活を最後まで迎えることができるように関わっていく必要がある。それこそが高齢者への相談援助活動なのである。

2　相談援助活動に必要な視点

高齢者の相談援助活動をする際には「生活」を断片的に捉えるのではなく生活全体で関連しあっていることを理解する必要がある。また、コミュニケーションについても相手の状況に応じて適切に図っていく必要がある。そのことで安心できる環境づくりになり、信頼関係形成にもつながる。

❶　高齢者の「生活」を捉える

相談援助活動において、まずは「生活」に焦点を合わせる必要がある。「生活」とは衣食住だけではなく身体的、心理的、社会的な面などがあり、それらは互いに影響し合っている。例えば、以前は近所のスーパーに買い物に歩いて行っていた高齢者が膝の痛みから立ち上がることすらできなくなった場合、以前よりも動けない自分にショックを受け、自宅から出たくなくなるといった悪循環となるケースもある。そのため、まずは「生活」が断片的なものではなく、様々な事柄が関連し合い、バランスをとって成り立っていることを理解しておく必要がある。

❷　心身の状況に応じたコミュニケーションの活用

コミュニケーションは、情報を得るために相手と話をするといったためだけのものではない。

高齢になると様々な感覚器官に障害が生じてくる。例えば、目は合うが、名前を呼び掛けても反応がない高齢者がいるとする。それが仮に「耳が遠くなっている」状況にあった場合、まずはその高齢者にあったコミュニケーション方法について考える。そして、「耳元で話しかける」といった方法を導き出す。

しかし、「耳元で話しかける」には、左右の耳の聞こえ方まで情報が必要である。さらに、高齢者の後ろから突然耳元で話しかければ、驚かれることが予想される。そのため、必ず前方から近づいていき、非言語的なコミュニケーションである自身の表情やジェスチャーなどを活用する。そして、援助者を認識してもらった上で耳元で話をするなどといったことが必要ではないか。

高齢者が援助者を信頼し安心できる環境づくりは、コミュニケーションを図るところからすでに始まっているのである。

3　高齢者領域における社会福祉士の役割

高齢者が地域で暮らすには社会福祉士の役割は大きい。高齢者が介護予防と自立した生活を送るためにケアマネジメントを実践し目的に沿ったサービスをケアプランに組み込む。さらに、地域ケア会議を活用することで地域の社会資源の活用等の幅が広がり、より介護予防や自立に向けたものになる。

高齢者を地域全体で支えていくためには、社会福祉士の役割が重要である。そのためには重度化の予防といった介護予防の視点はもちろんのこと、地域で自立した生活を送れるようにするという目的も同時に考え

ていかなければならない。

▶1　ケアマネジメント
詳細は第8章参照。

　地域に暮らす高齢者が要介護や要支援の状態になった場合、ケアマネジメント▶1が展開される。これは、①インテーク、②アセスメント、③ケアプランの作成、④ケアカンファレンス、⑤ケアプランの実施、⑥モニタリング、⑦終結の流れで展開していく。このプロセスをもって高齢者の「生活」をしっかりと捉え、地域で自立した生活をするために必要なサービスを入れたケアプランの原案を作成した後に、担当者会議を開催、ケアプランが確定後に、ケアプランを実施。その後、モニタリングによって必要に応じたサービスの再調整をする。

　また、社会福祉士が一人ですべてを抱えるのではなく、地域ケア会議を活用する場合もある。地域ケア会議によって個別事例検討と社会資源の活用を検討し、インフォーマルサービスやネットワークの開発や他職種からの助言を得ることでより介護予防や自立支援に資するケアマネジメントを実施した上で、総合的かつ包括的な相談援助が社会福祉士に求められる。

2．個別援助

1　高齢者への個別援助

　高齢者等と信頼関係を構築する際には「バイステックの7原則」がある。この7原則を実践することで援助者との信頼関係を構築することができる。しかし、これらはすぐに実践できるものではなく経験や訓練を通して身につけることができることを頭に入れておかなくてはならない。

　高齢期には、全般的に「高齢者」と呼ばれるが、様々な背景があることを理解しなければならない。例えば、心身機能の低下、家族や知人などといった大切な人との死別、退職などといった喪失である。そこからそれぞれに多様化・複雑化するニーズが生じてくる。

　ソーシャルワーカーは高齢者、家族が抱えている生活上のニーズを充足するために定期的な面接においてクライエントに資源を活用して働きかけ個別的な解決を図る。その際、クライエントとの信頼関係を築いていく必要がある。バイスティック（F. P. Biestek）は援助関係を形成するための7つの原則を整理している。援助者はこれらを経験に基づいて身につけていく必要がある。

❶　クライエントを個人として捉える（個別化）

　高齢者を偏見や先入観で判断するのではなく、その人を一人の個人として捉えることである。

❷　クライエントの感情表現を大切にする（意図的な感情の表出）

　高齢者の感情表現しやすい環境（雰囲気）づくりをすることである。

その際、肯定的な感情だけではなく否定的な感情も表現しやすくなるように努めることが重要となる。

❸ 援助者は自分の感情を自覚して吟味する（統制された情緒的関与）

高齢者の感情に深入りし、そのまま援助者側の意向で進めてしまい感情に寄り過ぎた援助をしてしまう恐れがある。そのため、自分自身が他者と関わる際に出てくる感情をまずは理解した上で高齢者と関わる際に落ち着いて感情をコントロールし向き合うことである。

❹ 受けとめる（受容）

高齢者が安心して話せるように傾聴し、肯定的な感情、否定的な感情ともに受け止めることである。これは訓練を通して専門職としての感情の受け皿を広げていくことが重要となる。

❺ クライエントを一方的に非難しない（非審判的態度）

高齢者の言動を善悪で判断してはならないということである。もしも、高齢者が常識的な言動をしていない場合、それは生活に支障が出てしまうこともある。その場合も単に否定するのではなく、高齢者自身で気づいてもらうように関わることが重要となる。

❻ クライエントの自己決定を促して尊重する（クライエントの自己決定）

高齢者には援助者が決めた内容に従ってもらうことはさせてはならない。高齢者は生活の主人公であり、今後の方向性について決める権利があることから高齢者自身で決めてもらい、援助者は必要に応じて援助をしていくことである。

❼ 秘密を保持して信頼感を醸成する（秘密保持）

高齢者だけではなく人間は誰しも秘密にしたいことがある。しかし、援助関係においてどうしても援助者に伝えなければならない情報がある。その情報を援助者は守らなければならないことである。

2　個別援助の展開

相談者は必ずしも自分から相談をする者ばかりではない。そのため、一人ひとりにあった方法で展開をする必要がある。まずは面接の入り口となるインテークにおけるソーシャルワーカーの態度が個別援助を展開する上で重要なカギとなる。

個別援助で用いられる方法は「ケースワーク」という。ケースワークを展開する際、まずは相談者との出会いから始まる。その出会い方は本人が問題に気づき相談機関に出向く場合、第三者から相談機関に持ち込まれる場合、ソーシャルワーカーからアプローチをする場合など相談者の状況によって様々である。

ケースワークは、「インテーク（受理面接）」「アセスメント（事前評価・

図15−1　ケースワークの展開過程

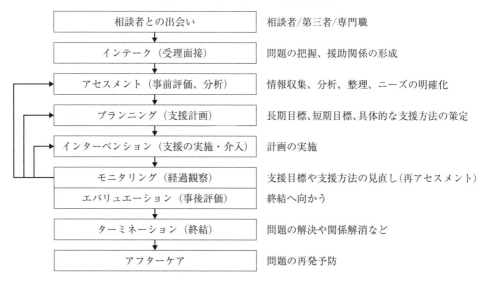

相談者との出会い	相談者/第三者/専門職
インテーク（受理面接）	問題の把握、援助関係の形成
アセスメント（事前評価、分析）	情報収集、分析、整理、ニーズの明確化
プランニング（支援計画）	長期目標、短期目標、具体的な支援方法の策定
インターベンション（支援の実施・介入）	計画の実施
モニタリング（経過観察）	支援目標や支援方法の見直し（再アセスメント）
エバリュエーション（事後評価）	終結へ向かう
ターミネーション（終結）	問題の解決や関係解消など
アフターケア	問題の再発予防

分析)」「プランニング（援助計画の作成)」「インターベンション（援助の実施・介入)」「モニタリング（経過観察）とエバリュエーション（事後評価)」「ターミネーション（終結)」「アフターケア」の流れで展開される（**図15−1**）。

❶　**インテーク（受理面接）**

　ここでは、相談の受付といった単純なものではなく、問題の把握と援助関係を構築するといった目的をもった面接のことである。ここでの相談を受ける態度が今後の信頼関係（ラポール）の形成に大きく影響する。例えば、相談者に対して傾聴する姿勢や受容的な態度によって相談者が「この人なら話しても大丈夫かもしれない」と思い、自ら話すようになるのである。気をつけなくてはならない点として他者依存にさせてしまわないように相談者自身の潜在的能力を引き出すようにすることである。

❷　**アセスメント（事前評価・分析）**

　相談者のニーズを充足するために必要となる。ここでは、相談者に関する情報を収集し、分析、整理する。情報を収集する際は本人の健康状態や身体的、心理的などといった部分のみならず、本人と関係のある家族、知人などの社会資源など様々な情報を収集することで問題の所在やその問題が生じた背景といった相談者の全体像を理解することができる。

❸　**プランニング（支援計画）**

　アセスメントの結果から導き出されたニーズをもとに長期目標、短期目標といった支援目標、目標を見据えた具体的な支援方法を盛り込んだ支援計画を策定する。ここで、注意しなければならないのがインテークと同様にソーシャルワーカーの言うことを相談者に従ってもらうといっ

1 少子高齢社会
2 高齢者の理解
3 高齢者の生活
4 取り巻く環境
5 施策の変遷
6 老人福祉法
7 介護保険制度
8 居宅等サービス
9 施設サービス
10 高齢者医療確保法
11 権利擁護
12 環境整備
13 雇用・介護休業
14 連携
15 相談援助

た関係性ではなく、相談者自身の潜在的能力を引き出して相談者自身で課題解決を図ってもらうことである。

❹ インターベンション（支援の実施・介入）

直接的な働きかけと間接的な働きかけがある。直接的な働きかけは面接による状況に応じたコミュニケーション技法が重要となる。間接的な働きかけは社会資源の活用や開発、ケアマネジメントなどといったことである。これらの直接的なものと間接的なものを、相談者の状況に合わせて並行して働きかけることが重要となる。

❺ モニタリング（経過観察）とエバリュエーション（事後評価）

モニタリングとは支援計画の実施状況や効果が出ているか否かなどといった経過を観察することである。モニタリングの方法は相談者との面接や電話、さらには専門職や関係者間での会議など様々である。状況によっては問題が発生していることもあることから計画の見直しが必要になる場合がある。その際には再アセスメントを実施する。

次に、エバリュエーションは、終結に向けてこれまでの援助の有効性や効率性を総合的に見つめなおすことである。ここではソーシャルワーカーのみで行わず、相談者、家族、援助者やスーパーバイザーなどといったメンバーも交えて評価されることが望ましい。

❻ ターミネーション（終結）

当初の問題は解決したが、援助関係が継続する場合、次の新たな問題へ取り組む準備が必要となる。また、終結には円満なものばかりではない。なかには、当該機関では対応できなくなるケース、援助拒否のケースなどもある。それらは展開過程の中でソーシャルワーカーとしての態度がどうだったのかを見つめ直すきっかけにもなる。

❼ アフターケア

終結後の社会生活における人間関係の形成といった社会適応を促すこと、さらには問題の再発防止をすることである。効果的なアフターケアをするには、ソーシャルワーカーが一人で対応するのではなく、他の関係機関や専門職と連携などを行う必要がある。

3．集団援助

1 高齢者への集団援助

高齢者は心身機能の低下に伴い、活動範囲が狭くなり社会に出る機会が減ってしまうことがある。そのような高齢者を援助する際に集団の力を活用することで社会に出る機会を再び得ることができる場合がある。しかし、高齢者に合うものは人それぞれ違うことを理解しておかなければならない。

高齢者は様々な喪失体験をする。そのことから生活に対する意欲が低

下し、心身機能へ影響し、活動範囲が狭くなるといった悪循環により社会に出る機会が減ってしまうことがある。そういった高齢者にとっての役割等の喪失を取り戻すために、集団援助の方法を活用する場合がある。例えば、レクリエーション活動、介護予防教室、サロン活動などである。

　レクリエーション活動の内容には、回想法、音楽療法、園芸療法、動物介在療法、化粧療法などがあるが、それらはグループの力を活用した方法として活用されている。しかし、気をつけなければならないのが、どの方法も高齢者全員に必ず合うわけではない。高齢者一人ひとりのこれまで生きてきた時代背景や現在の状況が違うように、合う方法も違ってくるため、より参加をしなくなるといったマイナスに作用することもある。そのことを考慮した上で自発的な参加を促すためにも個別的に対応していかなければならない。

2　集団援助の展開

　高齢者の援助をする際には展開の流れを把握して実践していく必要がある。集団援助はメンバー同士が相互に作用のかかわりの中で個人が自分自身の課題を向き合うことである。そこで集団の中で一人ひとりが自信をもって意欲的に取り組むための援助が必要となる。

　集団援助で用いられる方法は「グループワーク」という。グループワークは「準備期」「開始期」「作業期」「終結・移行期」の流れで展開される（図15－2）。それぞれの内容については以下の通りである。

図15－2　グループワークの展開過程

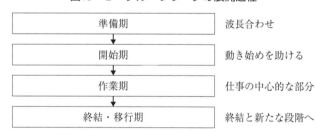

❶　準備期

　援助者がそのグループに入り込めるように、事前に情報を集めて参加者や実施期間等を決め、関係機関との調整等の準備をすることである。グループのメンバーにどのようなニーズがあるのか、波長を合わせようとする段階である。

❷　開始期

　グループの目的について、メンバー一人ひとりと確認をしていく。そして、メンバーそれぞれが「何をするためのグループなのか」といった

内容確認をし、それぞれの人が目的をもって実践できるように動機づけしながらプログラムを組み立てていく段階である。

❸ 作業期

実際に作業に入る中心的な段階である。例えば、レクリエーション活動において音楽や茶道、生け花などをしている場合、生き生きとしたグループになってなければ、高齢者自身の自信や意欲の向上にはつながらない。そこで常に活発なグループなのかを確認し、活発でなければ活発な作業になるように常に高めていく必要がある。また、高齢者一人ひとりの輝ける場所や力を発揮できることは違う。そのため、それぞれが自分の力を存分に発揮できる役割をもてるように常に見ていくことも必要である。

❹ 終結・移行期

ここでは、グループでの活動について振り返りをしていく。振り返りで得られた成果をもとに次の新たな段階に向けて進んでいく。

この集団援助では終結する際には援助者それぞれの心理状況についても見ていく必要がある。グループの発展がない場合も終結する場合もあるため、新たな展開に行く際にはそれぞれの感情を受け止めていくことになる。

4．地域援助

1　高齢者への地域援助

援助者には高齢者が住み慣れた地域で人生の最後まで暮らすことができる環境にすることが求められている。しかし、様々な社会問題が現在も起きている中で地域援助の必要性はより高まっていることから、今後のソーシャルワーカーの取り組みが今後の地域福祉のカギとなる。

地域援助で用いられる援助方法は「コミュニティワーク」という。援助者は地域福祉を基盤として高齢者が重度な要介護状態になっても住み慣れた地域で自分らしい暮らしを人生の最後まで続けることができるように援助していく必要がある。しかし、8050問題、高齢者の孤独死、介護疲れに伴う無理心中など地域に暮らしている高齢者は様々な社会問題に直面している。そのような中で住み慣れた地域で自分らしい暮らしを人生の最後まで続けるにはコミュニティワークの実践が今後重要になるといえる。

また、近年では「コミュニティソーシャルワーク」という概念も出てきている。これは、個別支援と地域支援の統合して展開しているソーシャルワークのことである。地域住民の生きづらさを周りの近隣住民が気づくことでその生きづらい人の排除ではなく、ともに暮らしていくにはど

少子高齢社会 1 / 高齢者の理解 2 / 高齢者の生活 3 / 取り巻く環境 4 / 施策の変遷 5 / 老人福祉法 6 / 介護保険制度 7 / 居宅等サービス 8 / 施設サービス 9 / 高齢者医療確保法 10 / 権利擁護 11 / 環境整備 12 / 雇用・介護休業 13 / 連携 14 / 相談援助 15

うしたらよいかを考え、社会資源の開発や教育・啓発などを実践する。そのことにより、福祉に対する知識がない人が地域にいても助けあえる地域づくりにつながるのである。

　介護保険制度において、地域支援事業の包括的支援事業の中に生活支援体制整備事業というものがある。これは、地域に生活支援コーディネーターや協議体（第1～3層）の配置をすることで地域住民が主体となり、行政や専門機関などと協働してその地域の課題をみつけて解決するために既存の福祉サービスをつないだり、ネットワークを構築したり、新たなサービス開発をするといった地域包括ケアシステムの構築に向けた地域ごとの取り組みもある。

2　地域援助の展開

　地域援助を展開していく際には、流れをもとに進めていくことよりも住民自身で解決に向かっていくように進めていくことが重要である。そのためには専門職や行政が丸投げをするのではなく、地域住民が自主的になるような取り組みを意図的に実践することである。

　コミュニティワークは、「問題の発見と明確化」「地域福祉計画の策定」「地域福祉計画の実施」「活動内容の評価」の流れで展開される（**図15－3**）。参加者は様々な視点から多角的に見ていくためにも地域住民、社会福祉の関係者、行政といったメンバーで意見を出し合い協働していくことが重要である。

図15－3　コミュニティワークの展開過程

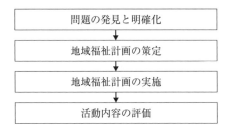

問題の発見と明確化
↓
地域福祉計画の策定
↓
地域福祉計画の実施
↓
活動内容の評価

❶　問題の発見と明確化

　地域のニーズを地域住民のニーズと照らし合わせて把握することである。地域住民自身が身近な問題として捉えるため、細かな調査活動や広報活動が住民意識を高めるきっかけにもなる。

❷　地域福祉計画の策定

　地域の基盤整備と地域のニーズをもとに支援計画を1つずつ段階的に取り組めるように策定していくことである。

❸ 地域福祉計画の実施

　実際に計画に基づき実施することである。住民が主体的に実施できるように専門職、行政などが協働して取り組む必要がある。当事者として住民自身の力で生活の場を活性化させていることに自覚をもってもらうことも重要である。

❹ 活動内容の評価

　実施した内容についての目標への到達度や実施過程の評価をしていくことである。ここでは問題意識などについても地域住民とともに話し合っていくことで共通認識をもつことができ、住民自身の意識向上につながる。

5.認知症高齢者への支援

認知症高齢者への支援

　認知症高齢者のアセスメントをする際はうまく話せない場合もあるため、細かくみていくためにも日頃の観察にも目を配らなければならない。さらに、認知症とは高齢者本人はもちろん、家族も不安にさせてしまうものである。そのことを踏まえていつでも相談できる環境づくりが重要である。

❶ 認知症の特性理解

　認知症は、記憶障害や見当識障害、理解力や判断力の低下、仕事や家事といった身の回りのことができなくなることや、怒りっぽくなる、不安、徘徊、帰宅願望などといった症状がある。しかし、それぞれの行動には必ず目的がある。例えば、「帰宅願望」については何の理由もなく「帰りたい」と思っているわけではない。そのことをまず理解しておかなければ認知症高齢者の適切な支援にはたどり着かない。さらに、認知症の人と関わる際に「何を話しても理解してもらえない」などといった先入観をもたないこと、「その人らしさ」を理解するように努める必要がある。

　また、認知症は高齢者のみが発症するわけではない。65歳未満で発症する若年性認知症もある。社会においてまだ働き盛りの者がそのような状況に置かれたとき、自分らしく住み慣れた地域で暮らしていくためにはどうしたらいいか常に考えていくことも求められる。

❷ 認知症高齢者の支援

　認知症の人を支援する際には、まずは認知症の人のアセスメントが今後の支援をしていく上で重要なカギとなる。アセスメントの内容についても本人が理解した上で話すことがうまくできない場合もあることから細かく情報収集や分析をしておく必要がある。また、話した内容だけではなく日頃の表情、睡眠状態、感情、人間関係などの変化を観察していくこともアセスメントする上で重要である。

1
少子高齢社会

2
高齢者の理解

3
高齢者の生活

4
取り巻く環境

5
施策の変遷

6
老人福祉法

7
介護保険制度

8
居宅等サービス

9
施設サービス

10
高齢者医療確保法

11
権利擁護

12
環境整備

13
雇用・介護休業

14
連携

15
相談援助

認知症とはいつ誰がなるかわからないものである。実際、認知症は当事者自身の不安が出るのは当然である。さらに、周りの家族なども親が認知症になると受け入れられなかったり、今後どうなるのかといった不安が大きくなることが考えられる。そのことに加え、「衣服が着れなくなる」「食事をしたことを忘れる」といった今までできていたことができなくなってしまうことが多いことでお互いの心に余裕がなくなり、家族が怒ってしまい高齢者もパニックになることも起こりうる。そして、そういった話を相談できる相手がいないことで、最終的には抱え込んでしまい家庭内の人間関係が悪化してしまうケースも考えられる。当事者や家族にとって人間関係のねじれは今後の問題をより大きくさせてしまうことに繋がりやすくなる。そのため、自分たちで抱え込むのではなく、相談できる環境づくりとして医療機関、地域包括支援センター、家族会、コールセンターなど活用してもらう支援もある。

6．ターミナルケア

1　ターミナルケアとは

終末期には福祉や医療などの専門職のみならず家族、知人なども関わっていく。人は人生の最後を迎える際に様々な苦痛に襲われる。それらは別々で襲ってくるのではなく全人的なものとしてお互い作用しあっているのである。よって、全人的な苦痛を理解した上でのケアが重要となる。

ターミナルケアとは、終末期における福祉や保健、医療、心理などの専門職や家族、親戚、友人などの人たちが一体となって行うケアことである。末期がん等を体験すると身体的苦痛や精神的苦痛、社会的苦痛、スピリチュアルペイン（霊的な苦痛）といったいくつもの苦痛に襲われる。これらはお互いに作用しあってトータルペイン（全人的苦痛）となっていく。例えば、身体的苦痛により不安といった精神的苦痛が引き起こされることがある。そのような場合、身体的苦痛を取り除いても精神的苦痛が必ずしもなくなるとは限らない。よって、全人的な苦痛を理解した上での相談援助が重要といえる。

これまで欧米などで末期がん等により余命宣告を受けた患者に対するホスピスケアや緩和ケアがあったが近年、日本でも同様のケアが導入されはじめている。

2　ターミナルケアに必要な視点

　末期がん等により余命宣告をされた人々は「患者」と捉えられがちである。しかし、「生活者」であることを忘れてはならない。さらに、死を迎えるまでの最善の生を生きることができるために支援することが重要である。

　末期がん等で余命宣告をされた高齢者は一般的に「病気を患っている人」「まもなく死を迎える人」と捉えられがちであるが、人生の最終段階にある人々もこれまでもこれからも生活を継続する「生活者」であることを忘れてはならない。よって、「診断名、健康状態、年齢に関わらず、差し迫った死、あるいはいつかは来る死について考える人が、生が終わる時まで最善の生を生きることができるように支援すること」[1]といったエンド・オブ・ライフケアの考え方が大切である。そのため、これまでと同様に人生の最終段階を迎える人に対してどのようなニーズがあるのか常に傾聴することも必要である。さらに、死を迎えるということはその状況になった当事者にしかわからない感情がある。それは穏やかなものだけではない。時には攻撃的なものもある。そのため、援助者は寄り添いその感情をしっかりと受け止め、その人の「生活者」としての今後について一緒に考えていくことが重要である。

7．家族への相談援助

1　家族とは

　高齢者の家族は、仕事のみならず家族の介護をしているケースも少なくない。そして、介護の悩みを会社や家族、公的機関などに相談することもできない等を理由にいわゆる「介護離職」に結びついてるケースがある。その背景には様々な要因があることを理解しなければならない。

　高齢者にとって家族の存在は大きい。それは、家族は高齢者にとって最も身近な存在であり、気持ちの面での理解をしてくれているからである。家族が身体的な介護といったものから心理的な部分もサポートしていることから高齢者が住み慣れた地域で生活できる。高齢者の生活の裏では家族のサポートがあることを忘れてはならない。しかし、最も近い存在が故に、時には高齢者と家族の意見が合わないことといったことが起こる。さらに、家族は自分たちの生活もあるため仕事をしている。その家族自身が在宅での介護を継続することによって健康状態が悪化し、介護離職してしまうケースがある。

2　家族への相談援助

家族が抱える課題をふまえ相談しやすい環境を作ることにより家族の不安を少しでも解消する必要性がある。また、セルフ・ヘルプ・グループといった当事者団体の参加によって不安の解消を図ることもできることからそういった支援を活用することも重要である。

家族への相談援助体制があったとしても、アクセスできなければ意味を成さないため接近をしていく必要がある。また、相談しづらいこともふまえ買い物感覚で行けるように商業施設のイベント形式で相談窓口やセミナーなどを開催しているケースもある。高齢者のみならず家族介護者も含めた家族全体への気づきをもてる視点がなければならない。家族が仕事と介護の両立をできるようにするために地域包括支援センターなどの専門機関の専門職が早期発見をし、アセスメント、優先順位などを見極め、助言、指導、さらには必要な支援先へつなぐこと等をしていくことが重要である。ただし、必ずしも専門機関の専門職がすべてを解決できるわけではない。そういった場合には地域の支援ネットワークなど悩みをわかちあえる当事者団体のセルフ・ヘルプ・グループへの参加を通じて解決に向かう場合もある。

また、人は必ず死を迎える。特に家族といった身近な存在の死というものに直面すると心や体に悲嘆反応があらわれる。そのような場合にグリーフケアを実施する。専門職として家族が抱えている悲嘆に対しての十分な配慮が求められる。さらに、遺族会といった自助グループを通して当事者間で分かち合い支え合う場もある。グリーフケアとは、家族の死を乗り越えてもらうのではなく、亡き人とともに自分なりに生きていくために支えることである。

考えてみましょう

①高齢者の方がソーシャルワーカーであるあなたを信頼してくれるために必要なコミュニケーションには具体的にどういったものがあるか考えてみましょう。

②相手が自分の話をすべて否定してきました。あなたはどのような気持ちになりましたか。

③あなたの住む地域にはどのような社会資源がありますか。考えてみましょう。

④あなたの親が認知症になったと想定してください。あなたはどのような気持ちになりそうですか。

⑤あなた自身が末期がん等により余命宣告をされました。「死」に対してどのようなことを考えますか。

1 少子高齢社会

2 高齢者の理解

3 高齢者の生活

4 取り巻く環境

5 施策の変遷

6 老人福祉法

7 介護保険制度

8 居宅等サービス

9 施設サービス

10 高齢者医療確保法

11 権利擁護

12 環境整備

13 雇用・介護休業

14 連携

15 相談援助

⑥あなたは家族を介護していて悩んでいる場合に相談したい人は何人い
ますか。また、それは誰ですか。（記入例：父、母、姉、兄、同性の
友人など）

【引用文献】

1）千葉大学大学院看護学研究科エンド・オブ・ライフケア看護学ウェブサイト「エ
ンド・オブ・ライフケアの考え方」
https://www.n.chiba-u.jp/eolc/opinion/

【参考文献】

F.P.バイステック（尾崎新・福田俊子・原田和幸訳）『ケースワークの原則［新改
訂版］―援助関係を形成する技法―』誠信書房　2020年

柳澤孝主・坂野憲司『相談援助の理論と方法Ⅰ［第3版］―ソーシャルワーク【社
会福祉士シリーズ】』弘文堂　2020年

W.シュワルツ・S.R.ザルバ編（前田ケイ・大利一雄・津金正司訳）『グループワー
クの実際』相川書房　1987年

石田一紀編『新・エッセンシャル老人福祉論［第3版］』2019年　みらい

日本地域福祉研究所監、宮城孝・菱沼幹男・大橋謙策編『コミュニティソーシャル
ワークの新たな展開―理論と先進事例―』中央法規出版　2019年

一般社団法人日本終末期ケア協会テキスト編集部「終末期ケア専門士公式テキスト」
日本終末期ケア協会　2021年

厚生労働省「市町村・地域包括支援センターによる家族介護者支援マニュアル」
2018年

索　引

は行

ま行

や行

●編者紹介

田中康雄（たなか　やすお）

筑波大学大学院人間総合科学学術院人間総合科学研究群リハビリテーション科学学位プログラム博士後期課程早期修了。博士（リハビリテーション科学）。
現在：西南学院大学人間科学部准教授。一般社団法人日本人間関係学会理事。

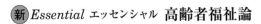 新 *Essential* エッセンシャル　高齢者福祉論

2022年 4 月15日　初版第 1 刷発行

編　　　集	田 中 康 雄
発 行 者	竹 鼻 均 之
発 行 所	株式会社みらい
	〒500−8137　岐阜市東興町40　第 5 澤田ビル
	TEL　058−247−1227㈹
	https://www.mirai-inc.jp/
印刷・製本	サンメッセ株式会社

ISBN978−4−86015−564−3　C3036
Printed in Japan　　　　　　乱丁本・落丁本はお取り替え致します。